CANTAR DE MIO CID - Jules Horrent

Errata

Tome 1

p. XII,2ème par.,ligne 4: lire	"et le moins grand nombre ..."
p. XVII,l. 7: lire	"est individualisée"
l. 31: lire	"s'accompagnent"
p. XVIII,2ème par.,l. 3: lire	"considérait comme tels"
p. XXI,2ème par.,l. 10: lire	"minutieusement compté"
p. 64b,l. 2: lire	"vous ceignîtes l'épée"
l. 4: lire	"qu'il me soit accordé de ..."
p. 86b,l. 11: lire	"celui qui naquit à la bonne heure"
p. 124b,l. 12: lire	"il les pria tous ..."

Tome 2

p. 178,v. 1286,l. 11: lire	"mille marcs qu'il lui aurait été ..."
p. 193,v. 1738,l. 2: lire	"anacoluthe"
p. 211,v. 2450,l. 17: lire	"l'interprétation de GG...pourrait laisser"
p. 235,v. 3211b,dern.l.: lire	"mais le mètre ..."
p. 257,l. 4: lire	"ceux qui comme nous la considèrent ..."
p. 279,l. 3: lire	"qu'il s'est acquise avec difficulté, plutôt que ..."
p. 282,note c,l. 14: lire	"délivrés eux aussi"
p. 295,note e,l. 4: lire	"assez hauts"
p. 300,note a,l. 22(fin):	supprimer anti-
p. 311,note c,l. 7: lire	"est sauvé"
p. 350,note d,l. 7: lire	"ceux qui tirent gloire"

K T Ē M A T A

PUBLIÉS SOUS LA DIRECTION DE H. BRAET

6

Déjà parus :

1. **Béroul, Le Roman de Tristran**
   (tr. par H. Braet)
2. **Maître Pierre Pathelin**
   (tr. par O. Jodogne)
3. **Le Voyage de Charlemagne à Jérusalem et à Constantinople**
   (tr. crit. par M. Tyssens)
4. **Adam de la Halle, Le Jeu de la Feuillée**
   (éd. et tr. par J. Dufournet)
5. **Geoffrey Chaucer, Les Contes de Cantorbéry**
   (tr. par J. De Caluwé-Dor)

Sous presse :

8. **The Old French Epic: an Introduction (Texts, Commentaries, Notes)**
   (*par* A. Hindley et B. J. Levy)

D'autres volumes sont en préparation :

(*par* P. Bec, R. Lejeune, Ph. Ménard, M. Delbouille, W.M. Hackett, J. Ribard)

CANTAR DE MÍO CID
CHANSON DE MON CID

ÉDITION, TRADUCTION ET NOTES

par

JULES HORRENT (†)
Membre corr. de l'Académie Royale de Belgique
et de la R. Academia española
Prof. ord. à l'Université de Liège

TOME I

TEXTES

1982

EDITIONS SCIENTIFIQUES
E. STORY-SCIENTIA
GAND / BELGIQUE

D/1982/0009/19

ISBN 90 6439 303 6

A ma femme, "mugier de pro".

A mon petit-fils Yves, cette héroïque histoire d'un homme intrépide, toujours victorieux et toujours humain.

INTRODUCTION[1]

I. LE MANUSCRIT "EL LIBRO ESCRITO" (v. 3731).

Le ms. unique, conservé à la Bibliothèque nationale de Madrid sous la cote V^{a} 717, a fait partie auparavant de l'Archivo del Concejo de Vivar (près de Burgos), au XVIe s. d'où Juan Ruiz de Ulibarri en prit copie en 1596[2], ensuite il passa au monastère des religieuses de Santa Clara de cet endroit; plus tard il fut dans les mains d'Eugenio Llaguno y Amírola, secrétaire du Conseil d'Etat au XVIII è s. qui l'avait retiré de Vivar pour que Tomás Antonio Sánchez pût le publier en 1779. Il resta dans la bibliothèque de Llaguno où le vit sans doute Juan Antonio Pellicer en 1792 (BNM, 6328). Des héritiers de Llaguno il passa à Pascual de Gayangos en possession duquel le vit Damas-Hinard avant 1858. Selon une affirmation de D. Alejandro Pidal, qu'on n'a pas de raison de mettre en doute, il passa à Boston, où put en prendre connaissance G. Ticknor. Le premier marquis de Pidal acheta le ms. et le laissa étudier, et publier par Florencio Janer. Aussi favorable à la science, son héritier, D. Alejandro Pidal, ouvrit sa bibliothèque à Vollmöller, G. Baist, Huntington et R. Menéndez Pidal. La Fundación Juan March acheta le ms. à son possesseur et en fit don à la Biblioteca Nacional de Madrid en 1960 où son accès paraît plus difficile que du temps de D. Alejandro Pidal. La dirección general de Archivos y Bibliotecas, sous le patronage du Ministère de l'Education nationale en a réalisé à Madrid en 1961 un fac-similé précis, qu'on

1 Dans cette introduction, pour faire court, nous discuterons le moins possible et avec la plus grande concision les opinions qui ne sont pas les nôtres. Nous proposons celles-ci en les étayant brièvement.

2 Il y était encore en 1601, quand Fr. Prudencio de Sandoval le vit et le trouva composé de "unos versos bárbaros notables". Berganza (*Antigüedades,* I, 399) nous confie que "Sandoval leyó los versos muy antiguos que se guardan en Bivar. Consta el libro de 70 hojas. Y no hay plana donde dexa de repetir dos y tres vezes Mio Cid". (voir éd. esp. de I. Michael, *Poema de mio Cid,* Madrid, 1976, 52).

obtient aisément et sur lequel nous avons travaillé[1].

Le ms. compte 74 feuillets in 4° de 190/200 mm., de souvent 195 x 200 mm.[2] de hauteur et 145 x 150 mm. de largeur, et à partir du f° 54 un certain nombre de folios n'atteignent que 140 mm.; une fois l'un d'eux a une largeur de 154 mm.[2] Il manque trois feuillets : le permier du premier cahier, l'avant-dernier du septième cahier, et le dernier du dixième cahier.

La lettre du ms. est lisible sans être calligraphiée, sauf là où par de malheureuses manipulations chimiques les éditeurs, anciens surtout, ont rendu sa lecture difficile sinon impossible. Il y a 14 lettrines (f°s 6 r°, 9 v°, 11 r°, 12 v°, 15 r°, 21 v°, 24 r°, 37 r°, 38 r°, 43 r°, 46 v°, 49 v°, 56 r°, 67 r°), de dessin assez simple, de dimensions variables mais assez grandes, qui ont peu de rapport avec la structure prosodique, un peu plus avec le mouvement narratif.

Les paléographes consultés par R. Menéndez Pidal (Antonio Paz y Melia, Léopold Delisle[3], ainsi que A. Ubieto Arteta[4], ont estimé le ms. du début du XIVe s. ou du XIVe s. Les propres observations de don Ramón l'ont confirmé dans cette date[5], qui était celle déjà proposée par Sánchez, Gayangos, Vollmöller, Baist, Lidforss. La date figurant au v. 3735, mill e C C ... XLV años, mal reproduite par les derniers éditeurs, Colin Smith, I. Michael et M. Garcí-Gómez (voir notre note de crit. textuelle 425, v. 3735 : les éd. escamotent le blanc qui sépare le deuxième C et le X), mérite qu'on s'y attache un instant. Le blanc, d'où toute trace d'encre a complètement disparu, mesure un cm., c'est-à-dire que le vide est trop grand pour avoir servi à la conjonction *e* tandis qu'il convient fort bien pour contenir un troisième *C*. Le copiste a effectué au v. 3735 la même retouche qu'au v. 440. Son propre texte initial

1 Voir R. Menéndez Pidal, *Cantar de mío Cid*, Madrid, 4ª éd., 1964, 1-2; I. Michael, *loc. cit.*, un des rares éditeurs contemporains qui eut la bonne fortune d'avoir le ms. sous les yeux, p. 54; voir pour la description la plus moderne du ms. ses pp. 54-56.

2 IM, éd. esp., ne compte que 198 mm. de hauteur et entre 140 et 153 mm. de largeur.

3 R. Menéndez Pidal, *Cantar*, I, p. 6, n. 1.

4 *El "Cantar de mío Cid" y algunos problemas históricos*, Valencia, 1973, 9.

5 *Op. cit.*, pp. 3, 6, 7.

comportait donc le chiffre M.CCC.XLV (1345 de l´ère espagnole = 1307 de l´ère chrétienne). Cette date s´accorde tout à fait avec les conclusions des paléographes. S´il y eut correction, de 1345 en 1245, c´est que le copiste copiait au XIVe s. un texte de 1245 et que machinalement, parce qu´il était du XIVe s., il avait transcrit trois *C*. Il s´est rectifié lui-même tout en adoptant pour sa copie la date du texte qu´il recopiait[1].

Le transcripteur de cette date et de tout le ms. s´appelle Per Abbat : l´emploi des mots *escriuio* et *libro* (3731) font de lui le copiste plutôt que le poète, qui aurait dit *fizo el cantar* (voir notre note explicative, p. 132 b, a) : dans le poème *escriuir* signifie toujours "écrire, transcrire" (1956, 1773, 3731, 3732) et le poème lui-même s´appelle *cantar* (2276) et non *libro* (3731)[2].

Per Abbat transcrit son modèle en castillan avec un léonisme (255), un aragonisme (1592), quelques gallicismes sans doute de la Bourgogne méridionale (*Anrrich,* 3002), des cultismes et des semi-cultismes, comme on doit s´y attendre de la part d´un clerc (*Christus*), quelques erreurs (*Frontael,* 1475; *Beltran,* 3004; *Torançio,* 545 ou *Toranz*, 1544; *Arbuxedo,* 1493; *San Esteban de* Gormaz, 2843). En somme, la copie n´est pas aussi mauvaise que certains l´ont dit. La facilité avec laquelle on peut la plus part du temps restituer le texte recopié par Per Abbat en est la preuve[3].

1 Voir pour plus de détails notre *Historia y poesía en torno al "Cantar del Cid"*, Barcelone, 1973, 197-207. I. Michael, éd., p. 311, v. 3733, estime, d´après l´examen direct du ms., qu´il n´y a pas la moindre trace d´encre, mais qu´il faudrait la photographie à l´infrarouge pour en être sûr. Il finit par conclure comme nous. A. Ubieto Arteta, 10,repousse l´idée qu´un C aurait été effacé, mais bien un L : MCCLXLV (=1295, ère chrétienne 1257). Cela donnerait un chiffre étrangement formé, on s´attendrait à MCCVC. D´autre part, il pense qu´il n´y a eu aucune rature et que le blanc est resté vierge en raison d´un pli dans le vélin, et en passant il oublie le cas du v. 440.

2 Colin Smith, *Poema de mio Cid,* Oxford, 1972, XCI laisse entendre que Per Abbat pourrait ne pas être seulement le copiste (cfr trad. esp. Madrid, 1972, 110), plus tard il défend l´idée qu´il en est l´auteur (Medium Aevum, 42, 1973, 1-17). C´était aussi le sentiment de T. Riaño Rodríguez, Prohemio, 2, 1971, 467 ss., d´A. Ubieto Arteta, *Cid,* 189. Nous ne cherchons pas à identifier Per Abbat, copiste pour nous ou auteur pour les savants précités. C´est comme pour Turold, il y en a trop et leur identification dépend de la date assignée au texte. . . à moins que ce ne soit le contraire, que le choix d´un Per Abbat détermine la date du Cantar.

3 Aux fautes mécaniques relevées, Per Abbat a pu ajouter des retouches personnelles, comme tout copiste-remanieur.

Chaque page compte une moyenne de 25 lignes environ (tantôt 23, tantôt 26). Il est important de remarquer que Per Abbat a ordonné ces lignes comme étant des vers, avec au début une initiale et à la fin une assonance souvent exacte. Il transcrivait un cantar de gesta.

Le texte de Per Abbat a été retouché par des correcteurs plus ou moins avisés[1].

II. LE CANTAR DE GESTA (vv. 2726 et 1085)

1. Langue poétique et prosodie

Une question primordiale doit être résolue avant tout : celle de la légitimité à l´assonance de l´harmonisation entre ue : o, présentée par le manuscrit et acceptée par les derniers éditeurs Colin Smith, I. Michael, M. Garcí-Gómez, et avant eux, deci delà, par S. Battaglia et par les éditeurs anciens, Fl. Janer, K. Vollmöller, A.M. Huntington, etc. (ex. *fuert* : *noch,* 2843-4) ou de son illégimitimé, défendue par R. Menéndez Pidal, position acceptée par ses suiveurs, sauf de temps en temps Battaglia. Dans ce cas la correction s´impose (*fuort* : *noch*), la forme du copiste n´étant qu´un rajeunissement de la forme la plus archaïque (*Cantar,* I, 105). Les éditeurs qui acceptent des variations phoniques dans le cours des assonances respectent, à leur avis, le sentiment du poète qui veut à certains moments briser la monotonie d´une laisse monophone (Colin Smith, XXXIX). I. Michael, éd. esp., 21-22 invoque J. Bédier et F. Whitehead, qui constatent et acceptent que beaucoup de poètes épiques de la France d´oïl médiévale introduisent des assonances impures dans leurs laisses, qui en conséquence ne doivent pas être corrigées. Il reprend même à Bédier ce propos d´un subjectivisme étonnant : "une assonance *aprochie : ajustée* est une assonance pauvre, mais non une de celles qui choquent l´oreille". Beaucoup de médiévistes francisants diront que c´est une assonance fausse et qu´elle doit être corrigée (voir la dernière éd. de la *Chanson de Roland,* par C. Segre, Milano-Napoli, 1972). Les paroles laxistes de J. Bédier ne sont plus tenues comme paroles d´évangile. Tous les médiévistes ne les ont jamais prises pour telles. Encore pourraient-elles s´expliquer, sinon s´admettre, dans la geste française, parce que

7 Voir aussi Ricardo Román Blanco, *História e lenda na poesia heróica espanhola. Estudo paleográfico-diplomático do primeiro cantar épico espanhol o Poema de mio Cid,* Revista de História, São Paulo (Brasil), 7, 1954, 303-25.

dans cette geste l'assonance n'est pas le seul indice signifiant qu'on a affaire à de la poésie épique,il y a en plus la régularité métrique (4+6, 6+4, 6+6). Peut-on en dire autant du *Cantar de mío Cid* et de l'épopée espagnole conservée[1] ? Certes non, l'homophonie assonantielle est le seul signe pertinent de la prosodie épique. Elle doit être d'autant plus rigoureusement observée que le public qui entendait réciter le poème ne pouvait distinguer les laisses, autre élément capital de la prosodie du Cantar, que par le changement d'assonances. Introduire à l'intérieur des laisses des assonances qui différeraient de l'assonance dominante troublerait l'audition du Cantar. Son poète ne peut avoir voulu brouiller l'écoute de ses auditeurs. Et il est si simple de corriger un copiste qui modernise son texte (*ue* au lieu de *uo*), ou qui l'unifie (*Alfonsso* au lieu de *Alfons*), qui offre à côté de nombreux *fuessen, fuesse,* les formes, dont celles-ci découlent phonétiquement, *fosse* v. 2137, *fos* v. 3590 et, cette dernière à l'assonance, *fossen* v. 2001, qui dit *Vermuez* au lieu de *Vermudoz,* connu jusqu'au XIIe s.[2]

R. Menéndez Pidal, *Cantar,* III, 1191 ss. voyait dans l'absence de -ue- dans les assonances du Cantar un archaïsme local de la région de Medinaceli, d'où à l'époque il faisait provenir l'auteur. Il raisonnait ainsi : la Castille, dès le Xe siècle, atteint la diphtongue *-ue-* et n'hésite plus guère entre les représentants de [o] ouvert, à l'encontre de l'Aragon et du Léon, où les exemples de *-uo-*, *-ua-* sont encore nombreux au XIe et même au XIIe s. Mais phonétiquement rien ne lui permet de choisir pour notre cantar entre une influence aragonaise et une influence léonaise. D'autres raisons ont guidé son choix[3]. A notre avis, le -uo- à l'assonance et le -ue- dans le corps du vers, ainsi que d'autres variations entre les formes assonantielles et celles qui ne le sont pas, appartiennent au langage poétique de l'auteur : le poète archaïse à

1 Nous n'envisageons que *Roncesvalles,* les *Mocedades de Rodrigo;* les *Infantes de Lara* sont une reconstruction de R. Menéndez Pidal.

2 Voir E.M. Lahmann, *Las asonancias del Poema del Cid : posibles significados de los diferentes cambios de asonantes; la métrica irregular y la asonancia perfecta.* Hispania (first Special Number), 63-74, qui réanalyse toute la question.

3 Depuis il a renoncé à ce que le "premier poète" soit de Medinaceli, ville près de l'Aragon. C'est le second qui est issu de cette région (*En torno al Poema de mío Cid,* Barcelona, 1963, 109 ss). Pour A. Ubieto Arteta, *Cid,* 147 ss. les Aragonais sont restés trop peu de temps à Medinaceli pour avoir pu y exercer une influence phonétique.

l'assonance et à l'intérieur du vers il utilise les formes de son temps[1]. Cette mixité lui donne un double jeu de formes qui a trompé Per Abbat, lequel a modernisé à l'assonance ce que le poète sciemment archaïsait. Cette archaïsation assonantielle, compliquée d'autres phénomènes (par ex. *Alfons* au lieu de l'*Alfonsso,* avec l'apocope du -o, sans doute due au gallicisme d'oïl et d'oc qui règnait de son temps; le non-emploi de l'-e étymologique ou de l'-e paragogique; etc.) donne à sa langue épique une de ses caractéristiques essentielles, faite d'attachement au système poétique d'un passé déjà lointain, grosso modo d'avant le XIe siècle[2], du Xe s. peut-être, de la période où a pris forme l'épopée espagnole, et de souci d'être de son temps (*Alfons* à l'assonance) et du temps de son héros (XIe s. période antérieure aux apocopes d'influence franco-occitane; *Alfonsso* dans le texte et une fois à l'assonance).

Les autres traits de son langage épique sont la division du poème en laisses homophones, d'inégale longueur, et avec une certaine adaptation du développement de la laisse au récit[3]. A juste titre on a été frappé par l'allongement des laisses et au moins grand nombre d'assonances dans ce qu'on a appelé la troisième partie, et certains ont envisagé la possibilité d'attribuer cette partie à un autre poète[4]. C'est s'abuser, car quand il le faut, il y a des laisses moyennes et brèves, d'assonances variées, dans cette troisième partie (par ex., numérotation de la présente édition 133, 135, 137, 139, 140, 141, 142, 143 144, 145, 146, 147, 148, 149, 151), comme il y en a de longues précédemment (9, 18, 82, 94, 101, 103). La division traditionnelle du Cantar depuis R. Menéndez Pidal, lui-même inspiré par Milá, *De la poesía heroico-popular castellana,* Barcelona, 1874, (rééd. Barcelona, 1959), 319 ss. (de la rééd.), en trois cantares est étrangère à la composition de l'oeuvre. Celle que l'on place au v. 1085 est illusoire

1 Sauf deux fois où il archaïse aussi à l'intérieur du vers (*fosse* v. 2137, *fos* v. 3590).

2 uo > ue au XIe s. (R. Menéndez Pidal, *Orígenes del español,* Madrid, 1956[4], 110-39.

3 N'oublions jamais que dans la métrique du poème, dans la métrique espagnole en général, *ó* accentué équivaut à *-ó...e, -á* à *á...e,* etc.

4 C'est le cas de M. Garcí-Gómez, *Cantar de mío Cid,* Madrid, 1977, intr.. Ce fut celui de E.C. Hills, Hispania, 12, 1929, 113 ss.

(voir notre note de crit. text. 142, v. 1085). Les vv. 2276-77, qui terminent le pseudo-dieuxième cantar, sont plus une proposition de pause au jongleur dans l'exécution orale du poème que la marque de la fin d'une oeuvre ou d'une partie d'oeuvre.

Prosodiquement, le vers employé par le poète est, comme ceux de *Roncesvalles* et des *Mocedades de Rodrigo* anisosyllabique et arythmique. Les tentatives pour régulariser la métrique[1] ou la distribution des accents[2] forcent les critiques qui s'y emploient à une infinité de corrections telle que celle-ci condamne elle-même les hypothèses qui sont à leur base. Ce n'est pas le lieu ici d'examiner si cet amétrisme et cette arythmie sont originels ou non dans le vers épique espagnol. (voir entre autres, L.P. Harvey, Bull. Hisp. Studies, 40, 1973, 137 ss). Les vers peuvent se diviser en deux hémistiches, dont certains sont léonins[3]. Presque toujours le second hémistiche est plus long que le premier.

2. Langue poétique et verbe

Beaucoup de savants ont été frappés par l'emploi des temps dans le Cantar et s'efforcent de lui trouver des explications particulières. En fait, c'est toute l'expression de la temporalité et de l'aspect à l'époque médiévale qu'il faudrait étudier ensemble. La connaissance de plusieurs littératures médiévales nous a convaincu que le Cantar ne se distingue pas ou guère, à ce sujet, des oeuvres en anc. frç., anc. occ. et anc. italien. C'est à une large étude comparative que l'on devrait s'atteler, et alors seulement se distingueraient les singularités du Cantar.

1 H.R. Lang, Revue hispanique, 1926, entre autres.

2 Ch. V. Aubrun, Bulletin hispanique 49, 1947, 332-72; R.A. Hall, Romance Philology, 19, 1965-6, 227 ss. Dans *Roncesvalles,* Paris, 1951, 83 ss, nous avions pensé que pour les cent vers de ce fragment, on pouvait déceler une certaine régularité accentuelle (voir aussi Ch.-V. Aubrun, Bulletin hispanique, 53, 1951, 351-74). Nous croyons aujourd'hui que c'est un mirage, dû au petit nombre de vers considéré.

3 E. de Chasca, *Rima interna en el Cantar de mío Cid,* Homenaje a Rodríguez-Moniño, Madrid, 1969, I, 135-46 et *El arte juglaresco en el Cantar de mío Cid,* Madrid, 1967, 217-35.

3. Langue poétique et style

Le poète emploie des stylèmes qui donnent à sa langue poétique une grande vérité, de la couleur, parfois une vraie beauté sentimentale et plastique (voir 1610-5, 2697-700, 456-64, etc.). Ils s´accordent avec le contexte et ne font qu´un avec le contenu. Il ajoute à cet usage d´une grande souplesse celui plus raide, mais aussi plus frappant, qui consite à employer des formules figées ou des formules à variation interne, due surtout au changement d´assonance. Ce formularisme a fait couler beaucoup d´encre. Après Milmann Perry, il y a eu A.B. Lord, *The Singer of Tales,* Cambridge Mass., 1960, E. de Chasca, etc. L´essentiel de ces théories est l´oralité créatrice que révèle ce système de diction (improvisation orale de J. Rychner, *La chanson de geste,* Genève-Lille, 1955, notamment). Il semble reçu que toute oeuvre à formules procède d´une tradition orale ou fait partie d´une tradition orale[1]. Sans doute est-ce vrai pour Homère, puisque les caractères écrits qui existaient à son époque n´auraient pas suffi, selon certains philologues classiques, à transcrire sa pensée héroïque. Peut-être est-ce vrai pour les chants serbo-croates[2], bien qu´ici le débat reste ouvert. Homère, les chants serbo-croates sont,comme le *Cantar de Mío Cid,* comme les chansons de gestes françaises, pleins de formules. Le cas d´Homère et des chants serbo-croates mis à part, dans les autres oeuvres composées à une époque où une écriture existe, capable de traduire la pensée des poètes, la présence du système formulaire suffit-elle à fonder l´hypothèse de l´oralité de la tradition antérieure ou de l´oeuvre primitive ? Non, ce système apparaît aussi dans des traditions d´origine écrite. Toute la tradition internationale pétrarquisante procède de Pétrarque, qui ne disait pas ses vers, mais les écrivait. Dans le domaine épique, Berni imite les formules des poèmes chevaleresques écrits de l´Italie renaissante[3], les chansons de geste françaises tardives du type *Hugues Capet* ne viennent pas d´une quelconque tradition orale ou n´imitent pas l´exécution orale de chansons de geste plus anciennes, mais la transcription manuscrite de celles-ci. On nous

1 C. Colin Smith, trad. esp. 69 écrit toutefois : "Por el estudio de las fórmulas podemos, asímismo, reforzar nuestra opinión de que el *Poema de mío Cid* es la labor reposada y escrita de un hombre culto".

2 Il ne faut pas dire "yougoslave", terme qui jusqu´à présent traduit plus une réalité géographique et politique qu´autre chose.

3 Voir I. Siciliano, *Les Chansons de geste et l´épopée,* Torino, 1968, p. 176, n. 1.

rétorquera qu'ils viennent à une époque où la documentation existe tandis que l'explication orale n'apparaît jamais que quand celle-ci est absente. En fait l'oralité comble en quelque sorte hypothétiquement un vide documentaire en tirant parti de données écrites plus tardives (ceci ne vaut que pour les oeuvres médiévales). Si l'usage de la formule ne prouve pas l'oralité, il ne prouve pas davantage la scripturarité originelle. A vrai dire, c'est un trait non pertinent et qui s'il était pertinent ne résolverait qu'un épiphénomène, le vrai phénomène étant la mise en forme artistique, orale ou écrite peu importe, de matériaux qui ne l'étaient pas auparavant ou qui l'étaient différemment.

4. Composition

La composition du *Cantar* est unitaire. Un personnage la domine d'un bout à l'autre, même quand il est absent[1], Ruy Díaz el Cid Campéador. Deux mouvements dramatiques l'animent. Le premier va de l'exil immérité au retour dans la grâce royale (2034-5) : c'est le triomphe du vassal irréprochable et sans cesse victorieux. Le second prend son départ dans la scène triomphale, quand le roi, pour accroître la valeur du Cid, lui impose le mariage désastreux de doña Sol et doña Elvire avec les infants de Carrión (2075 ss.) et s'achève par le plaid de Tolède, où le Cid triomphe juridiquement de ses insulteurs (3145 ss.) et, par l'intermédiaire de ses lieutenants, l'emporte aussi sur eux dans les duels judiciaires, sorte de confirmation divine de la justice humaine (3610 ss). Mais ces succès s'accompagnent d'un triomphe encore plus grand : grâce à ses filles, les victimes de sa grandeur,il entre dans les familles royales de l'Espagne : celles d'Aragon et de Navarre (3393 ss., 3717 ss.). Aussi ne retourne-t-il pas en Castille, mais regagne-t-il sa seigneurie de Valence où il est le seul maître et où il mourra[2] (3507, 3726).

Le poète a pris soin de bien souder ses deux parties en montrant dès la première partie les infants de Carrión songeant à épouser les filles

1 La scène de la rouvraie de Corpes : c'est pour faire tort au Cid que les infants de Carrión maltraitent cruellement ses filles; les duels judiciaires : c'est pour parachever l'intégrité de son honneur que ses lieutenants vainquent les infants de Carrión.

2 Cette mort ne paraît pas héroïque (mort inventée au combat pour celui qui a tant combattu) parce qu'elle est historique. Mais l'histoire ici est plus héroïque que toute imagination épique : l'implacable vainqueur de tous ses adversaires ne pouvait mourir vaincu dans un combat.

du Cid (1373 ss., 1385 ss., 1879 ss., 1900 ss., 1926 ss., 1975 ss.), mariages qui seront le noeud vital de la seconde partie. La "trajectoire" ascendante du Cid, du début à la fin du Cantar, le souci évident de fermement enchaîner les deux mouvements narratifs prouvent la structure intimement une du poème, une unité que n´entament pas les distinctions moins profondes, quoique réelles, sur le vérisme historique d´une partie et sur le "vérossilisme" de l´autre (R. Menéndez Pidal)[1], sur le "pathétisme" héroïque de l´une et sur l´éthisme épique de l´autre (M. Garcí-Gómez, éd. intr., XVII, XXIII[2]. Le changement de thèmes dominants, la plus ou moins grande proximité historique n´entraînent pas automatiquement la dualité créatrice, si la création, comme c´est le cas ici, est animée d´un bout à l´autre par un même esprit de glorification du héros protagoniste[3].

5. La personnalité littéraire du poète

L´art du poète est du type réaliste. Il s´attache à la réalité terrestre espagnole et réussit à la rendre sensible, parfois par son évocation générale (par ex. 1826), le plus souvent par la description précise des faits, des attitudes, des lieux. Il fait de la toponymie, de la microtoponymie, de la topographie tant il est exact dans le rendu concis et l´appellation des lieux. Avec lui, le public fait des voyages concrets à travers certaines parties de l´Espagne. Quand sa précision artistique coïncide avec l´histoire réelle du Cid, il fait du réalisme historique.

1 *En torno al Poema de mio Cid,* 109 ss. Il est curieux de voir à des siècles de distance et pour des genres différents R. Menéndez Pidal reprendre une distinction proposée pour le théâtre espagnol par Torres Naharro dans son Poemio à sa *Propalladia* (1521) : verdad y verosimilitud.

2 Nous ne sommes pas sûr que M. Garcí-Gómez attribue à deux auteurs différents ouà un seul poète les deux parties, *gesta* et *razón,* du Cantar. Lui non plus, du reste (¿ Quién fue el autor (autores) ? XLIII). Par contre, nous sommes convaincu qu´un seul auteur peut traiter des sujets différents et varier sa manière dans une même oeuvre unie par l´existence des mêmes personnages des deux parts. par la même intention profonde et que la seconde partie à cause de cette relation intime, ne peut être considérée comme une "continuation tardive" de la première faite par un autre auteur (XLIV), (mais plus loin, oeuvre du même auteur ou d´un autre (XLVII).

3 Voir aussi M. Singleton, Romance Philology, 5, 1951-52, 222-7 et notre réponse, *Historia y Poesía,* p. 250, n. 14. Nous n´acceptons pas non plus le système de formation "verticale" du poème d´E v. Richthofen, *Nuevos estudios épicos españoles,* 1970, 176 ss. parce que la division du Cantar en trois cantares ne nous paraît pas fondamentale.

Son réalisme se veut varié dans la démarche qu´il impose à ses motifs : à Castejón, c´est l´embuscade, la razzia des alentours, la prise soudaine de la ville (435 ss.); à Alcocer, c´est le siège infructueux de la place, la feinte retraite, la sortie imprudente des assiégés, la volte-face du Cid et des siens, la défaite des gens d´Alcocer, attaqués par surprise, la prise aisée de la place; la seconde bataille aux environs d´Alcocer (656 ss.) contre Fáriz et Galve est individualisées par deux traits expressifs : la désobéissance téméraire du porte-enseigne du Cid, la chute de cheval de son premier lieutenant, son "bras droit"; dans la bataille contre le comte de Barcelone (960 ss.), il y a la différence dans le harnachement des deux armées, la position de celles-ci avant que ne s´engage la bataille, la patience admirable dont fait preuve le Cid devant l´entêtement du comte de Barcelone (1012 ss.); le combat contre les Valenciens (119 ss.) est notable par la prise rapide du camp valencien et la notation sommaire de la poursuite victorieuse des rois fuyards; la bataille contre l´assiégeant de Valence, désormais seigneurie du Cid, est réduit à la poursuite du roi de Séville, cette fois sans succès (1225 ss.); la lutte contre le nouvel assiégeant, l´empereur Yúsef,est opportunément plus développée 1622 ss.) : la venue sur mer du roi du Maroc, la première attaque marocaine, la contre-attaque victorieuse du Cid sous les yeux apeurés, puis confiants et fiers, de sa femme et de ses filles, la prise et le sac du camp ennemi, la poursuite vaine de Yúsef, qui s´en tire avec trois blessures, le retour triomphal du Cid sous les yeux de sa famille; la troisième défense de Valence, contre le roi Búcar, sorti lui aussi du Maroc (vv. 2311 ss.), marquée par la conduite peu honorable des gendres récents du Cid, les infants de Carrión, par le sentiment parternel que le Cid ressent pour eux jusqu´à l´aveuglement, par l´exploit militaire de l´évêque don Jerôme, par le sac du campement musulman et la poursuite, cette fois couronnée de succès, du fuyard Búcar. Ces variations réalistes dans le traitement d´un même thème s´accompagne de la répétition, également réaliste, des mêmes décisions tactiques : la division de l´armée cidienne qui attaque l´ennemi à partir de points de départ différents. Les multiples razzias qui unissent les diverses batailles sont toutes caractérisées par de courtes notations justes.

Le réalisme de notre auteur est aussi dynamique : les sentiments de D. Alphonse VI vis-à-vis du Cid changent progressivement au fur et à mesure que celui-ci lui donne des marques de sa puissance sans cesse accrue. Le poète augmente peu à peu le nombre des compagnons du Cid, mais aussi celui des hordes ennemies. Il aggrave peu à peu l'infamie des infants de Carrión. Son réalisme sait se montrer pessimiste. Mais son optimisme éclate surtout. Quand il parle de son protagoniste, il devient un poète engagé. Il confère au Cid les plus belles qualités morales qui soient : l'intrépidité, la combativité, l'habilité, la prudence, l'humanité, l'aptitude à ne pas exploiter ses victoires au delà des limites permises, l'amour marital et paternel. Nulle froide objectivité donc, comme ont tant cherché à l'atteindre les réalistes du XIXe s., mais nulle ferveur outrancière non plus. Comme son héros, notre poète sait "mesure garder" dans le traitement de son réalisme psychologique. Et il réussit à nous faire voir les choses et à nous faire ressentir les sentiments.

Son oeuvre, malgré son attachement à la terre, à l'homme, est épique, non seulement parce qu'il emploie le style et la prosodie que son époque considérait comme tel, mais plus encore parce qu'il chante un personnage dont il a fait un héros sans cesse triomphant, tant sur les champs de bataille qu'au plaid de justice, qui transforme l'hostilité royale en "amour" royal et reçoit l'approbation divine (par les duels, dont la brièveté n'empêche pas la variété), parce qu'il a fait entrer son Cid dans la grande famille des rois d'Espagne, lui à l'origine infançon démuni de tout. Si en tout cela,il rencontre parfois l'histoire, par sa manière il rend celle-ci épique.

Les adversaires vaincus du Cid sont des Musulmans : notre auteur est donc chrétien, mais son sentiment religieux lui inspire de longs développements. Il fait faire à son héros des gestes chrétiens tantôt banals tantôt significatifs : nous considérons comme banales la prière à Santa María de Burgos (215 ss.; cfr 822) la remise des sommes de marcs à l'abbé de San Pedro de Cardeña (253, 1424), les incessantes invocations à Dieu. Plus significatives sont l'invention des détails de la longue prière de Chimène (387 ss.)[1], la reprise des données historiques de l'installation d'un évêque à Valence (1299) et de l'attribution à Don Jerôme de la cathédrale de Valence, dédiée à sainte Marie (1677), la mise sous la protection ou l'impulsion divine des razzias et des conquêtes du Cid. S'il a fait le Cid chrétien, il l'a fait aussi tolérant,

1 Trait épique, commun à beaucoup de chansons de geste.

suscitant la sympathie des Maures (Castejón, Alcocer), voire l'amitié généreuse d'un gouverneur maure, Abengalbón. Il ne l'a pas voulu fanatique ni baptiseur armé de Musulmans. C'est de nouveau un trait réaliste, si l'on se rapporte au comportement habituel de l'Espagne du temps.

Mais dans le poème, le Cid a d'autres ennemis, les grands seigneurs, la haute noblesse personnalisée essentiellement par García Ordóñez et la famille de Carrión. Le poète, cette fois, est sans pitié et racontant le triomphe du Cid, malgré eux, il chante celui de la petite noblesse et donne un exemple : le handicap social initial peut être surpassé par les qualités personnelles[1].

Le Cid est castillan d'origine, dans le poème comme dans l'histoire. Il est accompagné en exil au début de soixante pennons (16), qui sont peut-être tous castillans. Les cent-quinze chevaliers que lui amène le Burgalais Martín Antolínez sont tous castillans (287 ss.). Mais quand le poète nomme certains de ses compagnons principaux, il cite Galind García, qui est aragonais (443). Quand il les énumère plus loin, dans un élan d'enthousiasme, il semble qu'il faille y ajouter un Portugais ou un chevalier venu du Portugal Martín Muñoz, qui commande Montemayor(738). L'autre appel à des renforts est lancé en Aragon, en Navarre et en Castille (1187-8) et beaucoup de troupes viennent à lui (1197 ss.). Quand le roi autorise ses gens à suivre le Campéador toujours banni (1368 ss.), il ne s'adresse pas aux seuls Castillans, mais à tous ses sujets, Léonais, Asturiens, Galiciens[2]. Donc, au point de vue de leur origine, les troupes du Cid sont bigarrées, mais toutes sont issues de la "bonne chrétienté" (1199). Car c'est un trait de l'armée du Cid poétique d'être uniformément chrétienne, à l'inverse de celle du comte chrétien de Barcelone, qui est composée de Chrétiens et de Maures (968). Que le Cid ait gardé un attachement particulier pour la Castille (1767), que le poète ait les yeux plus tournés vers la Castille que vers une autre région chrétienne (1966), c'est évident. Mais si toujours le Cid se reconnaît vassal du roi Alphonse, ce lien n'est rattaché qu'à Alphonse, roi de Castille et non roi de Léon. Il est vassal castillan parce qu'il est lui-même castillan. Mais il préférera

1 Cette petite noblesse est aidée par la bourgeoisie (Martín Antolínez) et par le peuple (les peones).

2 Il octroie cette permission d'ailleurs à Carrión, en terre léonaise.

Valence, qui lui a coûté beaucoup d'efforts, à un retour qui lui est devenu possible en Castille (2167, 3507).

De la conquête chrétienne du Cid, la Castille en a-t-elle profité ? Non, hormis le roi qui a reçu des cadeaux, les conquérants eux-mêmes et leur famille. La chrétienté en a-t-elle profité ? Pas davantage, car il n'est dit nulle part que des Maures soient devenus chrétiens. Le Cid poétique était trop tolérant et trop habile, sa troupe était trop peu nombreuse par rapport aux populations mauresques qu'elles dominaient pour se lancer dans une politique périlleuse d'évangélisation armée. Le poète ne donne pas à son héros un grand projet qui le dépasse. Il s'en tient à lui et en fait un exemple grandiose d'individu humain[1].

R. Menéndez Pidal voulait que le Cantar fût historicisant, il est l'illustration littéraire du grand destin d'un homme. D'autre part, le poète n'a pas composé un poème, terme de la Renaissance italienne pour désigner les oeuvres poétiques longues comme l'*Orlando innamorato*, l'*Orlando furioso*, il a assonancé un cantar de gesta (2276, cfr la façon dont les chroniques se réfèrent à ce type d'oeuvre). Le titre de son oeuvre est donc *Cantar de mío Cid*, à la médiévale, et non *Poema d.m.C.*, à la manière renaissante et étrangère (cfr M. Garcí-Gómez, *éd.*, XLV-XLVI).

6. La personnalité historique du poète

1°/ Quand on entend la longue prière de Chimène - prière traditionnelle dans les chansons de geste - on est frappé par une erreur dans la succession des faits racontés par l'Histoire sainte : le Christ ressuscite (358) avant de faire sa visite aux Enfers (359)[2]. Une autre apparaît dans la succession des actes liturgiques : don Jerôme est dit donner l'absolution avant de dire la messe (1689-1688)[3]. Voilà qui n'est pas très attentif pour un religieux "tonsuré". On ne trouve pas non plus dans le Cantar, comme dans le *Poema de Fernán González*, de longues

1 A notre avis, le *Cantar* n'est pas le poème national de la Castille (C. Colin Smith, trad. esp., 16), mais le Cid poétique est sans doute le plus grand héros castillan, celui qui seul s'est conquis un état, le héros national de l'Espagne moderne (C. Colin Smith, trad. esp., 16).

2 Voir cependant notre note de crit. text. v. 358, n. 39a.

3 Voir notre note de crit. text. v. 1688, n. 219.

interventions surnaturelles si chères aux poètes cléricaux. Il n´y en a qu´une : le songe réconfortant qu´est l´apparition de l´ange Gabriel au Cid au début de sa randonnée (405 ss.). Cette apparition est peut-être réelle, mais, restant unique, elle indique que le poète n´éprouvait guère d´intérêt pour ce motif littéraire religieux. D´autre part, la conquête qu´il nous raconte est moins une conquête chrétienne qu´une conquête exécutée par le Cid chrétien et par ses troupes chrétiennes, dont il n´est rien dit des conséquences favorables pour la "bonne chrétienté". Si le Cid poétique progresse, la Chrétienté ne progresse pas, quoiqu´il installe un évêque à Valence, qui est comme son aumonier combattant : pas de baptême de Musulmans, pas de tentative de conversion. Sans doute cette situation représente-t-elle un état de choses réel, mais cela ne doit pas représenter l´idéal des religieux de quelque région qu´ils soient[1], de quelque ordre qu´ils soient.

L´intérêt du poète ne se porte guère sur le récit des batailles, à part une exception (702 ss.), mais sur la tactique militaire qui commande celles-ci (440-1, 575 ss., 702 ss.[2], 982 ss., 1124 ss., 1163, 1204 ss.[3], 1688 ss.). Les fuites des ennemis l´inspirent (769 ss., 1145 ss., 1722 ss., 2408 ss.), mais aussi les négociations politiques avantageuses (la vente des Maures que le Cid a vaincus 518 ss., 845 ss.) et surtout le butin que rapportent les batailles (794 ss., 1016, 1149, 1153, 1167, 1189, 1732 ss. 2465 ss., 2482 ss. ainsi que les dons offerts ou reçus (815 ss., 1270 ss., 1812, 1819 b., 2103, 2144 ss., 2572, etc.). Tout cela est minutieusement comptés. Le poète ne laisse pas de nous communiquer comment la répartition des biens s´est faite (510 ss., 1213 ss., 1233, 1734 ss., 1796 ss., 2467, 2486 ss.).

Partout un goût pour la précision numérique, qui exprime concrètement les réalités, est manifeste chez lui (ex. 1010, 1265, 1419, 1482, 1627, 1676, 1695, 1717 ss., 1743, 1766, 1817, 1869, 1874, 2019, 2244, 2249, 2313, 2386, 2389, 2397, 2426, 2455, etc.). Il montre enfin une grande confiance dans les comptes écrits (527, 844, 1259, 1956), dans les actes scellés (24, 43).

1 Aussi ne croyons-nous pas que l´auteur soit un moine (contra J. Álvarez, *El Cid y Cardeña,* Madrid, 1952).

2 Ici, c´est la rupture de la tactique envisagée par l´impétueux Pedro Vermudoz qui est mise en lumière.

3 Le siège de Valence sans bataille.

Le poète, qui chante si bien l'aventure héroïque des raids et des conquêtes, sait aussi que cet héroïsme recèle une question de chiffres. L'auteur paraît être quelqu'un qui raconte des batailles, mais surtout qui en calcule les conséquences matérielles avec exactitude. Esprit de tabellion auquel s'ajoute le goût des plaidoieries efficaces parce que justement fondées. La dramatisation passionnée du plaid de Tolède a une base juridique solide (vv. 3145 ss.). L'auteur, un "buen sabidor", comme le Mal Anda du Cantar (v. 3070)[1], connaît aussi les règlements du duel judiciaire (v. 3593 ss.). Enfin, et ceci est le maître lien qui donne sa cohésion à l'action du Cid exilé puis à celle du Cid reconcilié avec le roi, c'est la notion "légale" de "ira regis" puis de "amor regis"[2]. Ce maître en droit a dû se trouver au service d'un seigneur, enthousiaste de l'action cidienne, guerroyeur lui-même et chargé de missions, qui a révélé à son Mal Anda le secret de la manoeuvre militaire et de la diplomatie[3]. Que ce juriste soit plus cultivé nous n'en savons rien : les similitudes établies entre son texte et certaines oeuvres latines (C. Colin Smith, Bull. Hisp. Studies, 48, 1971, 1-19) nous laissent rêveurs par leur manque ... de similitudes précises.

2°/ La date communément admise par les post- et anti-pidaliens est la fin du XIIe ou le début du XIIIe s. (C. Colin Smith, I. Michael, A. Ubieto Arteta, *Cid,* 70 : "fecha post quem, que corresponderia a muy entrada la segunda mitad del siglo XII; B. Giocovate, Hispania, 39, 1956, 419-22; J. Fradejas Lebrero, *Estudios épicos : el Cid,* Ceuta 1962; P.N. Dunn, Romania, 96, 1975, 255 ss.; D.G. Pattison, Modern Language Review, 62, 1967, 443-50; etc.).

Plus haut, nous avons défendu l'idée que le texte que transcrivait Per Abbat était de 1207. Mais n'y a-t-il pas eu des versions antérieures à ce *Cantar de Mío Cid* ? La philologie médiévale française nous

1 Comme ce nom est tout à fait isolé dans le Cantar, et qu'il a existé historiquement (R. Menéndez Pidal, *Cantar,* II, 740 : le Mal Anda cité par MP est meunier : ce n'est pas de lui qu'il s'agit dans le *Cantar*), on pourrait avoir la témérité d'y voir une signature dissimulée. Audace philologique, quand tu nous tiens !

2 Voir C. Colin Smith, trad. esp., 42.

3 Clerc ou laïc instruit, plutôt clerc en raison de l'époque, mais peu attaché à ses besognes religieuses qu'il ne connaît pas sur le bout des doigts (voir ci-dessus, 6, 1°). Le goût de la stratégie, de l'organisation des batailles lui viendrait de son maître, d'un maître qu'il accompagnait sans doute au combat.

a appris que sauf dans des cas extrêmement rares, nous ne disposions pas de l´autographe ou même du premier apographe d´une chanson de gestes. Les arbres généalogiques des mss français, des versions françaises et étrangères sont là pour nous le prouver. Il serait miraculeux qu´il n´en soit pas ainsi pour le *Cantar de mío Cid*. Bref, la version recopiée par Per Abbat a dû être précédée d´autres versions et entre 1207 et le XIVe il y a dû en avoir aussi. Liquidons tout d´abord cette dernière question, qui pour nous est secondaire. Il y eu au moins une version, celle qu´a mise en vers la *Primera Crónica General,* avec la multiplication de ses personnages, leur "deshistorisation". A. Coester, Revue Hispanique, 15, 1906, 98 ss., a vu les choses à l´envers, sans même tenir compte des dates qu´on donnait aux versions qu´il confrontait (voir R. Menéndez Pidal, *Cantar,* III, 1185 ss., *Reliquias de la antigua poesía española,* Madrid, 1952, LVI ss.)[1]. Mais ce qui s´est produit après 1207 ou dans les environs de la fin du XII et le début du XIIIe s. a pu se produire avant, car le temps est long entre 1099, date de la mort du Cid, et cette époque déjà tardive de 1207. Nous avons déjà parlé de cette tradition dans *Historia y Poesía,* 252 ss. Nous ne la reprendrons ici qu´en partie. Nous ne tirons plus argument du peuplement de Cetina (547), car la chronologie que lui donne dorénavant A. Ubieto Arteta est trop approximative (entre 1144 et 1163)[2] pour être pertinente pour notre chronologie. Par contre les vv. 957-8 ne sont possibles qu´après 1148[3]. La dénomination des trois rois mages (337) laisse perplexe pour la chronologie du poème castillan : ils sont connus en Aragon grâce à la diffusion de l´oeuvre de Pierre Comestor (vers 1178) au

1 La thèse de N. Zingarelli, *Scritti di varia letteratura,* Milano, 1935, 153 ss. (l´art. est de 1925), selon laquelle le Cantar serait une mise en vers de la prose de la *Primera Crónica* faite en 1307 est spécieuse. Elle prend la date du ms. pour celle du poème et ne tient pas compte que c´est le mouvement inverse (poème mise en prose) qui s´est généralement produit. Réfutation en règle par G. Bertoni, Atti della R. Accademia delle Scienze di Torino, 61, 1926, 455 ss.; R. Menéndez Pidal, *Cantar,* III, 1187 et *Reliquias,* LVIII ss. D. Catalán, Hispanic Review, 31, 1963, 195 ss., 291 suggère l´idée que le texte modifié du Cantar ne proviendrait qu´en partie du remaniement épique, mais aussi d´une modification propre au chroniqueur.

2 *Cid,* 42.

3 A. Ubieto Arteta, *Cid,* 46.

début du XIIe s.[1], tandis qu´en Castille ils attendront le XIIIe siècle pour apparaître. Leur mention gratuite dans le Cantar ne peut être antérieure à cette époque : peut-être est-elle de Per Abbat lui-même, qui fausse l´assonance à cause de cela. L´examen des sceaux employés dans le poème a retenu l´attention de P.E. Russell[2], surtout celui des "cartas fuertemente selladas" (21). Cet usage date de la fin du XIIe s. et leur mention peut être propre à la version de 1207.

Par contre, la *Chronica Adefonsi imperatoris* de 1147-49[3] fait une allusion détaillée au récit du Cid Rodrigue (éd. L. Sánchez Belda, Madrid, 1950, 178 ss.) : Rodrigue y est appelé "Meo Cid", il est supérieur de tous ses ennemis, il vainc les Maures mais aussi "nos" comtes[4]. Il exalte Álvaro (Minaya Álvar Fáñez) et minimise sa propre gloire. Mais le Cid restait le premier et Álvaro le second. Valence pleura sa mort et le serf du seigneur [le Cid] ne put la conserver longtemps." A. Ubieto Arteta, *Cid,* 29-30 veut que cette allusion ne se rapporte pas à une version ancienne du Cantar conservé. Il interprète *cantatur* du v. 2 de l´allusion comme s´il s´agissait de chanter musicalement[5]. Il oublie qu´un cantar de gesta s´appelle cantar, qu´on "chante" de geste parce que ces oeuvres sont stimulées par un accompagnement musical. Sinon, pourquoi ce nom cantar, pourquoi ce nom de chanson de geste ? Et l´oeuvre conservée emploie le mot *cantar* (2276). A. Ubieto Arteta relève aussi que l´allusion déprécie le Cid pour mieux faire valoir Álvar Fáñez, ce qui est impossible dans le Cantar. Mais il omet que la *Chronica* place aussi le Cid au premier rang et Álvar Fáñez au second, comme dans le Cantar et n´a plus en mémoire les éloges constants que le Cid adresse à son neveu. On peut

1 A. Ubieto Arteta, *Cid*, 156. Précoce diffusion pour une oeuvre de 1178 environ ! Nous croyons que les représentations murales des trois rois avec leurs noms respectifs en Aragon procède d´une tradition à laquelle participera plus tard Pierre Comestor.

2 Moderne Language Review, 47, 1952, 340 ss.

3 A. Ubieto Arteta, *Cid* 29; *Cuadernos de Historia de España,* 1957, 317-26.

4 Dans le Cantar conservé, il vainquit un comte, celui de Barcelone. Dans le Cantar augmenté de son feuillet initial perdu, il en vainquit un autre, le comte García Ordóñez.

5 L´allusion qu´il donne à l´appui de son opinion, où sont énumérés des instruments de musique, ajoute cependant à *cantantes dicentes.*

voir dans la "dépréciation" du Cid dans la *Chronica* une hyperbole significative. Le poème exploité par l'auteur de la *Chronica*, tout en restant dans l'ensemble semblable à celui que nous possédons, exaltait particulièrement Minaya Álvar Fáñez, et ceci nous rappelle un mémoire de Michèle Chéret, *La vérité historique de circa 1145 dans le Poema de mio Cid*, Paris, 1954 (voir Bull. hisp. 57, 1955, 211-12) et le court article de son maître Ch.-V. Aubrun, *Le Poema de mío Cid, alors et à jamais*[1] qui rattachent la création de notre Cantar à la famille d'Álvar Fáñez[2]. Ce serait la création ou la recréation du Cantar selon que nous trouvions ou non une version antérieure à celle de l'époque du "bon empereur, fils de Raymond de Bourgogne" (1135-1157)[3], nommé par antonomase au v. 3003. Une autre thèse a été imaginée pour se débarrasser de la gênante allusion : H. Salvador Martinez, *El poema de Almería y la épica románica*, Madrid, 1975, 345 ss. L'oeuvre qu'aurait en vue le chroniqueur latin ne serait pas le Cantar, mais un des multiples "cantos noticieros", qui, selon R. Menéndez Pidal,

1 Hisp. Stud. in Hon. of Edmund Chasca, Phil. Quat., 51, 1972, 12-22.

2 Peut-être ce remaniement a-t-il placé tout le temps Álvar Fáñez aux côtés du Cid, en contradiction avec l'histoire (voir notre *Historia y Poesía*, 176 ss.) et peut-être à l'encontre de l'hypothétique version qui le précédait lui a-t-il attribué les qualités tactiques que celle-ci accordait au Cid. La description sur les tactiques militaires faite par A. Ubieto Arteta, *Cid*, 56 ss., est belle, qui tend à montrer qu'au début des combats entre Chrétiens et Musulmans les luttes étaient uniquement frontales pour se changer en une tactique plus évoluée (à partir de la bataille d'Alcoraz, 1096). Mais à bien le dire, elles sont frontales à Sagrajas (1086), et encore avec encerclement ultime, à Alcoraz (1096), mais déjà à Uclés (1108) la tactique de l'encerclement réapparaît. Sans doute les tactiques employées dans le Cantar ne sont pas celles de ces batailles qui lui sont contemporaines ou presque. Il y a anachronisme historique. A. Ubieto Arteta a raison. Mais anachronisme poétique, non, car aucune des batailles - même les plus récentes - dont il a fait l'épure ne représente la tactique du poème : attaque de front, attaque sur un seul flanc. C'est une invention poétique.

3 A. Ubieto Arteta, *op.cit.*, 20 ss. signale qu'on a désigné Alphonse VII par le nom "imperator" seul dans la seconde moitié du XII e s., les premières années du XIIIe s., mais -insensibilité philologique de sa part- il ne tient pas compte de la liaison intime que le poète fait entre le père et son impérial fils, l'adjectif *buen* qui donne une chaleur spéciale à l'expression, même s'il se trouve dans Dante (R. Menéndez Pidal, *Cantar*, III, 1167), deux faits qui liés sont favorables à la création du vers à l'époque même du règne du souverain, c'est-à-dire du texte auquel se réfère la chronique. Aucun des documents cités par A. Ubieto Arteta ne mentionne le père de l'empereur ni ne qualifie celui-ci.

auraient précédé et favorisé la confection du Cantar. C'est retourner Menéndez Pidal contre lui-même (*Cantar,* III, 1167 ss). Dans la chronique on relève une autre allusion épique : *Tempore Roldani, si tertius Alvarus esset, / Post Oliverum, fateor sin crimine verum / Sub juga francorum fuerat gens Agarenorum / Nec socii Cari jacuissent morte perempti.* L'allusion est faite à un *Roldán* espagnol, qui connaît aussi comme personnages Oliveros, los doce pares (cfr R. Menéndez Pidal, *Poesía juglaresca y orígenes de las literaturas románicas,* Madrid, 1957, 265). Ce *Roldán* espagnol, qui appartient à la branche traditionnelle où les Français sont vaincus (cfr le prov. *Ronsasvals*), est-il un "canto noticiero", l'hypothétique *Passio Rotholandi* de Burger ou un cantar ?La tradition générale de *Roland* ne connaît pas, si ce n'est tardivement (*Carmen de prodicione Guenonis, Rollan a Saragossa*) de chants courts[1]. A l'époque de la *Chronica Adefonsi Imperatoris* seules existaient les chansons de *Roland* longues. Il a dû en être de même pour la source empruntée au récit du Cid, d'autant que les deux allusions sont liées par une commune mise en valeur d'Álvar Fáñez.

Quoiqu'on ait pu en écrire, un *Cantar de mío Cid* a existé entre 1135 et 1147-49, dont la version de 1207 prend la suite.

Ce poème est-il l'original ou a-t-il été précédé d'autres versions ou d'une autre version décelables ? Aux vv. 1181-3 le roi almoravide est dit être en guerre avec le roi des Montes Claros, l'almohade. Or cette lutte se développa entre 1120 et 1145[2]. R. Menéndez Pidal en tire argument en faveur de l'ancienneté du *Cantar*. Celui-ci doit donc être postérieur à 1120, mais pourrait se confondre avec celui, assuré par la *Chronica,* puisque les luttes se pourvuivirent jusqu'en 1145[3].

1 Nous ne tenons pas compte du *Carmen Campidoctoris* qui a été composé du vivant du Cid (dernière date proposée, *Papers of Liverpool Latin Seminar,* II, 1979, 241 : ca 1083, par R. Wright. D'autre part Roldanus suppose le cast. Roldán et non Rotholandus de la *Passio.*

2 R. Menéndez Pidal, *Cantar,* II, 765; III, 1170; *En torno,* 197 ss.

3 Nous laissons de côté comme inacceptable et sans pertinence chronologique le développement d'A. Ubieto Arteta, *Cid,* 32 ss. sur le fait que les Montes Claros ne seraient pas africains, mais se rapporteraient à une montagne espagnole de la province de Guadalajara (évoquée ailleurs au v. 2693). Il perd de vue que Yúsef, roi du Maroc, est en Afrique à ce moment-là, comme il y sera encore quand il entamera sa campagne contre Valence (1628 ss.).

Si une version est antérieure à celle connue par le thuriféraire d'Alphonse VII l'empereur, elle ne peut être "a raiz de la muerte" du Cid, comme le voudrait R. Menéndez Pidal[1]. Trop de différences écartent le poème de la réalité historique pour qu'il soit issu de celle-ci [2]. Bien des années doivent l'éloigner de la réalité que son auteur rapporte à sa manière et lui permettent de faire participer continûment à l'exil du Cid Álvar Fáñez[3], de changer les noms des filles du Cid, de les marier aux infants de Carrión, d'insulter ces derniers.

Mais bien de menus détails du poème sont historiques[4]. Ou le poète - tabellion légiste - les a trouvés dans des archives ou il les connaissait sans consultation archivistique. Si ces détails étaient groupés autour de quelques personnes ou de quelques faits bien déterminés la première hypothèse serait plausible, mais ils sont dispersés. Ils concernent tour à tour Álvar Fáñez (2858, 3438, 735), Martín Muñoz (738), Galind García (740, 1996, 1999, 3071), Diego Téllez (2814), don Fruela (3004), les infants de Carrión, leur père Gonzalo Ansúrez, leur frère Asur González, leur lignage les Beni Gómez (3443), l'obscur Gómez Peláyez (3457), García Ordóñez (3287, 3112), Álvar Díaz (2042), le séjour du Cid à Barcelone (692 ss.), la cathédrale de Valence consacrée à Santa María (1668), l'invocation à San Sebastián (341), le repas offert par le Cid au comte de Barcelone (1011 ss.), la tactique employée dans la lutte contre l'imaginaire roi Búcar (2361 ss.). Petits détails historiques disséminés çà et là, donc difficiles à regrouper en compulsant les archives, mais qui peuvent aisément rester quelque temps dans la mémoire d'un homme décidé à les exploiter poétiquement[5], quitte à s'aider deci delà de la consultation de quelque document.

Les années 1135-1147 paraîtront peut-être bien éloignées pour que se conserve le souvenir de si menus détails. En outre, la version composée vers ces années a contribué à l'élévation du rôle de Minaya Álvar

1 *En torno*, 183.

2 *Historia y poesía,* 272 ss.

3 A moins que ce ne soit un trait du remaniement connu par la *Chronica Adefonsi Imperatoris.*

4 *Historia y poesía,* 303 ss.

5 Les philologues se sont toujours trompés quand ils se sont représentés les poètes d'antan tels qu'ils sont eux-mêmes, fouineurs de l'histoire et de la géographie, fouilleurs d'archives multiples.

Fáñez. La tradition poétique du Cid va-t-elle s'ouvrir sur l'agrandissement du rôle de son second ? Non, elle commence par être le panégyrique du premier rôle, du Cid lui-même et quelque temps après un remanieur, pour des raisons familiales, se serait appliqué à rehausser la personne de son second. Ces réflexions nous amènent à situer vers 1130 l'original du *Cantar de mío Cid* et à maintenir l'idée d'une tradition poétique du Cantar au cours du XIIe s., même si cette hypothèse est compliquée[1] et d'essence pidalienne[2].

3°/ Les sympathies du poète pour les divers lieux qu'il évoque sont variables. Il n'aime guère les Burgalais (21 ss.), les présente comme des couards, miséricordieux sans doute, mais qui ont peur de leur roi et ne trouvent comme délégué auprès du Cid en courroux qu'une fillette de neuf ans. S'il connaît Burgos (Santa María, la porte de la route de Vivar, c'est-à-dire du nord, la porte vers l'Arlanzón, la rivière Arlanzón, le pont qui l'enjambe, la plage qu'il baigne), il commet une erreur en situant la juiverie à l'intérieur des fortifications (98) alors que l'habitude voulait qu'elle fût extra muros (R. Menéndez

1 I. Michael, *éd. esp.*, 57. La réalité poétique est toujours plus complexe que l'esprit simplificateur des philologues.

2 Nous croyons qu'outre les investigations de R. Menéndez Pidal sur les origines de l'espagnol, parmi ses recherches historico-littéraires, une de celles qui ait atteint le plus de véracité est la mise en vive lumière de la succession ou de la concomitance de diverses versions se rapportant à un même sujet épique. Des travaux récents sur les traditions multiples de certaines chansons de geste françaises et étrangères du cycle du roi nous ont permis de nous en persuader davantage. Nous ne trouvons aucune pertinence chronologique aux arguments tirés de *fuertemente sellada* (23-24) que l'on identifie à une lettre avec un sceau pendant (contr. P.E. Russell, Modern language Review, 47, 1952, 340 ss.; nous-même, *Historia y poesía*, 261 ss., A. Ubieto Arteta, *Cid*, 64 ss.). En effet ce dernier historien nous apprend qu'en Castille le sceau pendant le plus ancien est de 1152 mais que les chroniques parlent de pareils sceaux au temps de la reine Urraca (1109-1126) (Luis Sánchez Belda, Est. ded. à Menéndez Pidal, IV, Madrid, 1953, 592); à *Valencia la Mayor* (2105 ss.), qui serait dû à un changement de nom effectué à la fin du XIIe ou au début du XIIIe s. époque où on a changé d'autres noms (A. Ubieto Arteta, Cid, 68) : il faudrait un autre argument que l'argument par analogie pour asseoir une hypothèse chronologique d'autant que *mayor* est dans le Cantar une qualification louangeuse et non l'élément d'un toponyme; à *San Salvador* de Oviedo (2924) dont parle déjà l'*Historia silense* (éd. J. Pérez de Urbel, A. González Ruiz Zorrilla, Madrid, 1959, 205) mais dont la renommée générale semble plus tardive. Dans le royaume de Castille-Léon San Salvador d'Oviedo devait être connu plutôt qu'en Aragon ou qu'en France (patrie de l'auteur du *Liber Sancti Jacobi*).

Pidal, *Cantar,* II, 518 ss.). Sans doute n'était-il pas de Burgos[1].

Il a confiance dans les moines de San Pedro de Cardeña puisque la femme du Cid, ses filles et leur suite leur sont confiées pendant son exil[2]. Il les dépeint avec sympathie (242-5), il récompense à diverses reprises leur abbé d'avoir accepté d'héberger la famille de son héros (250, 1286). Se trompe-t-il sur son nom, comme on l'a dit et comme nous l'avons dit[3], en l'appelant don Sancho au lieu de don Sisebuto, l'abbé de Cardeña à l'époque du Cid historique ? Oui, si son oeuvre avait des prétentions historiques, non si elle n'est que ce qu'elle est, une oeuvre littéraire, où il n'y a pas d'assonance en *u*...*o*. Un oubli plus grave en défaveur de la thèse qui veut rattacher l'oeuvre à Cardeña, c'est l'oubli d'un vers mentionnant les faits réels du retour des cendres du Cid à Cardeña et de leur conservation dans le monastère. Si ce vers avait été écrit, tout le panégyrique du Cid aurait pu être "cardeñense" et servir de propagande pour la visite des reliques de celui pour lequel on avait enthousiasmé les foules. La tentative de P.E. Russell,Medium Aevum, 27, 1958, 57-79[4],pour faire de cet oubli une omission, nous suggère une explication tout à fait opposée à la sienne : c'est parce que le Cantar ne rappelait pas la translation et l'inhumation du corps du Cid dans leur monastère que les moines de San Pedro de Cardeña ont lancé l'oeuvre en prose écrite sur le Cid où ces réalités historiques, avantageuses pour le monastère, sont rapportées. Cette oeuvre-ci est de Cardeña, le Cantar non.

Le Cid et sa troupe quittent la Castille, passent par la région de San Esteban (394 ss. Nous y reviendrons), se glissent à l'ouest vers Castejón de Henares (435 ss.), région dont le poète connaît les lointains environs (Hita, Guadalajara, 446, Alcalá de Henares 446 b), il remonte

1 Contra Colin Smith, éd. angl., XXXVII.

2 De façon tout à fait anhistorique.

3 *Historia y poesía,* 279.

4 Voir notre note de crit. text. 423 a du v. 3726, cfr Fr. J. Álvarez, *El Cid y Cardeña,* Madrid, 1952; I. Michael, éd. esp., 50. Nous ne croyons pas à la relation originelle du cantar avec Cardeña; l'invention poétique de Martín Antolínez n'est peut-être poétique que par suite de lacunes historiographiques, le fait que le ms. a été conservé à Vivar au XVIe s. ne prouve pas que le poème soit burgalais, encore moins cardeñense, ni même "vivarense". Sans doute a-t-il été conservé là par des gens qui se passionnaient pour les exploits accomplis par le plus grand des fils de Vivar.

ensuite le Henares (542 ss.) puis se rabat sur le Tajuña dont le poète n'ignore pas la toponymie ni la microtoponymie, puis il descend le Jalón, dont le poète a connaissance des noms de Ariza, Medinaceli, Calatayud[1]. Le Cid remonte le Jiloca, toute cette région qui fut reconquise par Alfonso I el Batallador après la bataille de Cutanda en 1120 avec repopulation de Monreal (863), en 1124[2], avec la villette de Daroca (866) dans le diocèse de Sigüenza[3] établi par le même souverain vers 1121-22[4], avec Celfa (879) repeuplée en 1127. Sans rien dire des habitants de cette région, le poète emploie des toponymes qui sont d'actualité et donne ainsi une vivacité nouvelle à son récit sans trop abuser de l'anachronisme puisque le Cid historique s'est trouvé dans une partie de ces régions[5].

Tout ce que le Cantar raconte de la campagne levantine nous paraît de source historique : le poète aurait utilisé un ouvrage comme l'*Historia* ou *Gesta Roderici*[6], en aurait simplifié le récit,l'aurait arrangé de façon à ce que la prise de Valence apparaisse comme le point culminant de l'expédition (1196, prise de Murviedro, avant celle, historiquement antérieure, de Valence), et laissé parler son coeur miséricordieux, par la bouche de son Cid, devant les affamés de Valence (1172 ss.).

1 Admettons que Cetina ne soit pas original (voir ci-dessus), non plus que Ateca, Alhama de Aragón, Terrer, Bobierca, seulement attestée en 1137-38, 1144-55, (A. Ubieto Arteta, Cid, 43); ils pourraient faire partie du Cantar[2], identifiable par la *Chronica Adefonsi Imperatoris.*

2 A. Ubieto Arteta, *Cid*, 40.

3 Daroca qui était peuplé ne l'a pas été continuellement jusqu'à 1142 (A. Ubieto Arteta, *Cid*, 96).

4 A. Ubieto Arteta, *Cid*, 41.

5 *Historia y poesía*, 26, 31, 36 ss.

6. Datée habituellement de 1110, depuis R, Menéndez Pidal, *La España del Cid*, II, 918-9, elle conviendrait parfaitement comme source à notre auteur. Mais, A. Ubieto Arteta, *Cid*, 174 ss. a notablement retardé la date de cette *Gesta* et l'a fixée entre 1144-47. Voir sur la question outre les pp. consacrées par A. Ubieto Arteta dans son *Cid*, notre *Historia y poesía*, 123 ss., où l'on verra notamment que le prototype des deux mss. conservés n'est pas l'original (126), que des chroniques en langue romane procédaient d'un texte distinct du prototype des mss conservés et étaient en relation avec l'original. Peut-être est-ce cet original qu'a eu dans les mains notre poète ?

Un autre ensemble toponymique bien cohérent est celui qui a comme centre Medinaceli (545, 1484, 1492, 1493, 1494, 1542, 1543, 1544, 2879, 2640, 2653, 2657, 2659). Medinaceli fut conquise par Alphonse VI de Castille-Léon quelques années après la mort du Cid, mais il ne maintint la ville sous son pouvoir que peu de temps. La défaite chrétienne d'Uclés (1108) la fit passer dans les mains des Almoravides jusqu'à ce que le roi d'Aragon Alfonso I el Batallador la reprît entre 1120 et 1222. Le fuero latin de Medinaceli est antérieur à 1127-1133, date du fuero de Carcastillo (Navarre), où il y est fait allusion[2]. La région de Medinaceli passe des mains des Aragonais à celles des Castillans en 1127 (pacte de Tamara)[2]. L'anachronisme est évident par rapport à la vie historique du Cid, mais il n'existe pas par rapport à la première version de son Cantar. Le poète, une nouvelle fois, tire parti pour son oeuvre de ce que venait d'accomplir Alfonso I el Batallador, mais sa castellanisation de la cité et de ses environs se justifie assez bien[3]. Il n'exprime aucun sentiment particulier à l'égard des habitants de cette région.

Tolède est connue de notre auteur (San Servando 3047, 3054, 3102; peut-être Zocodover, si le Cantar a contenu ce nom que propose la chronique utilisée pour combler une de ses lacunes). Mais, encore une fois, la population tolédane ne lui inspire aucun sentiment.

Par contre, il est des gens qui lui arrachent gratuitement des louanges. Ce sont les habitants de San Esteban. Ils sont comme il convient (2820), affligés par les vicissitudes encourues par les filles du Cid (2821), d'excellente manière (2847), avisés (2851). C'est la seule fois que le poète vante ainsi une collectivité. Connaissait-il cette région castillane qui était chrétienne depuis que la reconquit Fernand I de Castille-Léon, père d'Alphonse VI ? Nous avons cru que oui[4]. Aujourd'hui on nous dit que non, qu'il a commis des erreurs dans la riche toponymie qu'il donne de la région de San Esteban. La

1 Voir A. Ubieto Arteta, *Cid*, 39.

2 A. Ubieto Arteta, *Cid*, 151, 153.

3 Elle est semi-anachronique puisqu'elle attribue à Alphons VI ce que celui-ci a occupé quelques années. Ce n'est que sous Alphonse VII que Medinaceli a été définitivement rattachée à la couronne castillane

4 *Historia y poesía*, 316 ss.

calçada de Quinea (400) est une fantaisie[1] : il n´y a jamais eu de calçada ainsi nommée qui unissait Osma à Termancia, mais une autre calçada ou senda de Quinea ou Guinea est connue dans l´Espagne médiévale (entre Mérida et Astorga) et le poète a transposé ce nom à la calçada de San Esteban, qui n´avait pas de nom. Ou plutôt, dirons-nous, dont on ne connaît plus le nom et qui a pu exister au temps du poète, puisque ce nom s´appliquait ailleurs à des calçadas[2]. D´autres errerus ont été relevées Au v. 397, I, Michael, éd. esp. 107 note, trouve conformément à l´avis de J. Montero Padilla[3] et M. Criado de Val, *Geografía,* 87, que le Cid doit passer à droite de S. Esteban et non à gauche. C´est mal lire le texte : il laisse à gauche S. Esteban, donc il passe à droite de S. Esteban. Au v. 398, le même éditeur, 107, note, trouve que si Alilon représente Ayllón,cette ville se trouve tellement au sud du Douro qu´il était impossible de voir ses tours de la rive nord du fleuve. M. Criado de Val, *Geografía,* 86-88 a répondu d´avance à cette objection : Alilon ne se rapporte pas à la ville même d´Ayllón mais aux nombreuses tours de garde qui se dressaient à la frontière de la région dont elle était le centre, ou à l´une d´elle. Sur les vv. 2691 ss. voir nos notes expl. b., c., d., e. de la p. 97 b, qui concluent à la fidélité hypothétique du poète. Selon I. Michael, éd., 262, note, la Torre de don Urraca produit une difficulté géographique(4); pourquoi Félez Muñoz hisserait-il ses cousines mal en point de la rive du Douro jusqu´à la Torre, pendant 170 m. de pente, alors qu´en continuant à terrain plat vers l´est il pouvait atteindre S. Esteban qui n´était qu´à 7 kms ? Ou bien le poète s´est trompé ou bien il avait une raison qu´il n´a pas dite pour que le cheval de Félez Muñoz soit contraint à l´effort de gravir 170 m. de

1 A. Ubieto Arteta, *Cid,* 76 ss.

2 Pour l´erreur qu´A. Ubieto Arteta *Cid*, 80 ss. trouve au v. 398, voir notre note de crit. text., v. 398, 46 a et notre note expl. p. 16 b, n.c. L´historien se contente pour le reste d´énumérer les ignorances de R. Menéndez Pidal, *Cid,* 75 et conclut "L´auteur du Cantar ne connaissait pas San Esteban de Gormaz", comme si la critique moderne pouvait toujours identifier les noms anciens.

3 *Pasado y presente de Riaza,* Segovia, 1963, 23.

4 Difficulté que n´a pas ressentie A. Ubieto Arteta, *Cid,* 75, cependant chatouilleux sur le chapitre.

côte. Voir notre note expl. d. de la p. 101 b. Le poète ne nous paraît pas avoir si mal connu et encore moins ignoré totalement la région de S. Esteban, si l'on concède à un poète de n'être ni un historien ni un géographe, si l'on admet que l'historien d'aujourd'hui n'a pas toujours en main la documentation nécessaire pour rendre dûment compte des textes du passé. Comme les gens de la région de S. Esteban sont les seuls à susciter en lui - non à son personnage le Cid[1] - une sympathie digne d'être exprimée, nous continuons à pencher en faveur de cette région pour l'origine possible du poète. L'origine, sans doute est-ce trop dire : nous continuons à croire que si le poète n'est pas de S. Esteban ou de ses environs, il aurait bien voulu en être[2].

1 A l'inverse des moines de San Pedro de Cardeña.

2 Voir *Historia y poesía,* 328-9. Supprimer la note 21. Le savant aragonais A. Ubieto Arteta, "*Cid*", 189 ss. voudrait faire du poète un Aragonais, à coup d'identifications linguistiques et institutionnelles. Il va même plus loin : notre auteur serait de la région "turolense", des environs de Santa María de Albarracín. Mais pourquoi quelque poète de cette région, que le Cid historique (*Historia y poesía,* 38, 58, 65 ss.) a rendue tributaire et a dévastée, aurait-il chanté au XIIIe s. - date d'A. Ubieto Arteta - ou à quelque date autre un héros castillan, alors qu'il avait sous la main un Aragonais de dimension épique, Alfonso I el Batallador ? A tout prendre, s'il faut un Aragonais, pourquoi pas un poète de Molina de Aragón, où le Cid avait un ami mauresque, Abengalbón ? Mais trève de plaisanterie : le héros castillan a été chanté par un Castillan. Tandis que l'Aragon est cité indifféremment dans le Cantar (1186, 3399, 3405, 3717) aussi indifféremment que la Navarre, une certaine ferveur réchauffe parfois l'expression au poète quand il s'agit de la Castille : *Castiella la gentil* 829 (mis dans la bouche du Cid), 672 (mis dans la bouche de Minaya), les *varones castel lanos* au milieu des *portogaleses, galizianos* (2978-9) (attribué à l'auteur). La personnalisation de lieux aragonais effectuée par A. Ubieto Arteta est chaque fois contestable parce qu'on possède au lieu du toponyme anthroponymisé un vrai anthroponyme : Búcar n'est pas un quartier d'Albarracín, mais Abu Bekr; Galve n'est pas un toponyme de la région de Teruel mais l'anthroponyme arabe bien connu Gálib; Fáriz n'est pas la masculinisation anthroponymique d'Ariza mais l'anthroponyme arabe Háriz; Tamín ressemble moins aux toponymes aragonais Comín ou Camínreal qu'à Mutamín, avec aphérèse, nom d'un roi de Saragosse qu'a connu le Cid historique. Pas plus qu'Aragonais le poète n'est mozarabe : il ne parle pas une fois de ces populations chrétiennes de l'Andaluz, alors qu'il en avait cent fois d'occasion; pour lui elles n'existent pas. Il est castillan mais ne le proclame pas, il le laisse entendre avec discrétion, il est ce qu'il dit des gens de S. Esteban, *mesurado.* Il est plus raisonnable de lui attribuer cette patrie que de lui en attribuer une autre, dont il ne parle pas avec faveur.

7. Le Cantar de mio Cid et les chansons de geste françaises

Linguistiquement, le XIIe s. et la première partie du XIIIe s. a été une époque de forte franco-occitanisation. La langue du Cantar, que ce soit celle de la version de 1130 environ, celle dont la *Chronica Adephonsi Imperatoris* suggère l´existence ou celle de 1207, n´y a pas échappé (apocope de *noch, grand, adelant, cort*) et Per Abbat, au XIVe s., époque de réaction contre cette influence étrangère, a transcrit fidèlement le castillan franço-occitanisé de son modèle.

On s´attendrait donc à ce que la chanson de geste française ait exercé une action sur le Cantar qui aille de pair avec l´influence linguistique. Il n´en est rien. Le Cantar est basé sur une prosodie qui n´a rien à voir avec la prosodie épique française, la construction de l´oeuvre concentrée autour d´un personnage qui la remplit toute et dont tout dépend n´a pas sa pareille en France[1], le réalisme intransigeant qui la caractérise ne se retrouve qu´à de rares moments dans la Geste française[2], son poète néglige de mêler l´épique et le romanesque comme le font tant de chansons françaises du XIIe et du XIIIe s.[3], il n´a pas la sublime irréalité de celui de *Roland* ni son psychologisme pénétrant par sa variété[4], il n´a pas le goût non plus de la description des batailles (une seule lui suffit) qui domine l´épopée française, férue des coups de brand, d´hyperbolisation du nombre des combattants[5], il ne ressent pas le christianisme simpliste et la haine aveugle et féroce qui spirituellement nourrit les chansons d´outre-Pyrénées, il ne conte pas les aventures de héros rebelles[6], mais celle d´un héros qui reste fidèle malgré les raisons qu´il aurait de se révolter contre son seigneur, le roi. Fondamentalement, le Cantar et la chanson de geste française prodèdent de deux esprits épiques différents.

1 Même pas dans le *Guillaume* ancien où le poète partage l´intérêt de son public entre le protagoniste, ses neveux, surtout Vivien,et sa femme Guibourc; dans une version postérieure Guillaume est surpassé par Rainouart.

2 Par ex., dans une geste peu connue *Aiquin* ou la reconquête de la Bretagne.

3 Pas de Sarrasines incandescentes éprises d´un beau Chrétien et prêtes par amour à toutes les apostasies.

4 Pas moins de quatre personnages importants sont analysés par leurs actions : Charlemagne, Roland, Olivier, Turpin.

5 Voir E. De Chasca, *El arte juglaresco,* 246 ss.

6 Le cycle des barons rebelles (*Raoul de Cambrai, Renaud de Montauban,* etc.).

En 1955, au terme d'une comparaison entre le Cantar et toutes les versions de *Roland* qu'on a bien voulu reconnaître attentive, nous aboutissions à l'idée que quoique composant à une époque française et en manifestant quelques signes superficiels d'influence française, le poète du Cantar a "fait" une oeuvre qui ne serait pas autre si elle n'avait pas connu cette influence[1]. Aujourd'hui, après presque un quart de siècle passé à lire d'autres chansons de geste, notre opinion ne change pas, mais s'étend du cas particulier de *Roland*, la plus belle des chansons, à la généralité de l'épopée française. Les études postérieures qui voient une action puissante de la geste française sur le Cantar ne nous ont nullement convaincu : elles restent en surface ou n'ont qu'une profondeur schématique, sont intégrées dans des thèses sur les interrelations entre les littératures médiévales limitées à des objets qui n'atteignent pas le fond intime de la création structurelle, ou sont tout bonnement nationalistes ou simplement comparatives[2]. Notre

1 *Historia y poesía,* 370 ss. La présence précoce de *Roland* en Espagne est attestée par la forme espagnole du mot Roldán, par la *Nota Emilianense.* L'influence sémantique de Bauçan sur Babieca, decelée par M. de Riquer, *La leyenda del graal,* Madrid, 1968, 227 ss. fait partic des signes superficiels dont nous parlons.

2. Par ex. R. Cohen, Microfilm Abstr., 10, 1950, 142; E. Kohler, intr. à sa trad. frç., Paris, 1955, XXV; O. Belic, Romanistica Pragensia, 1, 1959, 1 ss.; E. v. Richthofen, Cahiers de Civilisation médiévale, 3, 1960, 76-8; Th. S. Thomov, Cah. Civil. méd., 3, 1960, 95-8; J.H. Martin, Southern Humanities Review, 1, 1967, 274 ss.; M. Th. Baudry de Urruela, Anales del depart. de leng. mod., Univ. de Costa Rica, 1, 1972, 25 ss.; J.J. Duggan, Forum f. Mod. Lang. stud. 10, 1974, 260 ss etc. Attirons cependant l'attention sur deux études. Tout d'abord, celle d'E. Dorfman, *The Narreme in the Medieval Romance Epic,* Toronto, 1969. La méthode d'analyse littéraire est empruntée à la linguistique. Elle fait ressortir la profonde parenté structurale entre le Cantar et Roland et conclut que l'analyse, "narrématique" constitue une méthode pour approcher la littérature épique médievale. Elle permet d'appréhender l'économie intérieure des oeuvres en faisant fi des ornements superficiels et des thèmes de chacune d'elles. Fort de son schématisme linguistique, l'auteur ne se demande pas un moment si ce qu'il nomme superficiel n'est pas précisément l'essentiel, spécifique de chaque oeuvre littéraire. L'infrastructure narrématique qui "charpente" le Cantar et la chanson est la même : querelle, insulte, trahison, châtiment. C'est grossièrement simplifier les structures des poèmes. *Roland* n'est pas que cela : il y a l'élan antisarrasin qui aussi est fondamental; le Cantar n'est pas que cela : il y a la monumentalisation du Cid qui est essentielle. Pour le Cantar de plus, D. doit faire abstraction du conflit structural du roi et de Cid, et limiter la chaîne de ses narrèmes au conflit entre le Cid et les infants de Carrión, qui ne sont en fait qu'un élément accidentel de la réconciliation entre le Cid et le roi. Développant une méthode impertinente, E. Dorfman laisse de côté des parties essentielles de l'infrastructure des oeuvres. (voir le beau c.r. de R. Cotrait, Bull. hisp. 72, 1970, 171 ss.). Dans ses *Nuevos estudios épicos medievales,* (Madrid, 1970, 133-134), E. von

conclusion reste la même : le Cantar serait essentiellement tel qu'il est même si le vent épique français n'avait pas soufflé sur l'Espagne du XIIe et du XIIIe s.

8. Les éditions précédentes et notre édition

Pour les éditions antérieures à R. Menéndez Pidal - il y en a de fort utiles[1] - et pour les travaux qui servent à établir un texte viable[2], nous renvoyons à la bibliographie par laquelle R. Menéndez Pidal ouvre le tome III de sa grande édition et aux pages qui précèdent son édition critique du Cantar (III, 1017 ss.). Pour les éditions qui ont suivi celles de R. Menéndez Pidal et s'en sont très largement inspirées nous signalons G. Bertoni, *Il cantare del Cid* (estratti), Roma, 2e éd., 1940[3], Alvin Kuhn, *Poema del Cid* (Auswahl), Halle a/Saale, 1954[4], S. Battaglia, *Poema de mio Cid,* Roma, 1943, qui se donne plus de liberté vis-à-vis de R. Menéndez Pidal.

La grande édition *Cantar de mío Cid* du maître espagnol est un monument en 3 volumes qui comprend la localisation et la date du poème grâce surtout aux recherches géographiques, la grammaire, le vocabulaire de l'oeuvre, son édition paléographique et son édition

Richthofen place le Cantar avant *Roland.* Il n'est pas le seul à avoir pensé à cette chronologie que contredisent le mouvement de l'histoire à l'époque des poèmes et celles des poèmes eux-mêmes, le Cantar ne pouvant être d'avant 1099 et la *Nota emilianense* attestant un récit de Roncevaux avec Roldán, Oliveros, Turpín, Carlosmagno en Espagne au plus tard en 1075. Sans même recourir à ce document, on s'accorde aujourd'hui à placer *Roland* avant la première croisade.

1 Par ex. celles de A. Bello, *Obras completas,* Santiago de Chile, 1881, II; E. Lidforss, *Los Cantares de Myo Cid,* Lund, 1885; A.M. Huntington, *Poem of the Cid,* New York, 1897-1903, 3 vol.

2 A. Restori, *Osservazioni sul metro, sulle assonanze e sul testo del Poema del del Cid.* Il Propugnatore, 20, 1887,9-27; *La Gesta del Cid,* Milano-Firenze, 1890; les travaux de J. Cornu, Romania 1881; *Etudes romanes dédiées à G. Paris,* Paris, 1891, 419-55; Zeitschrift fur rom. Philol., 1897, 461 ss.; G. Baist, Groebers Grundriss, II, 395 ss.

3 G. Bertoni avait donné une traduction italienne du Cantar, *Il Cantare del Cid,* Bari, 1912.

4 Réed. de Ulrika Ehrgott, Tübingen, 1970.

critique[1]. A nos yeux, cette édition critique présente deux défauts au sein de mille qualités : elle est trop archaïsante, on s'y sert trop de chroniques (*Crónica de Veinte Reyes, Primera Crónica General*) pour combler des lacunes imaginaires et on y donne des échantillons d'assonances sans apocope du -e final qui sont gratuites et en contradiction avec la prosodie du poème où -á vaut -á...e.[2].

A cette édition qui offre un texte assez différent de celui du manuscrit s'est opposée l'école anglaise fort influencée par l'action conservatrice de J. Bédier. Coup sur coup ont été imprimées deux éditions très soignées qui se tiennent le plus près possible des leçons mss. Ce n'est pas de la servitude à proprement parler, c'est du respect pour le texte copié au moyen âge : *Poema de mio Cid,* édité par Colin Smith, Oxford, 1972[3] et *The Poem of the Cid,* édition critique de I. Michael, Manchester, 1975[4]. Ces deux éditions, fondées sur le même principe, ne se ressemblent pas, car si elles sont fidèles au ms., elles ne le sont pas systématiquement et leurs infidélités ne se présentent pas aux mêmes endroits. Nous leur reprochons deux choses : elles ont brisé toutes deux l'uniformité des assonances et toutes deux, en régularisant l'orthographe du texte, ont introduit des signes graphiques qui n'existaient pas au moyen âge et surtout ont fait fi de la variété graphique propre au moyen âge.

L'édition, *Poema de Mío Cid,* de M. Garcí-Gómez, Madrid, 1977, n'est pas une édition critique. Le texte de Per Abbat est émietté dans des notes en bas de page, pas toujours correctes. Le texte imprimé est fabriqué dans une langue qui n'est ni de l'espagnol moderne ni de l'espagnol du XIIe-XIIIe s., mais un moyen terme artificiel et linguistiquement sans valeur scientifique. M. Garcí-Gómez n'a pas non plus saisi la fonction des assonances monotones. Il a en outre dramatisé le texte narratif soit en répétant inutilement en marge le nom du

1 Madrid, 1908-1911. Une édition pour le grand public a suivi, le *Poema de mío Cid,* Madrid, 1913, où le texte critique est un peu modifié - pas toujours heureusement - et où le poème est présenté par rapport à l'histoire, à l'archéologie, à l'histoire littéraire.

2 Nous n'avons pas eu connaissance de l'éd. de V.R.B. Oelschläger, *Poema del Cid in Verse and Prose,* New Orleans, 1948. Ce travail est d'après A.D. Deyermond, *Mio Cid Scholarship,* 1943-1973, 18, basé sur le texte critique de R. Menéndez Pidal.

3 Réimprimé en espagnol, Madrid, 1972.

4 Réédité avec plus de développement en espagnol à Madrid, 1976.

personnage qui parle, soit en désunifiant les couples de locuteurs ou en plaçant les récits dans la bouche d´un "cronista", dépoétisant ainsi le poème et en en faisant ainsi erronément une "chronique assonancée".

Notre édition prend le Cantar pour un poème, parce que le ms. l´offre ainsi et parce qu´il possède un signe poétique indubitable : l´assonance homophone. Une de nos règles sera donc de respecter et de restaurer, s´il le faut, l´homophonie des assonances. Nous verrons qu´il est possible aussi de marquer la césure. Une autre de nos règles est de respecter la caractéristique fondamentale de l´écriture médiévale : sa variabilité graphique. Cette variabilité doit être connue des médiévistes. C´est donc autant par rigueur scientifique que dans une intention pédagogique que nous la maintenons. Les seules interventions que nous nous permettons dans ce domaine sont de ponctuer[1], de mettre des majuscules aux noms propres, à la moderne, et de ne pas reproduire certaines lettres, comme le s long, que ne possèdent pas nos imprimeries, et qui n´ont aucune valeur phonétique ou phonologique[2]. Nous résolvons les abréviations en employant l´italique, nous marquons les quelques lettrines par la grasse, nous plaçons les additions entre crochets, les omissions entre parenthèses, comme le veut l´usage, nous notons l´élision par le signe élidant habituel. Nous séparons les mots à la moderne[3]. Nous ne modernisons pas le texte dans les cas d´enclise et de proclise pronominales, d´usage du tilde de palatalisation[4], de la notation de l´affriquée [ts][5].

9. Les traduction françaises et notre traduction

La première traduction française du Cantar est celle de J.S.A. Damas-Hinard, Paris, 1858. Elle est accompagnée d´une préface,du texte espagnol, de notes et d´un vocabulaire. Elle est fondée sur un texte

1 La ponctuation signifie la manière dont on comprend le texte ancien.

2 Contrairement au grand r, que nous rendons avec I. Michael et avec son édition espagnole en général par deux r.

3 Ils le sont presque toujours ainsi dans le ms.

4 Nous respectons la notation variée de la palatalisation : *ñ, nn, n; l, ll.*

5 Tantôt *c*, souvent *ç*.

désormais dépassé et n'est guère utilisable. Il en est de même de celle qu'Emmanuel de Saint-Albin a insérée dans sa *Légende du Cid,* Paris, 1866, I, 225-334.

Sans commune mesure avec ces travaux vieillis, se présente la traduction d'E. Mérimée, *Le poème du Cid,* Paris, s.d. [vers 1915][1]. Cette traduction se fonde malheureusement sur l'éd. que R. Menéndez Pidal a donnée à Madrid en 1913 sous le titre *Poema del Cid,* qui, nous l'avons dit, est inférieure à la grande édition du maître. Elle est aussi fragmentaire, et c'est dommage, car elle est écrite dans un français excellent, encore qu'un peu trop classique pour le sujet. Nous en avons tenu compte à plusieurs reprises.

La dernière traduction du poème est complète. Elle est l'oeuvre d'E. Kohler, *Poema de mío Cid - Le poème de mon Cid - vers 1140,* Paris, 1955. Le texte de base est celui de la grande édition de R. Menéndez Pidal, c'est-à-dire que le traducteur met en français toutes les additions superflues dont le savant espagnol a truffé son édition. Le but d'E. Kohler est de rester le plus près du texte espagnol, mais cette volonté de littéralité l'amène à écrire un français parfois malaisé, à écrire de l'espagnol en français. Néanmoins, son édition nous a été utile[2].

Notre édition, enfin, se fonde sur le texte que nous avons établi et qui est placé en regard d'elle. Son principe est la justesse : ni appauvrir ni enrichir le texte, respecter les formules, les répétitions, les variantes stylistiques. Le problème a été de rendre dans l'usage linguistique français d'aujourd'hui l'usage espagnol du XIIe siècle ou du début du XIIIe s. Beau problème de traduction qui cumule deux difficultés, la différence de langues, la différence temporelle. Nous souhaitons ne pas l'avoir trop mal résolu.

Outre les éditions françaises qui nous ont servi, nous avons aussi consulté, parmi les nombreuses modernisations espagnoles du vieux Cantar[3], celle en prose, déjà ancienne, d'A. Reyes, *Poema del Cid,* Buenos Aires, 11e éd., 1947, celle en vers de M. Martínez Burgos,

1 Dans sa bibliographie, il cite un travail de H.R. Lang qui a été publié en octobre-décembre 1914, dans le t.V de la Romanic Review.

2 Nous n'avons pu prendre connaissance de la traduction de M. Martin, la maison d'édition qui a composé cette traduction, fondée sur l'éd. R. Menéndez Pidal, ayant fait faillite.

3 En voir un relevé dans l'éd. angl. de Colin Smith, 17

Burgos, 1955 qui rend certains services et surtout celle en "versión métrica" de Francisco López Estrada, Madrid, 5e éd., 1968 (nous avons aussi utilisé la septième édition). Parmi les traductions étrangères mises à profit il y a, parmi les anciennes, la traduction anglaise d'A.M. Huntington, éd., II, parmi les modernes l'excellente translation de R. Hamilton et Janet Perry, qui accompagne et souvent illustre l'éd. angl. de I. Michael. Les traductions italiennes de G. Bertoni, Bari, 1912, S. Battaglia, Roma, 1943 et C. Guerrieri Crocetti, *Il Cid e i cantari di Spagna.* Firenze, 1957, 249 ss. (précédé de l'*Epica spagnuola,* Milano, 1944) nous ont été d'un réel secours. Nous nous en voudrions de ne pas mentionner la traduction allemande de H.J. Neuschäfer, *El Cantar de mío Cid,* München, 1964, qui nous a inspiré la façon de grouper par cinq les phrases de notre traduction. La lecture comparée avec le texte en est rendue plus facile et permet d'éviter d'aligner les phrases françaises sur les vers espagnols (par ex. trad. E. Kohler), ce qui crée des difficultés quand la phrase déborde le vers et incite à trop mouler la phrase sur le vers, jusqu'à la rendre maladroite.

Neuville-Francorchamps, Noël 1978 - Pâques 1979

BIBLIOGRAPHIE SOMMAIRE DES OUVRAGES[1]

AGUIRRE BELLVER J., *El juglar del Cid,* Madrid, 1960.

ÁLVAREZ Fr. J., *El Cid y Cardeña,* Madrid, 1952.

ARENS A., *Zur Tradition und Gestaltung des Cid-Stoffes,* Frankfurt a/Mein, 1975.

BANDERA GÓMEZ C., *El Poema de Mío Cid : poesía, historia, mito,* Madrid, 1969.

Boletín de la Institución Fernán González, Burgos, 1955.

CAPELLA M., *El Poema del Cid, gesta de una raza,* Madrid, 1971.

CEJADOR Y FRAUCA J., *El Cantar de Mío Cid y la epopeya castellana,* Revue Hispanique, 49, 1920, 1-310.

CHALON L., *L'histoire et l'épopée castillanes du moyen âge,* Paris, 1976.

CLISSOLD St., *In Search of the Cid,* London, 1965.

CRONZO PARLANGELI, *En torno al "Poema del Cid",* Barcelona-Buenos Aires, 1963.

CHASCA(E.de), *Estructura y forma en el Poema de Mío Cid,* Iowa City, Mexico, 1955.

- *El arte juglaresco en el Cantar de Mío Cid,* Madrid, 1967, 2e éd., 1972.
- *The Poem of the Cid,* Boston, 1976.

FRADEJAS LEBRERO J., *Estudios épicos : El Cid,* Ceuta, 1962.

GARATE ALDECOA J.M., *Las huellas del Cid,* Burgos, 1955.

1 Il existe des répertoires bibliographiques : D. Sutton, *"The Cid", A Tentative bibliography to January 1969,* Boletín de Filología (Santiago de Chile), 21, 1970, 21-173; éd. Colin Smith, 1972, Select Bebliography, 177-184 et add. dans la trad. esp., 309 (bibliographie par matières traitées); M. Magnotta, *Historia y bibliografía de la crítica sobre el "Poema de Mío Cid"* (1750-1971), Chapel Hill N.C., 1975; A.D. Deyermond, *Tendencies in Mio Cid Scholarship,* 1943-73, in "Mio Cid Studies", London, 1977, 13-41 (bibliographie critique); éd. M. García-Gómez, 1977, LXIII-LXXXIV (abondante, quelques inadvertances). Nous y renvoyons pour une information complète.

GARCÍ-GÓMEZ M., *"Mío Cid", Estudios de endocrítica,* Barcelona, 1975.

GILMAN St., *Tiempos y formas temporales en el Poema del Cid,* Madrid, 1961.

HORRENT J., *Historia y poesía en torno al "Cantar del Cid",* Barcelona, 1973.

HUERTA E., *Poetíca del Mío Cid,* Santiago de Chile, 1948.

LAZA PALACIO M., *La España del poeta de Mío Cid : comentarios a la Crónica de Alfonso VII,* Málaga, 1964.

MENÉNDEZ PIDAL R., *En torno al Poema del Cid,* Barcelona, 1963.

Oeuvres collectives, *Mío Cid,* Barcelona, 1941.

- *Mío Cid Studies",* London, 1977.

REVESZ A., *Mío Cid Campeador, Primer Capitán de España,* Plasencia, 1942.

RICHTHOFEN E. von, *Estudios épicos medievales,* Madrid, 1954, 231-94, 337-48.

- *Nuevos estudios épicos medievales,* Madrid, 1970.

RISCO M. de, *La Castilla y el más famoso castellano,* Madrid, 1792.

RUBIO GARCÍA L., *Realidad y fantasía en el Poema de Mío Cid,* Murcia, 1972.

SPITZER L., *Sobre antigua poesía española,* Buenos Aires, 1962, (= *Romanische Literaturstudien,* 1936-56, Tübingen, 1959, 647-63).

UBIETO ARTETA A., *"El Cantar de Mío Cid" y algunos problemas históricos,* Valencia, 1973.

VIDAL PEÑA L., *Meditaciones del Cid. Introducción a una biología del casticismo,* Buenos Aires, 1937.

Addenda 1979-1980

PERISSINOTTO G., *La Reconquista en el Poema de Mio Cid,* Hispania, 65, 1979, 1 ss.

LAPESA R., *Sobre el Cantar de Mio Cid, Crítica de críticas,* Etudes de Philologie romane et d'histoire littéraire, offertes à Jules Horrent, Liège, 1980, 213-231.

COLIN SMITH C., *Sobre la difusión del Poema de Mio Cid*, Etudes... Jules Horrent, Liège, 1980, 417-427.

Dans cette bibliographie nous n'avons signalé que les livres ou les recueils d'articles ayant paru sur le Cid poétique, sauf une ou deux exceptions. On aura remarqué par les titres de certains de ces livres que le Cid n'a pas inspiré que des philologues. Pour les innombrables articles parus dans des revues et non repris dans les livres, voir les bibliographies reprises à la note 1 de ce sommaire bibliographique.

CANTAR DE MÍO CID

D´une façon générale, le manuscrit unique qui a conservé le Cantar est considéré comme acéphale. L´ampleur de la lacune est diversement appréciée. On songe communément aujourd´hui à la perte de la première feuille du premier cahier [I]. Laissant de côté ceux qui estimaient qu´il ne manquait qu´un vers[II], ceux qui croyaient que beaucoup de folios faisaient défaut, car le Cantar aurait été selon eux une biographie complète du héros[III], attachons - nous un moment à une thèse qui voudrait que le poème soit tel que nous l´a transmis le manuscrit[IV]. Tout bien considéré, il semble qu´il faille croire avec la majorité des érudits à la disparition d´un seul feuillet, dont il est impossible de reconstituer les vers [V].

CHANSON DE MON CID

[Le Cid est banni par le roi Alphonse de Castille-Léon. Il est malaisé de préciser ce qui manque au début du poème. Il semble bien qu'il y ait été question en condensé des causes de cet exil. Le texte conservé y fait des allusions qui sont sans doute des rappels. Le Cid est chargé par le roi de ramener de Séville un tribut, mission pendant laquelle il se serait indûment enrichi lui-même, selon les dires d'aucuns (voir vv. 110-1, 124-5); il lutte contre le comte García Ordóñez, lui aussi envoyé du roi de Castille-Léon, mais auprès du roi de Grenade, lutte qui se serait terminée par la victoire du Cid à Cabra (voir v. 3288)[(a)] et par l'injure qu'aurait subie García Ordóñez qui aurait eu les poils de sa barbe arrachés (voir vv. 3287-90)[(b)]. Son hostilité implacable contre le Cid dans le poème vient de là. A notre avis, la tentative du Cid contre les Maures dans la région de Gormaz et de San Esteban (MP, III, 1023-4; CS, éd., 1), mettant ainsi en danger le roi qui combattait dans le royaume de Tolède, n'a pas figuré dans la partie initiale perdue du poème (cfr IM, éd., 219). Nous pensons en effet que le poète a utilisé des données de cet incident dans le passage qu'il consacre à la prise de Castejón (vv. 435 ss.), sans en faire le rappel d'un épisode antérieur (voir notre *Historia y poesía*, 273-5). Exilé par le roi, le Cid abandonne ses palais désertés de tous].

[1.]*

1. De los sos oios tan fuerte mientre lorando, f°1 r°
tornaua la cabeça *e* estaua los catando.
Vio puertas abiertas *e* vços sin cañados,
alcandaras uazias sin pielles *e* sin mantos
5. e sin falcones *e* sin adtores mudados.
Sospiro myo Çid, ca mucho auie gra*n*des cuydados.
Ffablo myo Çid bie*n* *e* tan mesurado :
" ¡ Grado a ti, Señor Padre, q*ue* estas en alto !
Esto me an buelto myos enemigos malos."

2.

10. Alli pienssan de aguiiar, alli suelta*n* las rriendas.
A l(1)a exida de Biuar ouiero*n* la corneia diestra,
e entra*n*do a Burgos ouiero*n* la siniestra.
Meçio myo Çid los ombros *e* engrameo la tiesta :
" ¡ Albriçia, Albar Ffanez, ca echados somos de t*ie*rra !
14. [Mas a gran ondra tornar nos hemos a Castiella."] (1)

3.

15. Myo Çid RRuy Diaz por Burgos ent*r*[o](ua),(2)
en su conpaña . | x.pendones,(3)
16b. exie*n* lo uer mugieres *e* uarones,
burgeses *e* burgesas por las finiestras son,
plora*n*do de los oios ta*n*to auyen el dolor.
De las sus bocas todos dizia*n* una rrazo*n*:
" ¡Dios q*ue* bue*n* vassalo ! ¡si ouiesse bue*n* señor ! "

4.

21. Conbidar le yen de grado, mas ni*n*guno no*n* osaua;
el rrey don Alfonsso ta*n*to auie la gra*n*d saña;
antes de la noche en Burgos del entro su carta
con gra*n*d rrecabdo *e* fuerte mientre sellada,

[1.]*

[1] Ses yeux tout en pleurs, il tournait la tête et était en train de les observer. Il voyait les portes ouvertes et les huis sans serrures, les perches vides sans fourrures et sans manteaux [5] et sans faucons et sans autours mués[a]. Mon Cid[b] soupira, car il était accablé de grands soucis. Mon Cid prit la parole justement et avec grande mesure : "Qu´il te soit rendu grâces, Seigneur notre Père, qui te trouves au Ciel ! Ceci est l´oeuvre de mes méchants ennemis."

2.

[10] Alors ils songent à éperonner, alors ils laissent les brides lâches. A la sortie de Vivar, ils eurent la corneille à droite, et en entrant à Burgos, ils l´eurent à gauche. Mon Cid haussa les épaules et hocha la tête[c]: "Heureuse nouvelle, Álvar Fáñez [d], car nous sommes expulsés de notre terre ! [Mais avec grand honneur nous reviendrons en Castille"].

3.

[15] Mon Cid Ruy Díaz entra dans Burgos, en compagnie de soixante pennons[e], les femmes et les hommes sortaient pour le voir, les bourgeois et les bourgeoises sont aux fenêtres, les yeux en pleurs tant ils avaient de chagrin, leurs bouches disent toutes une seule chose : [20] "Dieu, quel bon vassal ! Ah ! s´il avait un bon seigneur ! "

4.

[21] Ils l´inviteraient volontiers, mais aucun n´osait, tant le roi don Alphonse[f] était courroucé. Avant la nuit, était arrivé à Burgos un mandement de lui, d´une précision sévère, et fortement scellé,

q*ue* a myo Çid RRuy Diaz q*ue* nadi nol diessen posada
e aq*ue*l q*ue* gela diesse sopiesse u*er*a palabra fº1 vº
q*ue* p*er*derie los au*er*es *e* mas los oios de la cara
e aun demas los cuerpos *e* las almas.
Grande duelo auie*n* las yentes *christ*ianas;
asconden se de myo Çid, ca nol osan dezir nada.
El Campeador adelino a su posada:
asi com*m*o lego a la puerta falola bie*n* çerrada
por miedo del rrey Alfonsso, q*ue* assi lo par[aran]:[3a]
q*ue* si no*n* la q*ue*bra*n*tas por fuerça[3b] q*ue* no*n* gela abriese[n] [por] nad[a].[4]
Los de myo Çid a altas uozes laman,
los de dentro no*n* les q*ui*ere*n* tornar palabra.
Aguiio myo Çid, a la puerta se legaua,
saco el pie del estribera, una feridal daua:
non se abre la puerta, ca bie*n* era çerrada.
Vna niña de nuef años a oio se paraua:
"¡ Ya Campeador en bue*n* ora çinxiestes espada ! [5]
El rrey lo ha uedado; anoch del e[n]tro su carta
con grant recabdo *e* fuerte mientre sellada.
No*n* uos osariemos abrir ni*n* coger por nada,
si no*n* p*er*deriemos los au*er*es *e* las casas
e demas los oios de las caras.
Çid, en el *nuestr*o mal uos no*n* ganades nada;
mas ¡ el Criador uos uala co*n* todas sus u*er*tudes *sanct*as."
Esto la niña dixo *e* tornos pora su casa.
Ya lo vee el Çid q*ue* del rrey no*n* auie gra[çia]. fº2 rº
Partios de la puerta, por Burgos aguijaua,
lego a *Sanct*a M*ari*a, luego descaualga,
finco los yñoios,[5a] de coraçon rogaua.[5b]
La or*aç*io*n* fecha, luego caualgaua.

selon lequel personne n'offrît l'hospitalité à mon Cid Ruy Díaz et que celui qui la lui donnerait sût pour vrai qu'il perdrait ses biens et même les yeux de son visage et jusqu'au corps et à l'âme[a]. Les Chrétiens en ressentaient une grande douleur; ils se cachent de mon Cid, car ils n'osent rien lui dire. Le Campéador se dirigea vers sa demeure : dès qu'il arriva à la porte, il la trouva bien fermée, car par crainte du roi Alphonse on en avait décidé ainsi : s'il ne la brisait de force, on ne la lui ouvrirait pour rien au monde. Ceux de mon Cid appellent à haute voix, ceux de l'intérieur ne veulent pas leur répondre. Le Cid éperonna, il s'approcha de la porte, il tira un pied de l'étrier, donna un coup à la porte : la porte ne s'ouvre pas, car elle était bien fermée. Une petite fille de neuf ans se présenta à ses yeux : "Ah ! Campéador, à la bonne heure vous avez ceint l'épée ! Le roi l'a interdit. Hier soir fut remis son mandement, d'une précision sévère, et fortement scellé[b]. Nous n'oserions vous ouvrir ni vous accueillir pour rien au monde, sinon nous perdrions nos biens et nos maisons et en plus les yeux de nos visages. Cid, vous ne gagneriez rien à notre malheur, mais que le Créateur vous protège de toutes ses saintes vertus !" Ainsi parla la petite fille, et elle retourna à sa maison. Maintenant le Cid voit bien qu'il ne pourrait avoir la grâce du roi. Il s'éloigna de la porte, éperonna à travers Burgos, arriva à Santa María[c], aussitôt il sauta de cheval, s'agenouilla[d] et de tout coeur il pria. L'oraison achevée, il remonta aussitôt à cheval.

Salio por la puerta   *e* (en) Arlançon p[a]saua,[5c]
Cabo essa villa,   en la glera posaua,
fincaua la tienda   *e* luego descaualgaua.
Mio Çid RRuy Diaz,   el *que* en bue*n* ora çinxo espada,
poso en la glera,   q*u*ando nol coge nadi en casa,
derredor del   vna bue[n]a conpaña.
Assi poso myo Çid   com*m*o si fuesse en montaña.
Vedada l´an *conpra*   dentro en Burgos la casa
de todas cosas   q*u*antas son de uianda;
non le osarien uender   al menos dinarada.

5.

Marti*n* Antolinez,   el burgales co*n*plido,
a myo Çid *e* a los suyos   abastales de pa*n* *e* de uino;
non lo conp*ra*,   ca el selo auie co*n*sigo;
de todo co*n*ducho   bie*n* los ouo bastidos.
Pagos myo Çid   el Campeador [don RRodrigo][5d]
e todos los o*tr*os   q*ue* ua*n* a so *c*eruicio.
Fablo Marti*n* A[n]tolinez,   odredes lo q*ue* a dicho:
"¡Ya Canpeador,   en bue*n* ora fuestes naçido !
Esta noch y[a]gamos   *e* uay[a]mos nos al matino,
ca acusado sere   de lo q*ue* uos he seruido:
en yra del rrey Alfonsso   yo sere metido.   f° 2 v°
Si co*n*uusco   escapo sano o biuo,
aun çerca o tarde,   el rrey q*ue*rer me ha por amigo;
si no*n*, q*u*anto dexo   no lo p*re*çio un figo."

6.

Fablo myo Çid,   el q*ue* en bue*n* ora çinxo espada;
"Marti*n* Antolinez,   sodes ardida lança.

[55] Il sortit par la porte[a], franchit l'Arlanzón, près de la ville il campa sur la grève, il fit dresser sa tente et aussitôt sauta de cheval. Mon Cid Ruy Díaz, celui qui à la bonne heure ceignit l'épée, campa sur la grève, puisque personne ne l'accueille en sa maison; [60] autour de lui, il a une bonne compagnie. Ainsi campa mon Cid, comme s'il était dans un bois[b]. On lui a interdit tout achat à l'intérieur de la ville de Burgos, tout achat de victuailles; on n'oserait lui en vendre pour le moindre sou[c].

5.

[65] Martín Antolínez[d], le parfait Burgalais, fournit mon Cid et les siens en pain et en vin. Il ne les achète pas, car il les avait chez lui; il leur fournit en suffisance des provisions de route de toutes sortes. Mon Cid le Campéador don Rodrigue s'en réjouit et tous les autres qui sont à son service. [70] Martín Antolínez prit la parole, vous allez entendre ce qu'il a dit : "Ah ! Campéador, vous êtes né à la bonne heure ! Cette nuit, reposons-nous et partons le matin, car je serai accusé parce que je vous ai servi : j'encourrai la colère du roi Alphonse. [75] Si avec vous, je m'en tire sain ou vif, alors tôt ou tard le roi me voudra pour ami; si non, tout ce que j'abandonne, je ne l'estime pas la valeur d'une figue."

6.

[78] Mon Cid parla, celui qui ceignit à la bonne heure l'épée : "Martín Antolínez, vous êtes une lance vaillante.

Si yo biuo,   doblar uos he la soldada.
Espeso e el oro   *e* toda la plata;
bie*n* lo vedes   q*ue* yo no t*r*ayo [nada],[5e]
e huebos me serie   pora toda mi compaña;
fer lo he amidos,   de grado no*n* aurie nada.
Con u*uestr*o co*n*sego   bastir q*u*iero dos archas;
yncamos las d´arena,   ca bie*n* sera*n* pesadas,
cubiertas de guadalmeçi   e bie*n* enclaueadas.

7.

Los guadameçis u*er*meios   *e* los clauos bie*n* dorados,
Por RRachel *e* Vidas[5f]   uayades me p*r*iuado;
Q*u*ando en Burgos me vedaro*n* co*n*pra   *e* el rrey me a ayrado,
non puedo t*r*aer el auer,   ca mucho es pesado,
enpeñar gelo he   por lo q*ue* fuere guisado.
De noche lo lieue*n*   q*ue* no*n* lo vean *christ*ianos;
vealo el C*r*iador   co*n* todos los sos *sanctos*:
yo mas no*n* puedo   *e* amidos lo fago."

8.

Marti*n* Antolinez   no*n* lo detar[da]ua,[5g]
por RRachel *e* Vidas   ap*r*iessa demandaua,
passo por Burgos,   al castiello entraua,
por RRachel *e* Vidas   ap*r*iessa demandaua[6]

9.

RRachel *e* Vidas   en vno estaua*n* amos   f°3r°
en cuenta de sus au*er*es,   de los q*ue* auie*n* ganados.
Lego M*artin* A[n]tolinez   a guisa (d) de menbrado:
"¿ O sodes RRachel *e* Vidas,   los myos amigos caros ?
En poridad f(1)ablar   q*u*erria co*n* amos."

[80] Si je vis, je vous doublerai votre solde. L´or est dépensé et tout l´argent; vous le voyez bien que je n´emporte rien, et cependant j´en aurais besoin pour toute ma compagnie; je le[(a)] ferai à contrecoeur, de bon gré je n´obtiendrais rien. [85] Si c´est votre avis, je veux bâtir deux coffres; emplissons-les de sable, ainsi ils auront un bon poids, couvrons-les de maroquin bien clouté.

7.

[88] Les maroquins seront rouges et les clous bien dorés. Allez pour moi chez Rachel et Vidas sans tarder; [90] puisque à Burgos on m´a interdit tout achat, et que le roi est en colère contre moi, je ne puis emporter mon trésor, car il est trop lourd[(b)]; je le leur donnerai en gage comme il convient. Qu´on le porte de nuit, afin que les Chrétiens ne le voient pas; mais que le voient le Créateur et tous ses Saints: [95] je ne puis faire autrement et je le fais à contrecoeur."

8.

[96] Martín Antolínez ne prit pas de retard, il demandait en toute hâte Rachel et Vidas, il passa par Burgos, entra à l´intérieur des fortifications, demanda en toute hâte Rachel et Vidas.

9.

[100] Rachel et Vidas étaient tous deux ensemble à compter leurs richesses, celles qu´ils avaient gagnées[(c)]. Martín Antolínez les aborda en homme prudent : "Où êtes-vous, Rachel et Vidas, mes chers amis ? En secret, je voudrais vous parler à tous deux."

Non lo detardan,   todos tres se apartaro*n* :
"RRachel *e* Vidas,   amos me dat las manos
q*ue* no*n* me descubrades   a moros ni*n* a *christ*ianos;
por siemp*re* uos fare rricos,   q*ue* no*n* seades menguados.
El Campeador   por las parias fue en*tr*ado,
gra*n*des au*er*es p*r*iso   *e* mucho sobeianos;
rretouo dellos   q*u*anto q*ue* fue algo.
por en vino a aq*ue*sto   por q*ue* fue acusado.
Tiene dos arcas   lennas de oro esmerado.
Ya lo vedes   q*ue* el rrey le a ayrado.
Dexado ha he*re*dades   *e* casas *e* palaçios;
aq*ue*las no*n* las puede leuar   si no*n* s[er]ye(n) ventad[o];[7]
el Campeador   dexar las ha en u*uestr*a mano,
e p*re*stalde de auer   lo q*ue* sea guisado.
Prended las archas   *e* meted las en u*uestr*o saluo;
con gra*n*d iura   meted y las fes amos
q*ue* no*n* las catedes   en todo aq*ue*ste año."
RRachel *e* Vidas   seyen se co*n*seiando:
"Nos huebos auemos   en todo de ganar algo.
Bie*n* lo sabemos   q*ue* el gaño algo[8],   f°3 v°
q*u*ando a *ti*era de moros entro   q*ue* grant au*er* [a] sac[ado];[9]
non duerme sin sospecha   q*u*i au*er* t*r*ae monedado.
Estas archas   amas las p*re*ndamos,[10]
en logar [de] q*ue* no*n* sea*n* ventadas   las metamos.[11]
Mas dezid nos del Çid: ¿de q*ue* sera pagado
o q*ue* ganançia nos dara   por todo aq*ue*ste año ?
RRespuso M*artin* Antolinez   a guisa de menbrado:
"Myo Çid q*u*erra   lo q*ue* ssea aguisado,
pedir uos a poco   por dexar so auer en saluo;
acogen sele om*n*es   de todas partes me[n]guados :

Ils ne s´attardent pas, tous trois se retirèrent à l´écart : “Rachel et Vidas, tous deux donnez-moi les mains[a] : vous ne me trahirez ni à Maures ni à Chrétiens; pour toujours je vous ferai riches de façon que vous ne soyez pas dans le besoin. Le Campéador est allé lever le tribut, il a pris de grandes richesses, d´un très haut prix; il en retint tout ce qui valait quelque chose : de ceci il en vint à être accusé[b]. Il a deux coffres pleins d´or fin. Vous le voyez bien que le roi est en colère contre lui. Il a quitté ses domaines et ses maisons et ses palais; les coffres, il ne peut les emporter, sinon il serait découvert; le Campéador les laissera entre vos mains et, de votre part, prêtez-lui en avoir liquide ce qui sera raisonnable. Prenez les coffres et mettez-les en sûreté chez vous; sous serment solennel, engagez tous deux votre foi de ne pas les regarder durant toute cette année.” Rachel et Vidas s´assirent pour délibérer. “Nous avons en toute circonstance à gagner quelque chose, nous savons bien qu´il a gagné quelque chose, qu´il a retiré de grandes richesses quand il est entré au pays des Maures; il ne dort pas sans méfiance celui qui emporte de precieux objets poinçonnés. Ces coffres, prenons-les tous les deux, mettons-les en un lieu où ils ne soient pas découverts. Mais parlez-nous du Cid : quelles seront ses prétentions ou quel intérêt nous assurera-t-il pour toute cette année ? ” Martín Antolínez répondit en homme avisé : “Mon Cid consentira à ce qui sera juste, il vous demandera peu de chose pour laisser ses richesses en sûreté. De toutes parts des hommes malheureux se joignent à lui :

a menester   seys çientos marcos.”
Dixo RRachel *e* Vidas   “Dar gelos [hemos] de grado.”
-“Ya vedes q*ue* entra la noch,   el Çid es p*re*surado,[11a]
huebos auemos   q*ue* nos dedes los marchos.”
Dixo RRachel *e* Vidas: “No*n* se faze assi el mercado,
si no*n* p*ri*mero p*re*ndiendo   *e* despues dando.”
Dixo Marti*n* Antolinez: “Yo desso me pago.
Amos tred   al Campeador co*n*tado,
e nos uos aiudaremos   q*ue* assi es aguisado
por aduzir las archas   *e* meter las en u*uest*ro saluo,
q*ue* no*n* lo sepa*n*   moros nin *christ*ianos.”
Dixo RRachel *e* Vidas: “Nos desto nos pagamos;
las archas aduchas,   p*re*ndet seyes çientos marcos.”
Marti*n* Antolinez   caualgo p*ri*uado   f°4 r°
con RRachel *e* Vidas   de volu[n]tad *e* de grado.
Non viene a la pue(e)nt,   ca por el agua a passado,
q*ue* gelo no*n* venta(n)ssen   de Burgos om*n*e nado.
Afeuos los a la tienda   del Campeador co*n*tado;
assi com*m*o ent*r*aron   al Çid besaro*n* le las manos;
sonrrisos myo Çid,   estaualos fablando:
“ ¡Ya don RRachel *e* Vidas,   auedes me olbidado !
Ya me exco de t*ie*rra,   ca del rrey so ayrado;
a lo q*u*em semeia   de lo mio auredes algo;
mientra q*ue* vivades,   no*n* seredes menguados.”
(Don)[12] RRachel *e* Vidas   a myo Çid besaro*n* le las manos.
Marti*n* Antolinez   el pleyto a parado
q*ue* sobre aq*ue*las archas   dar le yen. VI. cie*n*tos marcos
e bie*n* gelas guardarie*n*   fasta cabo del año;
ca assil dieran la fe   *e* gelo auie*n* iurado
q*ue*, si antes las catassen,   q*ue* fuessen pe*r*iurados,
non les diesse myo Çid   de la gana*n*çia un din*er*o malo.
Dixo M*artin* Antolinez: “Cargen las archas p*ri*uado,
leualdas, RRachel *e* Vidas,   poned las en u*uest*ro saluo;
Yo yre co*n*uus[c]o   q*ue* adugamos los marcos;
ca a mou*er* a myo Çid   ante q*ue* ca*n*te el gallo.”

[135] il lui faut six cents marcs[a]." Rachel et Vidas dirent : "Nous les lui donnerons de bon gré." - "Vous voyez bien que la nuit tombe, le Cid est pressé, nous avons besoin que vous nous donniez les marcs." Rachel et Vidas dirent : "Un marché ne se fait pas ainsi, [140] mais en prenant d'abord et ensuite en donnant." Martín Antolínez dit : "Sur cela je suis d'accord. Rendez-vous tous deux auprès du fameux Campéador, et nous vous aiderons comme il convient à emporter les coffres et à les mettre chez vous en sûreté, [145] afin que ne le sachent ni les Maures ni les Chrétiens. Rachel et Vidas dirent : "Nous, nous sommes d'accord; une fois les coffres emportés, prenez les six cents marcs." Martín Antolínez promptement chevaucha, avec Rachel et Vidas, volontiers et de bon gré. [150] Il ne va pas par le pont, car il a passé par l'eau afin que personne de Burgos ne pût le découvrir[b]. Les voici à la tente du fameux Campéador; dès qu'ils entrèrent, ils baisèrent les mains du Cid; mon Cid sourit, et déjà il leur parlait: [155] "Eh bien ! don Rachel et Vidas, vous m'avez oublié ! Eh bien ! Je quitte mon pays, car je suis tombé en disgrâce auprès du roi; à mon avis, vous aurez quelque chose de moi; tant que vous vivrez, vous ne serez pas dans le besoin." Rachel et Vidas baisèrent les mains de mon Cid. [160] Martín Antolínez a préparé la convention selon laquelle sur ces coffres ils lui donneraient six cents marcs, et les lui garderaient avec soin jusqu'à la fin de l'année; car ainsi ils lui en avaient donné leur foi et lui avaient juré que s'ils regardaient les coffres avant, ils seraient parjures, [165] et mon Cid ne leur donnerait pas un méchant denier de bénéfice. Martín Antolínez dit : "Chargez vite les coffres, portez-les, Rachel et Vidas, mettez-les chez vous en sûreté; moi, j'irai avec vous, pour emporter les marcs; car le Cid doit se mettre en marche avant que ne chante le coq[c]."

170. Al cargar de las archas,   veriedes gozo ta*n*to:
non las podien poner en somo,   mager era*n* esforçados.
Gradan se RRachel *e* Vidas   co*n* aueres monedados, fº 4 vº
ca mientra q*ue* visq*u*iessen,   refechos era*n* amos.

10.

174. RRachel a myo Çid   la manol [ha] bes[ada]:[12a]
175. "¡Ya Ca*m*peador,   en bue*n* ora çinxiestes espada !
De Castiella uos ydes   pora las yentes estranas;
assi es u*uest*ra uentura,   grandes son u*uest*ras ganançias;
vna piel vermeia,   morisca *e* ondrada,
Çid, beso u*uest*ra mano,   en do*n* q*ue* la yo aya."
180. -"Plazme, dixo el Çid;   d´aq*u*i sea ma*n*dada,
si uos la aduxier d´alla;   si no*n* co*n*talda sobre las arcas."
181b. [RRachel e Vidas   leuaron las arcas,
181c. [con ellos Martin Antolinez   al castiello entraua,
181d. [con todo rrecabdo   legan a la posada].[13]
182. En medio del palaçio   te*n*diero*n* vn almo[ç]alla,[14]
sobr´ella vna sauana   de rançal *e* muy bla*n*ca;
a tod el p*ri*mer colpe   echaro*n*.III.ccc.marcos de plata,[15]
185. notolos do*n* Martino,   sin peso los tomaua;
los otros.CCC.   en oro gelos pagaua.
Çinco escuderos tiene don Martino,   a todos los cargaua.
Q*u*ando esto ouo fecho,   odredes lo q*ue* fablaua:
"Ya do*n* RRachel *e* Vidas,   en u*uest*ras manos son las arcas;
190. yo q*ue* esto uos gane,   bie*n* mereçia calças."

11.

191. Entre RRachel *e* Vidas   aparte yxiero*n* amos :
"Demos le bue*n* do*n*,   ca el no[s] lo ha buscado.
Marti*n* Antolinez,   un burgales co*n*tado,
vos lo mereçedes,   daruos q*ue*remos bue*n* dado,

[170] Au chargement des coffres, vous verriez bien du plaisir :
[171] ils ne pouvaient les soulever bien qu'ils fussent robustes. Rachel et Vidas se réjouissaient de ces objets précieux poinçonnés; tant qu'ils vivraient, ils seraient tous deux plus riches(a).

10.

[174] Rachel a baisé la main de mon Cid: [175] "Eh bien ! Campéador, vous avez ceint l'épée à la bonne heure ! De Castille vous vous en allez vers des peuples étrangers. Votre bonne étoile le veut ainsi; vos gains sont importants; Cid, je baise votre main pour avoir en présent une excellente fourrure vermeille d'origine mauresque."
[180] - "Cela me fait plaisir, dit le Cid. Dès maintenant qu'elle vous soit promise, ou je vous la rapporterai de là-bas; ou sinon prélevez-la sur les coffres". [Rachel et Vidas emportèrent les coffres, Martín Antolínez entra avec eux dans les fortifications de Burgos, avec grande précaution ils arrivèrent à leur demeure]. Au milieu de la salle principale, ils étendirent une couverture et par dessus une nappe de toile fine très blanche. Du tout premier coup ils y répandirent trois cents marcs d'argent. [185] Don Martín les compta, il les prit sans les peser(b); les trois cents autres, on les lui paya en or. Don Martín a cinq écuyers, il les en chargea tous. Quand il eut fait cela, vous entendrez ce qu'il dit : "Eh bien ! don Rachel et Vidas, les coffres sont entre vos mains; [190] moi qui vous ai gagné cela, je mériterais bien de vous des chausses(c)."

11.

[191] Rachel et Vidas se retirèrent à part tous deux : "Donnons-lui une bonne gratification, car il nous a obtenu cela. Martín Antolínez, Burgalais fameux, vous le méritez, nous voulons vous faire un bon cadeau,

de q*ue* fagades calças   *e* rrica piel *e* bue*n* manto,
damos uos en don   a uos .XXX. marchos.
Mereçer nos los hedes,   ca esto es aguisado,   fº5 rº
atorgar nos hedes esto[15a]   q*ue* auemos parado."
Gradeçiolo do*n* Martino   *e* rreçibio los marchos,
grado exir de la posada   *e* espidios de amos.
Exido es de Burgos   *e* Arlançon a passado,
vino pora la tienda   del q*ue* en bue*n* ora nasco.
RReçibiolo el Çid,   abiertos amos los braços:
" ¡Venides, Marti*n* Antolinez,   el mio fiel vassalo ! [15b]
¡Aun vea el dia   q*ue* de mi ayades algo ! "
-"Vengo, Campeador,   co*n* todo bue*n* rrecabdo:
vos .VI. çientos   *e* yo.XXX. he ganados.
Mandad coger la tienda   *e* vayamos p*ri*uado,
en San P*er*o de Cardena   y nos cante el gallo;
veremos *uuestr*a mug*ier*,   menbrada fija dalgo.
Mesuraremos la posada   *e* q*u*itaremos el rreynado:
mucho es huebos,   ca çerca viene el plazo."

12.

Estas palabras dichas,   la tienda es cogida.
Myo Çid *e* sus conpañas   caualga*n* ta*n* ayna.
La cara del cauallo   torno a S*anct*a Ma*ria*,
alço su mano diestra,   la cara se *sanct*igua:
"A ti lo gradesco, Dios,   q*ue* çielo *e* ti*er*a guias.
¡Valan me tus vertudes,   gl*or*iosa S*anct*a Maria !
D´aq*u*i q*u*ito Castiella,   pues q*ue* el rrey he en yra,
non se si entrare y mas   en todos los myos dias.
¡*Vuestr*a uertud me u|ala,   Gl*or*iosa, [*e* me ayude en my exida],[16]
El(l) me accorra   de noch *e* de dia !   fº5 vº
Si uos assi lo fizieredes   *e* la uentura me fuere co*n*plida,
mando al *uuestr*o altar   buenas donas *e* rricas:
esto *e* yo en debdo   q*ue* faga y cantar missas."[17]

[195] de quoi vous faire des chausses et une somptueuse fourrure et un bon manteau; nous vous donnons en présent pour vous trente marcs. Vous les mériterez de nous, car, ceci est raisonnable, vous nous garantirez ce dont nous sommes convenus".[a] Don Martín a remercié et a reçu les marcs, [200] il sortit satisfait de la demeure et prit congé de tous les deux. Il est sorti de Burgos et a passé l'Arlanzón, il vint vers la tente de celui qui naquit à la bonne heure. Le Cid le reçut à bras ouverts : "Vous êtes revenu, Martín Antolínez, mon fidèle vassal ! [205] Puissé-je encore voir le jour où vous serez récompensé par moi ! " - "Je viens, Campéador, avec tous nos comptes bien en règle ; vous avez gagné six cents marcs et moi trente. Faites démonter la tente et allons-nous-en sur-le-champ à San Pedro de Cardeña et que là nous entendions chanter le coq[b]; [210] nous verrons votre femme, une dame avisée de grande noblesse. Nous y ferons un bref séjour[c] et nous quitterons le royaume : il en est grand besoin, car le délai approche."

12.

[213] Ces paroles dites, la tente est démontée. Mon Cid et ses compagnons chevauchent en grande hâte. [215] La tête de son cheval, il la tourna vers Santa María, il leva sa main droite, se signa le visage : "Je te rends grâces à toi, Dieu, qui gouvernes le ciel et la terre. Que tes vertus me protègent, glorieuse sainte Marie ! Dès maintenant je quitte la Castille, puisque le roi est en colère contre moi[d]; [220] je ne sais si j'y rentrerai jamais, de toute ma vie. Que votre vertu me protège, Glorieuse, et m'aide dans mon exil, qu'Il me secoure nuit et jour ! Si vous le faites ainsi et que ma destinée soit favorable, j'offre à votre autel de beaux et somptueux présents; [225] je promets d'y faire chanter des messes."

13.

Spidios el caboso   de cuer *e* de veluntad.
Sueltan las rriendas   *e* pienssan de aguijar.
Dixo M*artin* Antolinez[18] :   "Vere a la mug*ier* a todo myo solaz,
castigar los he   com*m*o abra*n* a far.
Si el rrey melo q*u*isiere tomar,   a mi no*n* m'*in*chal.
Antes sere co*n*uusco   q*ue* el sol q*u*iera rrayar."

14.

Tornauas M*artin* Antolinez a Burgos   *e* myo Çid (a) aguij[o][18a]
pora San P*er*o de Cardena,   q*u*anto pudo a espol[on][19]
con estos cauall*er*os   q*ue*l siruen a so sabor.[19a]
Ap*r*iessa canta*n* los gallos   *e* q*u*iere*n* q*ue*brar albores,
q*u*ando lego a San P*er*o   el bue*n* Campeador.
El abbat do*n* Sancho,   *christ*iano del C*r*iador,
rrezaua los matines   abuelta de los albores;
y estaua doña Ximena   co*n* çinco duenas de pro,
rrogando a San P*er*o   *e* al Criador:
"Tu q*ue* a todos guias,   ¡val a myo Çid el Ca*m*peador! "

15.

Lamaua*n* a la puerta,   y sopiero*n* el ma*n*dado.
Dios ¡q*ue* alegre fue   el abbat do*n* Sancho !
Con lu*m*bres *e* co*n* candelas   al corral diero*n* salto,
con tan grant gozo rreçiben[19b]   al q*ue* en bue*n* ora nasco:
"Gradesco lo a Dios, myo Çid",   dixo el abbat do*n* Sancho,
p*u*es q*ue* aq*u*i uos veo,   p*r*endet de mi ospedado."   f°6 r°
Dixo el Çid:[19c] "Graçias, do*n* abbat,   *e* so u*uest*ro pagado.
Yo adobare co*n*ducho   pora mi *e* pora mis vassallos;
mas por q*ue* me vo de t*ie*ra,   douos .L. marchos,
si yo algun dia visq*u*ier[20], seruos han doblados;
non q*u*iero fazer[21] en el monesterio   vn din*er*o de daño.

13.

[226] Le chef accompli prit congé de tout coeur et bien volontiers. Ils lâchent les rênes et se mettent à éperonner. Martín Antolínez dit : "Je vais voir ma femme pour mon plus grand plaisir, j'instruirai les miens de ce qu'ils auront à faire. [230] Si le roi veut prendre mon bien, peu me chaut. Je serai avec vous avant que le soleil ne se mette à briller."

14.

[232] Martín Antolínez s'en retournait à Burgos et mon Cid piqua des éperons vers San Pedro de Cardeña[a], autant qu'il put, avec ses chevaliers qui le servent à son gré. [235] Bientôt les coqs chantent et l'aube se met à poindre, quand arriva à San Pedro le bon Campéador. L'abbé don Sanche, fidèle du Créateur, récitait les matines au retour de l'aube; doña Chimène[b] y assistait avec cinq dames de qualité, [240] priant saint Pierre et le Créateur: "Toi qui nous conduis tous, protège mon Cid le Campéador ! ".

15.

[242] Ils frappent à la porte, où l'on apprit la nouvelle de leur arrivée. Dieu, qu'il fut joyeux, l'abbé don Sanche ! Avec des lumières et des chandelles, ils se précipitèrent dans la cour intérieure; [245] avec un très grand plaisir, ils reçoivent celui qui naquit à la bonne heure : "J'en rends grâces à Dieu, mon Cid", dit l'abbé don Sanche; "puisque je vous vois ici, recevez mon hospitalité." Le Cid dit : "Merci, Seigneur Abbé, je suis votre obligé. Je préparerai des provisions de route pour moi et pour mes vassaux; [250] mais puisque je m'en vais loin du pays, je vous donne cinquante marcs, et si je vis quelque temps, ils vous seront doublés. Je ne veux pas faire au monastère pour un denier de préjudice.

Euades aq*u*i pora doña Ximena,   douos .C. marchos;
a ella *e* a sus fijas *e* a sus duenas[21a]   siruades las est año.
Dues fijas dexo niñas   *e* p*re*ndet las en los b*r*aços,
aq*ue*llas uos[21b] acomiendo a uos,   abbat do*n* Sancho;
dellas *e* de mi mug*ier*   fagades todo rrecabdo.
Si essa despenssa uos falleciere   o uos menguare algo,
bie*n* las abastad,   yo assi uos lo ma*n*do;
por vn marcho q*ue* despendades   al monesterio dare yo q*u*atro.
Otorgado gelo auie   el abbat de grado.
Afeuos doña Ximena   co*n* sus fijas do ua legando,
señas dueñas las t*r*aen   *e* aduzen las [por las manos].[22]
Ant'el Campeador[22a]   doña Ximena finco los ynoios amos,
loraua de los oios,   q*u*isol besar las manos:
" ¡Merçed, Ca*m*peador,   en ora buena fuestes nado !
Por malos mestureros   de t*ie*rra sodes echado.

16.

268. ¡Merçed, ya Çid,   barba tan co*n*plida !
Fem ante uos,   yo *e* u*uestr*as fijas
269. - yffantes son   *e* de dias chicas -[22a]
Con aq*ue*stas mys duenas   de q*u*ien so yo seruida.
Yo lo veo   q*ue* estades uos en yda   f°6 v°
e nos de uos   partir nos hemos en vida:
¡da(n)d nos co*n*seio[22c]   por amor de S*anct*a Maria ! "
Enclino las manos   en la su barba velida,[23]
a las sus fijas   en braço' las p*re*ndia,[23a]
legolas al coraço*n*,   ca mucho las q*ue*ria.
Lora de los oios,   ta*n* fuerte mientre sospira:
" ¡Ya, doña Ximena,   la mi mug*ier* tan co*n*plida,
co*mm*o a la mi alma   yo tanto uos q*ue*ria !
Ya lo vedes   q*ue* partir nos (n)emos[24] en vida,
yo yre   *e* uos fincaredes rremanida.
¡Plega a Dios   *e* a S*anct*a Maria

Voici pour doña Chimène, je vous donne cent marcs; elle et ses filles et ses dames, servez-les cette année. [255] Je laisse deux filles, tout enfants, prenez-les sous votre aile[a]; celles-là je vous les recommande à vous, abbé don Sanche; d'elles et de ma femme, prenez grand soin. Si cette provision vient à vous faire défaut ou s'il vous manque quelque chose, subvenez à tous leurs besoins, c'est ce que je vous demande; [260] pour un marc que vous dépenserez, j'en donnerai quatre au monastère. L'abbé y a consenti volontiers. Voici doña Chimène qui arrive avec ses filles, chacune est amenée par une dame, qui la conduit par la main. Devant le Campéador doña Chimène s'agenouilla à deux genoux[b], [265] ses yeux étaient en larmes, elle voulut lui baiser les mains : "Merci, Campéador, vous êtes né à la bonne heure ! Par de méchants intrigants vous êtes expulsé du pays.

16.

[268] Merci, ô Cid, barbe si parfaite[c] ! Me voici devant vous, moi et vos filles - ce sont des enfants et d'âge tendre - [270] avec mes dames par qui je suis servie. Je le vois bien que vous êtes sur le départ et nous serons séparées de vous durant la vie : donnez-nous conseil par amour de sainte Marie ! " Il lissa de ses mains sa belle barbe [275] et prit ses filles dans ses bras, il les pressa sur son coeur, car il les aimait beaucoup. Les yeux en larmes, il pousse de grands soupirs : "Ah ! doña Chimène, ma femme si parfaite, je vous aime autant que mon âme ! [280] Vous le voyez bien que nous serons séparés pendant notre vie, moi, je m'en irai et vous vous resterez fixées ici[d]. Plaise à Dieu et à sainte Marie

q*ue* aun co*n* mis manos   case estas mis fijas,
o q*ue* de[25] ventura   *e* algunos dias vida
e vos, mug*ier* ondrada,   de my seades seruida ! ”

17.

Grand iantar le faze*n*   al bue*n* Ca*m*peador.
Tañe*n* las campanas   en San P*er*o a clamor.
Por Castiella   oyendo ua*n* los p*re*gones
com*mo* se ua de t*ie*rra   myo Çid el Ca*m*peador.
Vnos dexan casas   *e* ot*r*os onores:
en aq*ue*s dia,   a la pue*n*t de Arla[n]ço*n*
ciento q*u*inze caualle*r*os   todos iuntados son;
todos dema*n*dan   por mio Çid el Ca*m*peador.
Marti*n* Antolinez   co*n* ellos coio’ [25a]
Vansse pora San P*er*o,   do esta el q*ue* en bue*n* punto
naçio[26]

18.

Q*u*ando lo sopo   myo Çid el de Bivar
q*ue*l creçe co*n*paña   por q*ue* mas valdra,
a p*r*iessa caualga,   rreçebir los sal(i)e,[26a]
tornos a sonrisar,   legan le todos, la mano ban
besar[27] .   f° 7 r°
Fablo myo Çid   de toda voluntad:
“Yo rruego a Dios   *e* al Padre sp*irit*al,[27a]
vos q*ue* por mi dexades   casas *e* heredades,
en antes q*ue* yo muera   algun bie*n* uos pueda far,
lo q*ue* p*er*dedes   doblado uos lo cobrar.”
Plogo a mio Çid   por q*ue* creçio en la iantar,
plogo a los ot*r*os om*n*es[27b]   todos q*u*antos co*n* el esta*n*.
Los .Vj. dias de plazo   passados los an,
tres an por troçir,   sepades q*ue* non mas.
Mando el rrey   a myo Çid (a) aguardar[27c]
q*ue* si despues del plazo   en su t*ie*rral pudies tomar,

[282] que de mes propres mains, je puisse encore marier mes filles et que je leur donne quelques jours de bonheur et de vie et que vous, épouse pleine d'honneur, vous soyez l'objet de mon service."

17.

[285] On lui prépare un grand repas, au bon Campéador. Les cloches sonnent à San Pedro à toute volée. Par la Castille on entend partout l'annonce que mon Cid le Campéador quitte le pays. Les uns abandonnent leur maison, les autres leurs biens : [290] ce jour-là, au pont de l'Arlanzón, cent quinze chevaliers se sont tous réunis; tous réclament mon Cid le Campéador. Martín Antolínez s'est joint à eux. Ils s'en vont vers San Pedro, où se trouve celui qui naquit au bon moment.

18.

[295] Quand mon Cid, celui de Vivar, sut que sa troupe s'accroît et qu'ainsi il sera plus puissant, vite il monte à cheval et sort recevoir ses hommes : il se mit à sourire. Ils s'approchent tous de lui et vont lui baiser la main. Mon Cid leur parla du fond de son coeur : [300] "Je prie Dieu, notre Père spirituel, qu'à vous qui pour moi avez abandonné maisons et patrimoines, je puisse vous faire quelque bien avant de mourir, et vous obtenir le double de ce que vous perdez." Mon Cid était heureux de ce que crût le nombre de ses convives, [305] tous ceux qui sont avec lui en étaient heureux aussi. Six jours du délai sont passés, sachez qu'il ne leur en reste plus que trois, pas davantage[a]. Le roi ordonna de surveiller mon Cid : si, passé le délai, il pouvait le capturer sur ses terres,

por oro ni*n* por plata   no*n* podrie escapar.
El dia es exido,   la noch q*ue*rie entrar.
A sos[28] caualle*r*os   ma*n*dolos todos iuntar:
"Oyd, varones,   no*n* uos caya en pesar·
Poco auer t*r*ayo,   dar uos q*u*iero u*uest*ra part.
Sed me*n*brados[29]   com*m*o lo deuedes far;
a la mañana,   q*u*ando los gallos cantara*n*,
non uos tardedes,   mandedes ensellar;
en San Pe*r*o a matines   ta*n*dra el bue*n* abbat,
la missa nos dira,   esta sera de S*an*c*t*a T*r*inidad[30];
la missa dicha,   penssemos de caualgar,
ca el plazo viene açerca,   mucho auemos de andar."
Cuemo[31] lo mando myo Çid,   assi lo an todos ha far.
Passando ua la noch,   viniendo la man.
[A] (l)los mediados gallos   pie[n]ssan de caualgar[32]
Tañe*n* a matines   a vna p*r*iessa ta*n* gra*n*d[33].   f° 7 v°
Myo Çid *e* su mug*ier*   a la eglesia uan.
Echos doña Ximena   en los grados dela*n*t' el altar,
rrogando al C*r*iador   q*u*anto ella meior sabe
q*ue* a mio Çid el Campeador   q*ue* Dios le curias de mal:
"¡Ya Señor gl*or*ioso,   padre q*ue* en cielo estas !
Fezist çielo *e* t*i*erra,   el te*r*çero el mar,
fezist estrelas *e* luna   *e* el sol pora escalentar;
prisist encarnaçion   en S*an*c*t*a [Maria] madre;
en Belleem apareçist   com*m*o fue tu voluntad;
pastores te gl*or*ifficaro*n*,   ouiero*n* [t]e[33a] a laudare[34],
tres rreyes de Arabia   te viniero*n* adorar,

ni pour or ni pour argent, celui-ci ne pourrait lui échapper. Le jour s´en est allé, la nuit allait tomber. A ses chevaliers, le Cid ordonna de se réunir tous : “Ecoutez, mes hommes, n´ayez aucun souci ! J´emporte peu de richesses, mais je veux vous en donner votre part. Soyez avisés, comme vous devez l´être; demain matin, quand chanteront les coqs[a], ne vous attardez pas, faites seller; à San Pedro, le bon abbé fera sonner les matines, il nous dira la messe, ce sera celle de la Sainte Trinité[b]; la messe dite, songeons à monter à cheval, car le délai approche et nous avons beaucoup de chemin à faire.” Comme l´a ordonné mon Cid, ainsi tous agiront. La nuit se passe, le matin arrive. Au deuxième chant du coq, ils songent à monter à cheval. On sonne les matines avec une très grande hâte. Mon Cid et sa femme vont à l´église. Doña Chimène se prosterna sur les marches devant l´autel, priant le Créateur du mieux qu´elle sait, afin que Dieu garde du mal mon Cid le Campéador: “Ah ! Seigneur glorieux, Père qui es aux cieux ! Tu as créé le ciel et la terre, en troisième lieu la mer; tu as créé les étoiles et la lune et le soleil pour nous réchauffer; tu t´es incarné en sainte Marie ta mère; tu es né à Bethléem selon ta volonté; des bergers te glorifièrent, chantèrent tes louanges; trois rois d´Arabie vinrent t´adorer,

[oro *e* tus *e* mirra   Melchior *e* Gaspar *e* Baltasar][35]
te offreçieron   com*m*o fue tu veluntad;
[saluest] a Ionas   q*u*ando cayo en la mar,
saluest a Daniel   co*n* los leones en la mala carçel,
saluest dentro en RRoma   al señor San Sabastian[36],
saluest a S*anct*a Susanna   del falso c*r*iminal;
por t*ie*rra andidiste .XXXij. años,   señor sp*irit*al,
mostrando los mirac*u*los[36a]   por en auemos q*ue* fablar :
del agua fezist vino   *e* de la piedra pa*n*,
rresuçitest a Lazaro,   ca fue tu voluntad;
a los iudios te dexeste p*re*nder;   do dize*n* mo*n*te Caluarie,
pusiero*n* te en cruz   por nombre en Golgota,
dos ladrones co*n*tigo,   estos de señas partes,
el vino es en parayso[37],   ca el o*tr*o no*n* entro ala;
estando en la cruz   ve*r*tud fezist muy grant :   f° 8 r°
Longinos era çiego,   q*ue* nu[n]q*u*as[38] vio alguandre,
diote co*n* la lança en el costado   dont yxio la sangre,
corrio la sangre por el astil ayuso,[38a]   las manos se ouo de vntar,
alçolas arriba,   legolas a la faz,
abrio sos oios,   cato a todas partes,
en ti crouo al ora,   por end es saluo de mal;
en el monumento   [ouviste de] rresuçit[ar],[39] [39a]
fust a los ynfiernos   com*m*o fue tu voluntad,[39b]
*que*branteste[40] las puertas   *e* saq*u*este los s*anct*os padres.[41]
Tu eres rrey de los rreyes   *e* de tod el mundo padre,

de l´or et de l´encens et de la myrrhe, Melchior, Gaspar et Balthazar t´en offrirent selon ta volonté; tu as sauvé Jonas quand il tomba dans la mer; tu as sauvé Daniel des lions dans sa méchante prison; tu as sauvé à Rome le seigneur saint Sébastien; tu as sauvé sainte Suzanne du faux témoignage criminel; sur terre tu as passé trente-deux ans, Seigneur spirituel, faisant des miracles, dont nous avons à parler : de l´eau tu as fait du vin et de la pierre du pain; tu as ressuscité Lazare, car telle fut ta volonté; tu t´es laissé prendre par les Juifs; au mont appelé Calvaire[a], ils te mirent en croix au lieu qui porte le nom de Golgotha, deux larrons avec toi, un de chaque côté, l´un est au paradis, l´autre n´y est pas entré; étant sur la croix, tu as fait un très grand miracle : Longin était aveugle, qui n´avait jamais vu; il te frappa de sa lance dans le côté, le sang en jaillit, le sang coula le long de la hampe, il s´en oignit les mains, il les leva, les approcha de sa face, ouvrit les yeux, observa de toutes parts, sur l´heure il crut en toi, par là il est sauvé du mal; du tombeau tu ressuscitas, tu allas aux enfers selon ta volonté[b], tu en as brisé les portes et en as retiré les saints pères. Tu es le roi des rois et le père du monde entier,

A ti adoro *e* creo   de toda voluntad,
e[42] rruego a Sa*n* Peydro   q*ue* me aiude a rrogar
por myo Çid el Campeador   q*ue* Dios le curie de mal.
¡Q*u*ando oy nos partimos,   en vida nos faz iuntar ! ”
La or*açion* fecha,   la missa acabada la an,
saliero*n* de la eglesia,   ya q*u*ieren caualgar.
El Çid a doña Ximena   yva la abraçar,
doña Ximena al Çid   la manol ua besar,
lorando de los oios,   q*ue* no*n* sabe q*ue* se far.
E el a las niñas   torno las a catar :
“A Dios uos acomie*n*do, fijas, (e a la mug*ier*)   e al Padre spi*rit*al;[43]
agora nos partimos,   Dios sabe el aiuntar.”
Lorando de los oios,   q*ue* no*n* viestes atal,   fº 8 vº
asis parten vnos d´otros   com*m*o la vña de la carne.
Myo Çid co*n* los sos vassallos   pensso de caualgar;
a todos esp*er*ando,   la cabeça tornando ua.
A ta*n* grand sabor   fablo Minaya Albar Fanez :
“Çid ¿do son u*uest*ros esfuerços ?   En bue*n* ora nasq*u*iestes de madre.[44]
Pensemos de yr n*uest*ra via,   esto sea de vagar.
Aun todos estos duelos   en gozo se tornaran;
Dios q*ue* nos dio las almas   conseio nos dara.”
Al abbat don Sancho   torna*n* de castigar,
com*m*o sirua a doña Ximena   *e* a la[s] fijas q*ue* ha
e a todas sus duenas,   q*ue* co*n* ellas estan;
bie*n* sepa el abbat   q*ue* bue*n* galardon dello p*re*ndra.
Tornado don Sancho   *e* fablo Albar Fanez :
“Si vieredes yentes venir   por connusco yr, abbat,[45]
dezildes q*ue* p*re*ndan el rrastro   *e* pie[n]ssen[45a] de andar,

c´est toi que j´adore et en qui je crois de toute ma volonté, et je prie saint Pierre qu´il m´aide dans mes prières pour mon Cid le Campéador afin que Dieu le garde du malheur. Puisque nous nous séparons aujourd´hui, que de notre vivant il nous réunisse ! ” La prière achevée, ils ont fini la messe, ils sortirent de l´église, déjà ils se préparent à sauter à cheval. Le Cid alla embrasser doña Chimène, doña Chimène va baiser la main du Cid, les yeux en larmes, car elle ne peut rien faire d´autre. Et lui se retourna vers ses petites filles pour les contempler : “Je vous recommande à Dieu, mes filles, à notre Père spirituel; maintenant nous nous séparons, Dieu sait si nous nous retrouverons.” Les yeux en larmes - vous n´avez jamais rien vu de tel -, ils se séparent les uns des autres comme l´ongle de la chair[a]. Mon Cid avec ses vassaux songea à chevaucher; les attendant tous, il tournait la tête de tous les côtés. Fort opportunément Minaya Álvar Fáñez parla : “Cid, où est votre courage ? A la bonne heure vous êtes né de votre mère. Songeons à aller notre route, mettons fin à notre inaction. Toute notre affliction se changera bien en joie; Dieu qui nous a donné l´âme, nous inspirera.”[b] A l´abbé don Sanche, ils renouvellent leurs recommandations, comment il doit servir doña Chimène et les filles qu´elle a et toutes les dames qui sont avec elles; que l´abbé sache bien qu´il y trouvera bonne récompense. Don Sanche s´en est retourné et Álvar Fáñez a pris la parole : “Si vous voyez venir des gens qui veuillent nous accompagner, abbé, dites-leur qu´ils suivent nos traces et songent à bien marcher,

ca en yermo o en poblado   poder nos [han] alcançar."
Soltaro*n* las rriendas,   pie[n]ssan de andar;
çerca viene el plazo   por el rreyno q*u*itar.
Vino myo Çid iazer   a Spinaz de Can:
gra*n*des yentes se le acoien   essa noch de todas partes.
394. Otro dia mañana   pienssa de caualgar,[46]
Ixiendos ua de tierra   el Ca*m*peador leal,
de siniestro Sant Esteua*n*   vna buena cipdad
de diestro Aillon[46a] las torres,   q*ue* moros las han;

f° 9 r°

passo por Alcobiella,   q*ue* de Castiella fin es ya,
la Calçada de Q*u*inea   yua la t*r*aspassar,
sobre Nauas de Palos   el Duero ua pasar,
a la Figeruela   myo Çid iua posar.
Vanssele acogiendo   ye*n*tes de todas partes.

19.

404. Y se echaua myo Çid   despues q*ue* [çenado fo][47].
Vn suenol p*r*iso dulçe   ta*n* bie*n* se adurmio.
El angel Gabriel   a el vino en [vision]:[48]
"Caualgad, Çid,   el bue*n* Campeador,
Ca nu*n*q*u*a[49], en ta*n* buen punto   caualgo varon;
mientra q*ue* visq*u*ieredes,   bie*n* se fara lo to."
Q*u*ando desperto el Çid,   la cara se *sanct*igo;
sinaua la cara,   a Dios se acomendo.

20.

412. Mucho era pagado   del sueño q*ue* [soñado a][50].
O*tr*o dia mañana   pienssan de caualgar:
es dia a de plazo,   sepades q*ue* no*n* mas.
A la sierra de Miedes   ellos yua*n* posar.

[390] car ils pourront nous rattraper dans les lieux inhabités comme dans les endroits peuplés." Ils lâchèrent les rênes et se mettent en route; le moment approche de quitter le royaume. Mon Cid vint coucher à Espinazo de Can[a]: [395] une foule de gens se joignent à lui, cette nuit, venus de toutes parts. Le lendemain matin, il se met à chevaucher. Il sort du pays, le Campéador loyal, ayant à gauche[b] San Esteban, une bonne ville, à droite Aillón les tours[c], que tiennent les Maures; il passa par Alcubilla[a], qui marque la fin de la Castille; [400] il dépassa la chaussée de Quinea[a]; au-dessus de Navas de Palos, il va passer le Douro; à la Figueruela[a] mon Cid va camper. Des gens de toutes parts viennent se joindre à lui.

19.

[404] Mon Cid se coucha vite après avoir dîné. [405] Un doux sommeil s'empara de lui tant il s'était bien endormi. L'ange Gabriel vint à lui en vision : "Chevauchez, Cid, le bon Campéador, car jamais seigneur valeureux ne chevaucha à un si bon moment; tant que vous vivrez, vos affaires marcheront bien". [410] Quand le Cid se réveilla, il fit sur son visage le signe de la croix; il se signa le visage, se recommanda à Dieu.

20.

[412] Il était très content du rêve qu'il avait fait. Le lendemain matin, ils se mettent à chevaucher : il a ce jour encore de délai, sachez-le, pas davantage. [415] A la sierra de Miedes ils allèrent camper[d].

21.

Avn era de dia,   no*n* era puesto el sol,
mando uer sus yentes   myo Çid el Campeador :
sin las peonadas   *e* om*ne*s valientes q*ue* son,
noto trezientas lanças   q*ue* todas tiene*n* pendones.

22.

"Temp*r*ano dat çebada,   ¡si el C*r*iador uos salue!   fº9 vº
El q*u*[*e*] q*u*isiere[51] comer   *e* q*u*i no, caualge.
Passaremos la sierra,   q*ue* fiera es *e* gra*n*d;
la t*ie*rra del rrey Alfonsso[52]   esta noch la podemos q*u*itar.
Despues q*u*i nos buscare,   fallar nos podra."
De noch passa*n* la sierra,   vinida es la man(anna),
e por la loma ayuso   pienssan de andar.
En medio d´una montana   marauillosa *e* gra*n*d,
fizo myo Çid posar   *e* çeuada dar.
Dixoles a todos   co*m*mo q*ue*rie trasnochar;
vassallos ta*n* buenos   por coraçon lo an,
mandado de so señor   todo lo[52a] han a far.
Ante q*ue* anochesca   pienssan de caualgar;
por tal lo faze myo Çid   q*ue* no lo ventasse nadi.
Andidiero*n* de noch   q*ue* vagar no*n* se dan.
O dize*n* Casteion,   el q*ue* es sobre Fenares,
myo Çid se echo en çelada   con aq*ue*los q*ue* el trae.
El q*ue* en bue*n* ora nasco   toda la noche en çelada iaze[53],
co*m*mo [gelo][53a] co[n]seiaua   Minaya Albar Fanez.

23.

" ¡Ya Çid,   en bue*n* ora çinxiestes espada !
vos [fincaredes][54] con. c.   de aq*ue*sta n*ues*tra conpaña,

21.

[416] Il faisait encore jour, le soleil ne s´était pas couché, mon Cid le Campéador commanda de passer ses troupes en revue : sans compter les gens de pied et les hommes vaillants qui sont là, il nota trois cents lances qui toutes portent pennons.

22.

[420] "Vite donnez de l´orge, et que le Créateur vous sauve ! Celui qui le voudra, qu´il mange, et celui qui ne le veut pas, à cheval[(a)]. Nous franchirons la montagne, qui est sauvage et grande; le pays du roi Alphonse, cette nuit, nous pouvons le quitter. Ensuite, celui qui nous cherchera, il pourra nous trouver." [425] De nuit, ils passent la montagne; le matin est venu, et en descendant le versant, ils se mettent à progresser. Au milieu d´une forêt merveilleuse et grande, mon Cid fit camper et donner de l´orge. Il leur dit à tous qu´il voulait faire une marche de nuit; [430] ses vassaux si braves l´acceptent de tout coeur; le commandement de leur seigneur, ils doivent l´exécuter complètement. Avant qu´il ne fasse nuit, ils se mettent à chevaucher; le Cid agit ainsi pour que personne ne le découvre. Ils marchèrent de nuit sans se donner de repos. [435] En un lieu appelé Castejón, celui qui est sur le Henares, (b) mon Cid se mit en embuscade avec ceux qu´il emmène avec lui. Celui qui naquit à la bonne heure, toute la nuit, se tient en embuscade, comme le lui conseillait Minaya Álvar Fáñez.

23.

[439] "Ah ! Cid, à la bonne heure vous avez ceint l´épée ! [440] Vous resterez avec cent hommes de notre compagnie,

pues q*ue* a Casteion sacaremos a çelada.
Yo co*n* los .cc. yre en algara[55]."
442b. - "Ala vaya Albar A[l]barez e Albar Saluadorez sin falla[56]
443. *e* Galin Garçia, vna fardida lança,[56]
caualle*r*os buenos q*ue* aconpañen a Minaya.
445. A osadas corred, q*ue* por miedo no*n* dexedes nada. f°10 r°
Fita ayuso *e* por Guadalfaiara
446b. fata Alcala legen las alga[ras],
e bie*n* acoian todas las ganançias,
q*ue* por miedo de los moros no*n* dexe*n* nada.
E yo con lo[s].C. aq*u*i fincare en la çaga,
450. terne yo Casteion don abremos gra*n*d enpara.
Si cueta uos fuere alguna al algara,
fazed me ma*n*dado muy p*r*iuado a la çaga:
d´aq*ue*ste acorro fablara toda España."
Nonbrados son los q*ue* yra*n* en el algara,
455. e los q*ue* co*n* myo Çid ficaran en la çaga.
Ya q*u*iebra[n] albores *e* vinie la mañana.
Yxie el sol, ¡Dios q*ue* fermoso apuntaua !
E*n* Casteion todos se leuantaua*n*,
abren las puertas, de fuera salto daua*n*
460. por ver sus lauores *e* todas sus hereda[nças]. [57]
Todos son exidos, las puertas abiertas an dexadas, [58]
con pocas de gentes q*ue* en Casteion fincar[a]n :[59]
las yentes de fuera todas son deramadas.
El Campeador salio de la çelada,
464b. corrie [aderredor][60] a Casteio*n* sin falla.

après que nous aurons pris Castejón grâce à une embuscade. Moi, avec les deux cents, je ferai un raid." -[a] -"Qu'y aillent Álvar Álvarez[b] et Álvar Salvadórez[c] sans faute, et Galín García[d], une lance hardie, que ces braves chevaliers accompagnent Minaya. Avec hardiesse, faites votre course, et par crainte n'abandonnez rien. En descendant de Hita[e] et en passant par Guadalajara que les avant-gardes atteignent Alcalá[f] et qu'elles ramassent avec soin tout le butin; que par peur des Maures elles n'abandonnent rien. Quant à moi, avec les cent hommes, je resterai ici à l'arrière-garde, je m'emparerai de Castejón où nous trouverons bonne protection. Si quelque danger vous survenait à l'avant-garde, faites-le moi savoir en toute hâte à l'arrière-garde: de mon aide toute l'Espagne parlera." On désigne ceux qui iront en raid et ceux qui resteront avec mon Cid à l'arrière-garde. Déjà perce l'aube et voici le matin. Le soleil point : Dieu qu'il était beau en son orient ! A Castejón tous se levaient, ils ouvrent les portes, ils sortent pour voir leurs labours et tous leurs domaines. Tous sont sortis, ils ont laissé les portes ouvertes, il restait peu de gens à Castejón; les gens qui sont dehors, tous se sont dispersés. Le Campéador sortit de l'embuscade, il courut vers Castejón et l'encercla complètement,

Moros *e* moras auie(n)[60a] los de ganançia,
e essos gañados q*u*antos en derredor andan.
Myo Çid don RRodrigo a la puerta adeliñaua;
los q*ue* la tiene*n*, q*u*ando viero*n* la rebata,
ouieron miedo *e* fue dese[n]parada[61] f° 10 v°
Mio Çid RRuy Diaz por las puertas entraua,
en mano t*r*ae desnuda el espada,
q*u*inze moros mataua de los q*ue* alcançaua :
gaño a Casteion *e* el oro e la plata[62].
Sos caualle*r*os legan co*n* la gana*n*çia,
dexan la a myo Çid, todo esto no*n* p*r*ecia´nada.
Afeuos los .cciii. [62a] en el algara,
e sin dubda corren; fasta Alcala lego la seña de Minaya,[63]
e desi arriba torna*n* se co*n* la ganançia
Fenares arriba *e* por Guadalfaiara,
Tanto traen las grandes gana[n]çias,
muchos gañados[64] de oueias *e* de uacas
481b *e* de ropas *e* de ot*r*as rriq*u*izas largas.
Derecha viene la seña de Minaya;
non osa ni*n*guno dar salto a la çaga.
Con aq*u*este auer torna(n) se essa conpaña, [64a]
fellos en Casteion o el Campeador estaua.
El castielo dexo en so poder; el Ca*m*peador caualga,
saliolos rreçebir co*n* esta su mesnada.
Los braços abiertos, rreçibe a Minaya:
" ¡Venides, Aluar Fanez, una fardida lança !
Do yo uos enbias, bien abria tal esperança.
Esso co*n* esto sea aiuntado, [e de toda la ganançia],[65]
douos la q*u*inta, si la q*u*isieredes, Minaya."

[465] il s´empara des Maures et des Mauresques, et de tous les troupeaux qui se déplaçaient dans les alentours. Mon Cid don Rodrigue se dirigeait vers la porte : ceux qui la défendent, quand ils virent sa charge, prirent peur et la porte fut abandonnée. [470] Mon Cid Ruy Díaz entra par les portes, à la main il tient son épée nue, il tua quinze des Maures qu´il atteignit. Il gagna Castejón et son or et son argent. Ses chevaliers arrivent avec leur butin, [475] ils le laissent à mon Cid, tout ce qu´ils ont gagné ils ne l´apprécient nullement. Voici les deux cent trois qui accomplissent leur raid, sans crainte ils courent; jusqu´à Alcalá arriva l´enseigne de Minaya, et de là gravissant des côtes, ils reviennent avec le butin en remontant le Henares et en passant par Guadalajara. [480] Ils apportent un immense butin, beaucoup de troupeaux de brebis et de vaches et des vêtements et d´autres immenses richesses[a]. Bien droite vient l´enseigne de Minaya; personne n´ose assaillir l´arrière-garde. C´est avec de tels biens que s´en revient cette compagnie; [485] les voici à Castejón où le Campéador se tenait. Celui-ci laissa le bourg fortifié au pouvoir des siens; le Campéador sauta en selle, il sortit les recevoir avec le ban de ses vassaux. Les bras ouverts, il reçoit Minaya : “Approchez, Álvar Fáñez, à la lance hardie ! [490] Partout où je vous enverrais, j´en espérerais autant de vous ! Que votre butin soit ajouté au nôtre, et de tout le gain je vous donne le cinquième, au cas où vous le voudriez, Minaya.”

24.

-"Mucho uos lo gradesco,   Campeador contado,   f° 11 r°
d'aq*u*est[e] q*u*int[o](66)   q*ue* me auedes man[da]do;
pagar se ya dell[e]   Alfonsso el castellano.
Yo uos l[o] suelt[o](66)   *e* auell[o] q*u*itado.
A Dios lo prometo,   a aq*ue*l q*ue* esta en alto:
fata q*ue* yo me page   sobre mio bue*n* cauallo,
lidia*n*do con moros   en el campo,
q*ue* enpleye la lança   *e* al espada meta mano
e por el cobdo ayuso   la sangre destelando
ante Ruy Diaz,   el lidiador contado,
non p*re*ndre de uos   q*u*anto uale(67) un di*ne*ro malo,
pues q*ue* por mi ganaredes   q*ue*s q*u*ier q*ue* sea d'algo;
todo lo otro   afelo en u*uest*ra mano."

25.

Estas ganançias   alli eran iuntadas.
Comidios myo Çid,   el q*ue* en bue*n* ora [çinxo espada],(68)
al rrey Alfonsso   q*ue* legarien sus compañas,
q*ue*l buscarie mal   co*n* todas sus mesnadas.
Mando partir   tod aq*ue*ste auer [sin falla](68a)
sos q*u*iñoneros   q*ue* gelos diessen por carta.
Sos caualle*ro*s   y an arribança,
a cada vno dellos   caen(69) .c. marchos de plata,
e a los peones   la meatad sin falla;
toda la q*u*inta(69a)   a myo Çid fincaua.   f° 11 v°
Aq*u*i no*n* l[a](70) puede(n)(70a) vender   ni*n* dar en p*re*sentaia,
nin catiuos ni*n* catiuas   no*n* q*u*iso t*r*aer en su co*n*paña.
Fablo a los de Casteion   *e* envio a Fita *e* a Guadalfagara,(70b)
esta q*u*inta   por q*u*anto serie conprada;

24.

[493] -"Je vous en remercie beaucoup, Campéador fameux, de ce cinquième[a] que vous m'avez destiné; [495] Alphonse le Castillan s'en contenterait. Moi, j'y renonce et je vous l'abandonne. A Dieu, qui est là-haut, je le promets : jusqu'à ce que je me paie moi-même avec mon bon cheval, en combattant les Maures sur un vrai champ de bataille, [500] que j'emploie la lance et mette la main à l'épée, et que le sang dégoutte à mon coude, devant Ruy Díaz, le fameux combattant, je ne prendrai de vous la valeur d'un méchant denier qu'après que vous ayez gagné grâce à moi des choses de valeur; [505] quant à tout le reste, le voici entre vos mains."

25.

[506] Tout le butin était rassemblé là. Mon Cid, celui qui à la bonne heure ceignit l'épée, réfléchit que les compagnies du roi Alphonse pourraient arriver, que celui-ci lui chercherait querelle avec tout le ban de ses vassaux[b]. [510] Il ordonna de partager toutes les richesses avec justesse et que ses répartisseurs les lui mettent par écrit. Ses chevaliers y trouvent de la fortune, à chacun d'eux échoient cent marcs d'argent et aux hommes de pied la moitié très justement[c], [515] tout le cinquième restait à mon Cid. Ici il ne peut le vendre ni le donner en présent, et il ne voulut emmener ni captifs ni captives dans sa compagnie. Il parla avec les habitants de Castejón et envoya des messagers à Hita et à Guadalajara, pour savoir à combien serait racheté son cinquième;

avn de lo q*ue* diessen   (q*ue*) ouiessen gra*n*d ganançia.
Asmaro*n* los moros   .iii. mill marcos de plata;
plogo a myo Çid   d'aq*ue*sta p*re*sentaia.
A tercer dia   dados fueron sin falla.
Asmo myo Çid   co*n* toda su conpaña
q*ue* en el castiello   no*n* y aurie morada,
e q*ue* serie rretenedor,   mas no*n* y aurie agua.
"Moros en paz,   ca escripta es la carta,
buscar nos ye el rrey Alfonsso   co*n* toda su mesnada[71].
Q*u*itar q*u*iero Casteion,   oyd, escuellas *e* Min(y)aya[71a].

26.

Lo q*ue* yo dixier   no*n* lo tengades a mal.
En Casteion   no*n* podriemos fincar :
çerca es el rrey Alfonsso   *e* buscar nos verna.
Mas el castielo   no*n* lo q*u*iero hermar,
çiento moros *e* çiento moras   q*u*iero las q*u*itar,
por q*ue* lo p*r*is dellos   q*ue* de mi no*n* diga*n* mal.
Todos sodes pagados   *e* ni*n*guno por pagar.
Cras a la mañana   pensemos de caualgar,
con Alfonsso myo señor   no*n* q*ue*rria lidiar."   f°12 r°
Lo q*ue* dixo el Çid   a todos los otros plaz.
Del castiello q*ue* p*r*isieron   todos ricos se parte*n*;
los moros *e* las moras   bendiziendol esta*n*.
Vansse Fenares arriba   q*u*anto pueden andar,
troçen las Alcarias   *e* yua*n* adelant,
por las Cueuas d'Anq*u*ita   ellos passando ua*n*,
passaron las aguas,   entraron al campo de Toran[z][72]
por essas t*ie*rras ayuso   q*u*anto pueden andar,
entre Fariza *e* Çetina   myo Çid yua albergar.
Grandes son las ganançias q*ue* p*r*iso   por la t*ie*ra do ua.
Non lo saben los moros   el ardiment q*ue* an.

[520] quelque somme qu'ils en donneraient, ils en auraient un grand profit. Les Maures l'estimèrent à trois mille marcs d'argent; cette offre plut à mon Cid. Le troisième jour, ils furent payés justement. Mon Cid estima avec toute sa compagnie [525] que dans le bourg fortifié il ne pourrait demeurer, qu'il pourrait y tenir, mais n'y aurait pas d'eau : "Les Maures sont en paix, car la charte du pacte est mise par écrit. Mais le roi Alphonse pouvant nous chercher avec le ban de ses vassaux, je préfère quitter Castejón. Ecoutez, vous autres de ma suite, et vous, Minaya.

26.

[530] Ce que je dirai, ne le prenez pas en mal. A Castejón nous ne pourrions rester : le roi Alphonse n'est pas loin, et il viendra nous chercher. Mais le bourg fortifié, je ne veux pas le ravager, je veux y délivrer cent Maures et cent Mauresques, [535] parce que j'ai obtenu d'eux qu'ils ne disent pas de mal de moi. Tous vous êtes contents et personne n'est plus à contenter. Demain matin, songeons à chevaucher, je ne voudrais pas combattre Alphonse, mon seigneur."[a] A ce que dit le Cid, tous les autres applaudissent. [540] Du bourg fortifié dont ils se sont emparés, tous s'en vont chargés de richesses; les Maures et les Mauresques le bénissent[b]. Ils remontent le Henares aussi vite qu'ils peuvent se déplacer, ils franchissent la Alcarria[c], et continuent à aller de l'avant, ils passent par les Cavernes d'Anguita[d], [545] ils traversèrent les cours d'eau[e], pénétrèrent dans la plaine de Taranz[f], sur ces terres en contre-bas ils vont aussi vite qu'ils peuvent se déplacer; entre Ariza et Cetina[g] mon Cid alla dresser ses tentes. Il est énorme le butin qu'il a pris dans le pays qu'il parcourt. Les Maures ne savent pas le courage de ses hommes.

Otro dia mouios myo Çid, el de Biuar,
e passo a Alfama, la Foz ayuso ua,
passo a Bouierca *e* a Teca q*ue* es adelant,
e sobre Alcoçer myo Çid yua posar
en vn otero rredondo, fuerte *e* grand;
açerca corre Salon, agua nol puedent(73) vedar.
Mio Çid don RRodrigo Alcoçer cueda ganar.

27.

Bien puebla el otero, firme p*re*nde las posadas,
los vnos co*n*tra la sierra *e* los otros co*n*tra la agua.
El bue*n* Canpeador q*ue* en bue*n* ora [çinxo espada],(74)
derredor del otero, bie*n* çerca del agua,
a todos sos varones ma*n*do fazer vna carcaua, f°12 v°
q*ue* de dia ni*n* de noch no*n* les diessen arebata,
q*ue* sopiessen q*ue* myo Çid alli auie fincança.

28.

Por todas essas t*ie*rras yua*n* los ma*n*dados
q*ue* el Campeador myo Çid alli auie poblado:
venido es a moros, exido es de *christ*ianos.
En la su vezindad no*n* se treuen ganar tanto.
Agardando(74a) se ua myo Çid co*n* todos sus vassallos;
el castiello de Alcoçer en paria ua entrando.

29.

Los de Alcoçer a myo Çid yal dan parias (de grado)
e los de Teca *e* los de Ter[er](74b) la casa;
a los de Calatauth, sabet, ma´ les pesaua.
Ali yogo myo Çid complidas .xv. sem*m*anas.(75)
Q*u*ando vio(76) myo Çid q*ue* Alcoçer no*n* sele daua,

[550] Le lendemain, mon Cid, celui de Vivar, se mit en marche, traversa Alhama[a], descend la Hoz[b], traversa Bubierca et Ateca[c], qui est situé au-delà; et au-dessus d´Alcocer[d] mon Cid établit son camp sur une hauteur ronde, aux fortes et larges assises; [555] tout près coule le Jalón; on ne peut le priver d´eau. Mon Cid don Rodrigue envisage de s´emparer d´Alcocer.

27.

[557] Il occupe bien la hauteur avec ses hommes, établit fermement ses positions, les uns face à la montagne et les autres face à la rivière. Le bon Campéador, qui à la bonne heure ceignit l´épée, [560] autour de la hauteur, tout près de la rivière, ordonna à tous ses hommes de faire une tranchée, pour que ni de jour ni de nuit on ne pût les attaquer, et pour qu´on sût que mon Cid s´était fixé là-bas.

28.

[564] Par tout le pays se répandait la nouvelle [565] que le Campéador mon Cid s´était établi là avec ses hommes : il est venu chez les Maures, il est sorti de chez les Chrétiens. Dans son voisinage on n´ose pas beaucoup cultiver les champs[e]. Mon Cid reste attentif ainsi que tous ses vassaux; le bourg fortifié d´Alcocer commence à payer un tribut.

29.

Les gens d´Alcocer payent déjà des tributs à mon Cid, ainsi que ceux d´Ateca et ceux de la ville de Terrer[f]; à ceux de Calatayud[f], sachez-le, il leur en pesait beaucoup. Là mon Cid resta quinze semaines entières. Quand mon Cid vit qu´Alcocer ne se rendait pas à lui,

el fizo vn art   *e* non lo detardaua;
dexa vna tienda fita   *e* las otras leuaua,
coio' Salon ayuso   la su seña alçada,
las lorigas vestidas   *e* çintas las espadas,
a guisa de menbrado,   por sacar los a çelada.
Veyen[77] lo los de Alcoçer,   ¡Dios, com*m*o se alabauan !
"Falido a myo Çid   el pan *e* la çeuada.
Las otras abes lieua,   vna tienda a dexada;
de guisa ua myo Çid   com*m*o si es[ca]passe de arrancada.   f°13 r°
Demos salto a el   *e* feremos grant ganançia
antes q*ue*l p*re*ndan los de Ter[er][77a];   si non nos dara*n* de*n*t nada[78].
La paria q*ue*l a p*re*sa   tornar nos la ha doblada."
Salier*o*n de Alcoçer   a vna p*r*iessa much estraña.
Myo Çid, q*u*ando los vio fuera,   cogios com*m*o de arra*n*cada,
coios Salon ayuso,   co*n* los sos abuelta [anda][79].
Dize*n* los de Alcoçer: " Ya se nos va la gana*n*çia."
Los gra*n*des *e* los chicos   fuera salto da[ua]n[79a],
al sabor del p*re*nder   de lo al no*n* pie*n*ssan nada;
abiertas dexan las puertas   q*ue* ni*n*guno no*n* la[s] guarda.
El bue*n* Campeador   la su cara tornaua,
vio q*ue* entr'ellos *e* el castiello   mucho auie grand plaça;
mando tornar la seña,   a p*r*iessa espoloneaua*n*:
"Firid los,[79b] caualle*ro*s,   todos sines dubdança,
con la merçed del Criador   n*uest*ra es la ganançia."
Bueltos son con ellos   por medio de la laña.
¡Dios, q*ue* bueno es el gozo   por aq*ue*sta mañana !
Myo Çid *e* Albar Fanez   adelant aguiiaua*n*,
tienen buenos cauallos,   sabet, a su guisa les andan,
entr'ellos *e* el castiello   en essora entraua*n*.
Los vassallos de myo Çid   sin piedad les dauan,

[575] il inventa une ruse et ne tarda pas à la mettre à exécution; il laisse une tente plantée et lève les autres, il descendit le Jalón tenant haut son enseigne, les cottes de mailles revêtues et les épées ceintes, pour attirer les ennemis dans une embuscade, en homme averti. [580] Ceux d´Alcocer le virent. Dieu, comme ils s´en montrèrent satisfaits ! "Le pain et l´orge ont fait défaut à mon Cid. Il a laissé une tente, les autres, il les emporte avec difficulté; il s´en va, mon Cid, comme s´il échappait à une défaite. Donnons-lui l´assaut et nous ferons un grand butin, [585] avant que ne le prennent ceux de Terrer; sinon, ceux-ci ne nous en donneront rien[(a)]. Le tribut qu´il a pris, il nous le rendra au double." Ils sortirent d´Alcocer avec une hâte extraordinaire. Mon Cid, quand il les vit dehors, se retira comme lors d´une défaite, il retraita en descendant le Jalón, il va entouré des siens[(b)]. Ceux d´Alcocer disent : "Voilà le butin qui nous échappe." Les grands et les petits se précipitèrent dehors; dans leur désir de prise, ils ne pensent à rien d´autre; ils laissent les portes ouvertes, que nul ne garde. Le bon Campéador tourna la tête, [595] il vit qu´entre eux et le bourg fortifié il y avait un très grand espace; il fit faire volte face à l´enseigne; lui et ses hommes éperonnèrent en hâte. "Frappez-les, chevaliers, tous sans crainte, avec la grâce du Créateur, le butin est à nous." Ils en sont venus aux mains avec les Maures au milieu de la plaine. [600] Dieu, qu´elle est belle leur joie en cette matinée ! Mon Cid et Álvar Fáñez éperonnaient en avant; ils ont de bons chevaux, sachez-le, ils marchent à leur guise; entre les Maures et le bourg fortifié, ils s´infiltrèrent alors. Les vassaux de mon Cid frappaient sans pitié.

en vn ora *e* vn poco de logar .ccc. moros matan.
Dando grandes alaridos los q*ue* estan en la çelada, fº 13 vº
dexando ua*n* los delant, por el castiello se tornaua*n*,
las espadas desnudas, a la puerta se paraua*n*;
luego legauan los sos, ca fecha es el arrancada.
Myo Çid gaño a Alcoçer, sabe(n)t, por esta maña,

30.

Vino P*er*o Vermu[do]z[(80)], q*ue* la seña tiene en mano,
metiola en somo, en todo lo mas alto.
Fablo myo Çid RRuy[(81)] Diaz, el q*ue* en bue*n* ora fue nado :
" ¡Grado a Dios del Çielo *e* a todos los sos s*anct*os !
Ya meioraremos posadas a dueños *e* a cauallos.

31.

"Oyd a mi, Albar Fanez *e* todos los caualle*r*os,
en este castiello grand auer auemos p*re*so;
los moros yazen muertos, de biuos pocos veo.
Los moros *e* la[s] moras vender non los podremos,
q*ue* los descabeçemos nada no*n* ganaremos;
coiamos los de dentro, ca el senorio tenemos,
posaremos en sus casas *e* dellos nos seruiremos."

32.

Myo Çid co*n* esta ganançia en Alcoçer esta;
fizo enbiar por la tienda, q*ue* dexara alla.
Mucho pesa a los de Teca *e* a los de Ter[er][(81a)] non plaze,
e a los de Calatayuth [les ouo de pesar][(81b)].
Al rrey de Valençia enbiaron co*n* mensaie
q*ue* a vno q*ue* dizien myo Çid RRuy Diaz de Biuar
ayrolo el rrey Alfonsso[(82)], de t*ie*rra echado lo ha,
fº 14 rº

[605] en une heure et sur un court espace, ils tuent trois cents Maures. Poussant de hauts cris, ceux qui sont en embuscade[a], laissant ceux qui sont devant eux[b], manoeuvrèrent vers le bourg fortifié; les épées nues, ils s'arrêtèrent à la porte. Bientôt arrivaient les leurs, car la victoire est acquise. [610] Mon Cid s'est emparé d'Alcocer, sachez-le, par cette ruse.

30.

[611] Pero Vermudoz[c] survint, qui porte l'enseigne en main, il la ficha en haut, au lieu le plus élevé. Mon Cid Ruy Díaz parla, celui qui naquit à la bonne heure : "Grâces au Dieu du Ciel et à tous ses saints ! Vite nous améliorerons le logement pour les hommes et les chevaux.

31.

[616] Ecoutez-moi, Álvar Fáñez et tous les chevaliers, dans ce bourg fortifié nous avons pris un grand butin; les Maures gisent sans vie, de vivants j'en vois peu. Les Maures et les Mauresques, nous ne pourrons les vendre; [620] si nous les décapitons, nous n'y gagnerons rien; réunissons-les à l'intérieur, car nous détenons le pouvoir, nous logerons dans leurs maisons et nous les prendrons à notre service[d].

32.

[623] Mon Cid avec son butin se trouve à Alcocer; il fit chercher la tente qu'il avait laissée là-bas. [625] Cela afflige beaucoup ceux d'Ateca et ne plaît pas à ceux de Terrer, et afflige nécessairement ceux de Calatayud. Au roi de Valence[e] ils envoyèrent le message que quelqu'un qu'on appelle mon Cid Ruy Díaz de Vivar, en disgrâce auprès du roi Alphonse, qui l'a expulsé de son pays,

vino posar sobre Alcoçer,   en vn ta*n* fuerte logar,
sacolos a çelada,   el castiello ganado a.
"Si no*n* das co*n*seio,   a Teca *e* a Ter[er][81a] perderas,
perderas Calatayuth,   q*ue* no*n* puede escapar,
rribera de Salon   tod[o][83] yra a mal,
assi ffera[83a] lo de Siloca,   q*ue* es del otra part."
Q*u*ando lo oyo[84] el rrey Tamin,   por cuer le peso mal :
"Tres rreyes veo de moros   derredor de mi estar;
non lo detardedes,   los dos yd pora alla,
tres mill moros leuedes   co*n* armas de lidiar;
con los de la frontera   q*ue* uos aiudaran,
prendet melo a uida,   aduzid melo dela*n*d,
por q*ue* seme entro en mi t*ie*rra,   derecho me aura a dar."
Tres mill moros caualgan   *e* pie*n*ssan de andar;
ellos viniero*n* a la noch   en Sogorue posar.
Otro dia mañana   pienssan de caualgar.
Viniero*n* a la noch   a Çelfa posar;
por los de la frontera   pienssan de enviar,
non lo detienen,   vienen de todas partes :
yxieron de Çelfa,   la q*ue* dizen de Canal,
andidieron todol dia,   q*ue* vagar no*n* se dan,
viniero*n* essa noche[85]   en Calatayu[t]h [85a] posar.
Por todas essas t*ie*rras   los p*re*gones dan :
gentes se aiuntaro*n*   sobeianas de grandes   f° 14 v°
con aq*ue*stos dos rreyes   q*ue* dize*n* Ffariz *e* Galue;
al bueno de myo Çid   en Alcocer le ua*n* çercar.

33.

Fincaro*n* las tiendas   *e* p*re*nde*n*d[86] las posadas,

[630] est venu camper au-dessus d´Alcocer dans une position très forte, a attiré les habitants dans une embuscade, s´est emparé du bourg fortifié. "Si tu n´y portes remède, tu perdras Ateca et Terrer, tu perdras Calatayud, qui ne peut se sauver; sur les rives du Jalón tout ira mal; [635] il en sera de même pour ce qui est du Jiloca[a], qui est de l´autre côté." Quand le roi Tamin l´entendit[b], il en eut le coeur fort affligé : "Je vois trois rois maures autour de moi; ne tardez pas, vous deux, allez là-bas, emmenez trois mille Maures avec des armes de combat; [640] avec ceux de la frontière qui vous aideront, prenez-le moi vivant; amenez-le devant moi; parce que s´il est entré dans mes terres, il devra m´en rendre compte." Trois mille Maures sautent à cheval et se mettent en route. Ils vinrent le soir faire halte à Segorbe[c]. [645] Le lendemain matin, ils remontèrent à cheval. Ils vinrent le soir faire halte à Cella[d]. Ils se mettent à alerter ceux de la frontière : ceux-ci sans tarder viennent de toutes parts. Ils sortirent de Cella, celle qu´on appelle Cella de Canal[d], [650] ils chevauchèrent toute la journée, sans se donner aucun repos, ils vinrent ce soir-là faire halte à Calatayud. Par tout le pays, ils font un appel public : des soldats extrêmement nombreux se rassemblèrent autour de ces deux rois que l´on appelle Fáriz et Galve[e]; [655] le brave qu´est mon Cid, ils vont l´assiéger dans Alcocer.

33.

[656] Ils plantèrent les tentes et établirent leur camp,

creçen estos virtos, ca yentes son sobeianas.
Las arobdas, q*ue* los moros sacan,
de dia(87) e de noch enbuelt[a]s(87a) andan en armas;
muchas son las arobdas *e* gra*n*de es el almofalla.
A los de myo Çid ya les tuellen el agua;
mesnadas de myo Çid exir q*ue*rie*n*(88) a la batalla,
el q*ue* en bue*n* ora nasco firme gelo vedaua.
Touieron gela en çerca complidas tres sem*m*anas(88a).

34.

A cabo de tres semanas, la q*u*arta q*ue*rie e[n]trar.
Myo Çid co*n* los sos tornos a acordar:
"El agua nos an vedada, exir nos ha el pa*n*;
q*ue* nos q*ue*ramos yr de noch(89) no nos lo consintran.
Grandes son los poderes por co*n* ellos lidiar;
dezid me, caualle*r*os, com*m*o uos plaze de far."
Primero fablo Minaya, vn caualle*r*o de prestar:
"De Castiella la gentil exidos somos aca;
si co*n* moros no*n* lidiaremos, no nos daran del pan.
Bie*n* somos nos .vi. cientos, algunos ay de mas.
(E) En el no[m]bre del C*r*iador, ¡q*ue* non pase por al! f° 15 r°
vayamos los ferir en aq*ue*l dia de cras."
Dixo el Campeador: "A mi guisa fablastes.
Ondrastes uos, Minaya, ca aue*r* uos lo yedes de far."
Todos los moros *e* las moras de fuera los ma*n*da echar,
q*ue* no*n* sopiesse ni*n*guno esta su poridad.
El dia *e* la noche pienssan se de adobar.
Otro dia mañana, el sol q*ue*rie apuntar.
Armado es myo Çid co*n* q*u*antos q*ue* el ha.
Fablaua myo Çid, com*m*o odredes contar:

leurs forces augmentent, car leurs troupes sont innombrables. Les sentinelles que les Maures placent en avant, de jour et de nuit, vont revêtues de leurs armures; [660] les sentinelles sont nombreuses et l'armée est grande. A ceux de mon Cid ils coupent vite l'eau; les vassaux de mon Cid voulaient faire une sortie pour livrer bataille, celui qui naquit à la bonne heure le leur défend fermement. Ils tinrent, encerclés, trois semaines entières.

34.

[665] Au bout de trois semaines, la quatrième allait commencer. Mon Cid se mit d'accord avec les siens : "Ils nous ont privés d'eau, le pain va nous faire défaut; que nous voulions faire une sortie de nuit, ils n'y consentiront pas. Leurs forces sont trop grandes pour que nous combattions contre elles; [670] dites-moi, chevaliers, comment il vous plaît d'agir." Le premier, Minaya prit la parole, un chevalier plein de ressources : "Nous sommes exilés de la noble Castille et nous voilà ici; si nous ne combattons pas les Maures, on ne nous donnera pas de pain. Nous sommes bien six cents et il y en a même quelques-uns de plus. [675] Au nom du Créateur, que cela ne se passe pas autrement[a] ! Allons les attaquer dès le jour de demain." Le Campéador dit : "Vous avez parlé selon mon désir. Vos paroles vous honorent, Minaya, car c'est ainsi que vous aviez à le faire." Tous les Maures et toutes les Mauresques, il ordonne de les chasser, [680] afin que personne ne connaisse son intime secret. Le jour et la nuit, ils se mettent à s'équiper. Le lendemain matin, le soleil allait poindre. Mon Cid est armé avec tous les siens. Mon Cid parla, comme vous allez l'entendre.

"Todos yscamos fuera, q*ue* nadi non raste
si non dos peones solos por la puerta guardar;
si nos murieremos en campo, en castiello nos entra[ra]n,
si venḉieremos la batalla, creḉremos en rictad.
E vos, P*er*o Vermu[do]z[90], la mi seña tomad;
com*m*o sodes muy bueno, tener la edes sin ar[t]h[91],
mas no*n* aguijedes co*n* ella, si yo non uos lo mandar."
Al Ḉid beso la mano, la seña ua tomar.
Abrieron las puertas, fuera vn salto dan.
Viero*n* lo las arobdas de los moros, al almofalla se ua*n* tornar.
¡Q*ue* p*r*iessa va en los moros ! e tornaro*n* se a armar;
ante rroydo de atamores la t*ie*rra q*ue*rie q*ue*brar;
veriedes armar se moros, a p*r*iessa entrar en az.
De parte de los moros dos señas ha cabdales,
e fizieron dos azes de peones mezclados[92]. ¿ Q*u*i los podrie co*n*tar ? f °15 v°
La[s] azes de los moros yas mueuen adelant
por a myo Ḉid *e* a los sos a manos los tomar.
"Q*ue*das sed, me[s]nadas, aq*u*i en este logar;
non deranche ni*n*guno fata q*ue* yo lo ma*n*de."
Aq*ue*l P*er*o Vermu[do]z no*n* lo pudo endurar,
la seña tiene en mano, co*n*peḉo de espolonar[93] :
" ¡El C*r*iador uos vala, Ḉid Campeador leal !
Vo meter la u*uestr*a seña en aq*ue*la mayor az;
los q*ue* el debdo auedes, veremos co*m*mo la acorr[a]des[94]."
Dixo el Campeador : " ¡ No*n* sea, por caridad ! "
RRespuso P*er*o Vermu[do]z : "No*n* rastara por al."
Espolono el cauallo e metiol en el mayor az.
Moros lo rreḉiben por la seña ganar,
dan le gra*n*des colpes, mas nol pueden falssar.
Dixo el Campeador : " ¡Valelde, por caridad ! "

[685] "Sortons tous d'ici, que personne ne reste, sauf seulement deux hommes de pied pour garder la porte; si nous mourons au combat, ils rentreront nos corps dans le bourg fortifié; si nous gagnons la bataille, nos richesses augmenteront. Et vous, Pero Vermudoz, prenez mon enseigne : [690] comme vous êtes très brave, vous la porterez à la loyale, mais ne piquez pas des éperons avec elle, si je ne vous le commande pas." Il baisa la main du Cid, va prendre l'enseigne. Ils ouvrirent les portes et se ruent au dehors. Les sentinelles des Maures virent cela et se replient sur leur armée. [695] Quelle hâte chez les Maures ! Ils revinrent s'armer; au bruit des tambours, la terre était sur le point de se fendre; vous auriez dû voir les Maures s'armer, hâtivement se ranger en bataille. Du côté des Maures il y a deux enseignes principales et ils firent deux rangs entremêlés d'hommes de pied[a]. Qui pourrait les dénombrer ? [700] Les rangs des Maures se portent en avant pour en venir aux mains avec mon Cid et le ban de ses vassaux. "Restez calmes, mes vassaux, ici, sur place." Le brave Pero Vermudoz ne put l'endurer. [705] Il tient en main l'enseigne et commença à éperonner. "Le Créateur vous protège, Cid Campéador loyal ! Je vais porter votre enseigne au plus épais de ces rangs; vous qui en avez l'obligation, nous verrons comment vous viendrez à son secours." Le Campéador dit : "N'en faites rien, par charité ! " [710] Pero Vermudoz répondit : "Il n'en sera pas autrement." Il éperonna son cheval et le lança au plus épais des rangs. Les Maures lui font face pour s'emparer de l'enseigne, ils lui assènent de grands coups, mais ne peuvent rompre sa cotte de mailles. Le Campéador dit : "Allez à son secours, par charité ! "

35.

Enbraçan los escudos   delant los coraçones,
abaxan las lanças   abue[l]tas[95] de los pendones,
enclinaro*n* las caras   de suso de los arzones,
yua*n* los ferir   de fuertes coraçones.
A grandes vozes lama   el *que* en bue*n* ora na[çi]o[95a].
"Ferid los, caualle*ros*,   por amor de[l] [Criador][96].
Yo so RRuy Diaz [de Biuar],   el Çid Campeador[97].
Todos fiere*n* en el az   do esta Pe*ro* Vermu[do]z[98].
Trezientas lanças son,   todas tienen pendones;   fº 16 rº
seños moros mataro*n*,   todos de seños colpes;
a la tornada *que* fazen   otros tantos son.[98a]

36.

Veriedes tantas lanças   p*re*mer[98b] *e* alçar,
tanta adagara   foradar *e* passar,
tanta loriga   falssa[r] [*e*] desmanchar[98c],
tantos pendones blancos   salir vermeios en sangre,
tantos buenos cauallos   sin sos duenos andar.
Los moros lama*n* Mafomat   *e* los *christ*ianos
    Sancti Yagu[e][98d].
Cayen en vn poco de logar   moros muertos mill *e* .ccc.
    ya[98e].

37.

¡*Qu*al lidia bie*n*   sobre exorado arzon
mio Çid RRuy Diaz,   el bue*n* lidiador !
Mynaya Albar Fanez,   *que* [Ç]orita mando[98f],
Marti*n* Antolinez,   el burgales de pro.
Muño Gustioz,   *que* so c*r*iado f[o][99],

35.

[715] Ils embrassent leurs écus devant leur poitrine, ils abaissent leurs lances enveloppées de leurs pennons, ils penchèrent leurs visages au-dessus des arçons, et allèrent frapper les Maures d´un coeur valeureux. A grands cris, celui qui naquit à la bonne heure les appelle : [720] "Frappez-les, chevaliers, pour l´amour du Créateur. Je suis Ruy Díaz de Vivar, le Cid Campéador". Tous frappent dans le rang où se trouve Pero Vermudoz. Ils sont trois cents lances, toutes portent pennons. Chacun tua un Maure, chacun d´un seul coup et [725] à la charge de retour qu´ils font, il y a autant de tués.

36.

[726] Vous pourriez voir bien des lances se baisser et se redresser, bien des targes perforées et trouées, bien des cottes de mailles rompues et démaillées, bien des pennons blancs ressortir rouges de sang, [730] bien de bons chevaux aller sans leurs maîtres. Les Maures invoquent Mahomet et les Chrétiens saint Jacques. Sur un petit espace sont déjà tombés sans vie mille trois cents Maures.

37.

[733] Comme il combat bien sur son arçon doré, mon Cid Ruy Díaz, le bon combattant ! [735] Minaya Álvar Fáñez, qui commanda Zorita[a], Martín Antolínez, le Burgalais plein de qualités, Muño Gustioz[b], qui fut élevé par le Cid,

Marti*n* Muñoz   el q*ue* mando a Mont Mayor,
Albar Albarez   *e* Albar Saluadorez,
Galin Garçia,   el bueno d´Arago*n*,
Felez Munoz,   so sobrino del Campeador;
desi adelante   q*u*antos q*ue* y son
acorren la seña   *e* a myo Çid el Ca*m*peador.

38.

744. A Mynaya Albar Fanez   mataron le el cauallo,
bie*n* lo acorren   mesnadas de *christ*ianos;
la lança a q*ue*brada,   a[l] espada metio mano,
mager de pie   buenos colpes va dando.
Violo myo Çid   RRuy Diaz el castelano: f° 16 v°
acostos a vn aguazil   q*ue* tenie bue*n* cauallo,
diol tal espadada   co*n* el so diestro braço,
cortol por la çintura,   el medio echo en campo.
A Mynaya Albar Fanez   yual dar el cauallo:
"Caualgad, Mynaya,   uos sodes el myo diestro braço.
Oy en este dia   de uos abre grand bando;
firme' son los moros,   avn nos van del campo."
Caualgo Minaya,   el espada en la mano,
por estas fuerças   fuerte mientre lidiando;
a los q*ue* alcança   valos delibrando.
Myo Çid RRuy Diaz,   el q*ue* en bue*n* ora nasco,
al rrey Fariz   .iii. colpes le auie dado,
los dos le fallen   *e* el vnol ha tomado,
por la loriga ayuso   la sangre destella[n]do[100];
boluio la rrienda   por yr se le del campo.
Por aq*ue*l colpe   rancado [100a] es el fonssado.

39.

Marti*n* Antolinez   vn colpe dio a Galve,
las carbonclas del yelmo   echo gelas a parte,
cortol el yelmo   q*ue* lego a la carne;

Martín Muñoz, celui qui commanda Montemayor[a], Álvar Álvarez et Álvar Salvadórez, [740] Galín García, le brave Aragonais, Félez Muñoz, le neveu du Campéador[b], aussitôt, là autant qu'ils sont, ils vont au secours de l'enseigne et de mon Cid le Campéador.

38.

[744] A Minaya Álvar Fáñez, on lui tua son cheval, [745] le ban des vassaux chrétiens vient comme il convient à son secours; Minaya a la lance brisée, il a mis la main à l'épée; quoique à pied, il frappe de bons coups. Mon Cid Ruy Díaz le Castillan l'a vu, il s'approcha d'un alguazil[c] qui avait un bon cheval, [750] il lui porta de son bras droit un tel coup d'épée qu'il le trancha par la ceinture et jeta la moitié de son corps sur le champ de bataille[d]. A Minaya Álvar Fáñez il alla donner le cheval : "Sautez à cheval, Minaya, vous êtes mon bras droit; en ce jour même, je recevrai de vous une aide considérable; [755] les Maures tiennent ferme, ils n'abandonnent pas encore le champ de bataille." Minaya chevaucha, l'épée à la main, combattant avec vigueur au fort des troupes maures; ceux qu'il atteint, il les tue aussitôt. Mon Cid Ruy Díaz, celui qui naquit à la bonne heure, [760] avait donné trois coups au roi Fáriz, deux le manquent et le dernier le prend en plein; le long de sa cotte de mailles son sang tombe goutte à goutte; il tourna bride pour abandonner le champ de bataille. Par ce coup, son armée est battue.

39.

[765] Martín Antolínez donna un coup à Galve, il fit voler au loin les escarboucles de son heaume, il lui fendit le heaume jusqu'à atteindre la chair[e];

sabet, el otro   no*n* gel(o) oso esperar.
Arancado es   el rrey Fariz *e* Galve(100a).
¡Tan bue*n* dia   por la *christ*iandad,
ca fuyen los moros   de la [e de la] part(100b)!
Los de myo Çid   firiendo an alcaz,
el rrey Fariz   en Ter[er](100c) se fue entrar,
e a Galve   nol cogiero*n* alla;   f° 17 r°
para Calatayu[t]h(101)   q*ua*nto puede se va.
El Campeador   yual en alcaz,
fata Caltayut[t]h(101)   duro el segudar.

40.

A Mynaya Albar Fanez   bie*n* l'anda el cauallo,
d'aq*ue*stos moros   mato .xxxiiij.;
espada taiador,   sangriento t*r*ae el braço,
por el cobdo ayuso   la sangre destellando.
Dize Mynaya: "Agora so pagado,
q*ue* a Castiella   yran buenos ma*n*dados,
q*ue* myo Çid RRuy Diaz   lid campal a [arancado](102)".
Tantos moros yazen muertos   q*ue* pocos biuos a dexados,
ca en alcaz   sin dubda les fueron dando.
Yas tornan   los del q*ue* en bue*n* ora nasco.
Andaua myo Çid   sobre so bue*n* cauallo,
la cofia fronzida,   - ¡Dios, com*m*o es bie*n* barbado ! -
almofar a cuestas,   la espada en la mano.
Vio los sos   com*m*os van alegando:
"¡Grado a Dios,   aq*ue*l q*ue* esta en alto,
q*u*ando tal batalla   auemos arancado !"
Esta albergada   los de myo Çid luego la an
robad[o](103)
de escudos *e* de armas   *e* de otros aueres largos;

sachez-le, l'autre n'osa pas attendre son second coup. Le roi Fáriz est vaincu ainsi que Galve. [770] Quelle bonne journée pour la chrétienté, car les Maures fuient de toutes parts ! Les hommes de mon Cid les frappent en les talonnant, le roi Fáriz s'en alla se réfugier à Terrer, mais Galve n'y fut pas reçu; [775] vers Calatayud il s'en va aussi vite qu'il peut. Le Campéador le talonnait, jusqu'à Calatayud dura la poursuite.

40.

[778] Minaya Álvar Fáñez fait bien trotter son cheval : des Maures il en tua trente-quatre, [780] son épée est tranchante, il a le bras ensanglanté, de son coude le sang tombe goutte à goutte. Minaya dit : "Maintenant je suis content, car de bonnes nouvelles iront en Castille : mon Cid Ruy Díaz a vaincu dans une bataille en rase campagne."[a] [785] Tant de Maures gisent tués qu'il en a laissé bien peu de vivants, car en les talonnant, sans peur, on leur en a donné, des coups. Maintenant reviennent ceux de celui qui naquit à la bonne heure. Mon Cid allait sur son bon cheval, la coiffe plissée[b], -Dieu, que sa barbe était belle !-[c], [790] le gorgerin sur le dos, l'épée à la main. Il vit se rassembler les siens : "Grâces à Dieu, celui qui est au Ciel, puisque nous avons remporté une telle bataille ! " Le camp des Maures, les hommes de mon Cid l'ont dépouillé [795] des écus et des armes et d'autres riches butins;

de los moriscos   q*u*ando son legados,[103a]
796b. ffallaro*n*   .dx. cauallos.
Grand alegreya va   entre essos *christ*ianos;
mas de q*u*inze de los sos   menos no*n* fallaro*n*.
Traen oro *e* plata,   q*ue* no saben recabdo,
Con aq*ue*sta gana*n*çia   rrefechos son todos esos *christ*ianos[104],   f°17 v°
A so(s) castiello(s)[105] a los moros   dentro los an tornados;
mando myo Çid aun   q*ue* les diessen algo.
Grant a el gozo myo Çid   co*n* todos sos vassalos.
Dio a partir estos din*er*os   *e* estos aueres largos;
en la su q*u*inta   al Çid caen .c. cauallos[105a].
¡Dios, q*ue* bie*n* pago   a todos sus vassallos,
a los peones   *e* a los encaualgados !
Bie*n* lo aguisa   el q*ue* en bue*n* ora nasco;
q*u*antos el trae   todos son pagados.
"Oyd, Mynaya,   sodes myo diestro braço.
D'aq*ue*sta rriq*ue*za   q*ue* el C*r*iador nos a dado
a u*uest*ra guisa   p*r*ended co*n* u*uest*ra mano.
Enbiar uos q*u*iero   a Castiella co*n* mandado
desta batalla   q*ue* auemos arancad[o][106].
Al rrey Alfonsso,   q*ue* me a ayrado,
q*u*ierol e*n*biar   en don .xxx. cauallos,
todos con siellas   *e* muy bie*n* enfrenados,
señas espadas   de los arzones colga[ndo][107]".
Dixo Mynaya Albar Fanez :   "Esto fare yo de grado."

41.

-"Euades aq*u*i   oro *e* plata [linpia][108],
vna vesa leña   q*ue* nada nol mi*n*gua(ua)[108]:

quand ils sont arrivés, ils trouvèrent cinq cent dix chevaux mauresques. Il y a une grande allégresse parmi les Chrétiens; ils n'eurent à regretter que la perte de quinze des leurs. Ils emportent de l'or et de l'argent, à ne pas savoir les compter. [800] Avec ce butin, nos Chrétiens ont tous refait fortune. Ils ont ramené les Maures à l'intérieur de leur bourg fortifié[(a)]. Mon Cid ordonna même de leur donner quelque chose. Mon Cid éprouve une grande joie, ainsi que tous ses vassaux. Il fit partager son argent et ses nombreuses richesses; [805] dans le cinquième du Cid échoient cent chevaux. Dieu, comme il paya bien tous ses vassaux, les hommes de pied et les cavaliers ! Il met tout bien en ordre, celui qui naquit à la bonne heure; tous ceux qu'il emmène, tous sont contents. [810]-"Ecoutez, Minaya, vous êtes mon bras droit. De cette richesse que le Créateur nous a donnée, à votre guise prenez-en de vos propres mains[(b)]. Je veux vous envoyer en Castille avec la nouvelle que nous avons remporté cette bataille. [815] Au roi Alphonse, qui me tient en disgrâce, je veux envoyer en présent trente chevaux, tous avec leurs selles et très bien bridés, chacun avec une épée pendant aux arçons. Minaya Álvar Fáñez dit : "Je ferai cela de bon gré."

41.

[820][(c)] -"Voici de l'or et de l'argent pur, plein un houseau : rien n'y manque :

en *Sancta* Maria de Burgos   q*u*itedes mill missas,
lo q*ue* rromaneçiere   daldo a mi mug*ier* *e* a mis fijas,
q*ue* rruegen por mi   las noches *e* los dias;   fº18 rº
si les yo visq*u*ier,   sera*n* duenas rricas."

42.

Mynaya Albar Fanez   desto es pagado[108a];
por yr co*n* el   om*n*es son *con*tados.
Agora daua*n* çeuada,   ya la noch [yua] entra[ndo][109],
myo Çid RRuy Diaz   co*n* los sos se acorda[ndo][110].

43.

"Hydes uos, Mynaya,   a Castiella la gentil.
A n*uestr*os amigos   bie*n* les podedes dezir;
Dios nos valio   *e* venciemos la lid(it).
A la tornada   si nos fallaredes aqui;
si no*n*, do s[o]pieredes[111] q*ue* somos,   yndos conseguir.
Por la*n*ças *e* por espadas   auemos de guarir;
si no*n*, en esta t*ie*rra angosta   no*n* podriemos biuir."[112]

44.

Ya es aguisado,   mañanas fue Minaya
e el Campeador   [finco y][113] co*n* su mesnada.
La t*ie*ra es angosta   *e* sobeiana de mala.
Todos los dias   a myo Çid aguardauan
moros de las fronteras   *e* vnas yentes estrañas;
sano el rrey Fariz,   co*n* el se co*n*seiaua*n*.
Entre los de Techa   *e* los de Ter[er][113a] la casa
e los de Calatayut,   q*ue* es mas ondrada,
asi lo an asmado   *e* metudo en carta:
vendido les a Alcoçer   por tres mill marchos de plata.

à Santa María de Burgos, payez mille messes; ce qui restera, donnez-le à ma femme et à mes filles, qu'elles prient pour moi nuit et jour; [825] si je survis, elles deviendront des dames riches."

42.

[826] Minaya Álvar Fáñez en est content; pour aller avec lui, des hommes sont désignés. Alors ils distribuèrent de l'orge aux chevaux, déjà la nuit commençait, mon Cid Ruy Díaz se concerte longuement avec les siens.

43.

[829] "Vous vous en allez vers la noble Castille. [830] Vous pouvez bien dire à nos amis : Dieu nous a protégés et nous avons vaincu dans la bataille. A votre retour, si vous nous trouvez ici, venez à nous; sinon, là où vous saurez que nous sommes, venez nous chercher[(a)]. Grâce à nos lances et à nos épées, nous nous maintiendrons; sinon, sur cette maigre terre nous ne pourrions subsister."

44.

[836] Désormais la résolution est prise. Le matin, Minaya partit et le Campéador resta là avec le ban de ses vassaux. La terre est maigre et extrêmement mauvaise. Tous les jours, mon Cid était épié [840] par les Maures des frontières et par des gens étrangers; le roi Fáriz guérit, ils prirent conseil auprès de lui. Les habitants d'Ateca et ceux de la ville de Terrer, ainsi que ceux de Calatayud, qui est plus illustre, l'ont estimé ainsi et enregistré dans une charte: [845] mon Cid leur a vendu Alcocer pour trois mille marcs d'argent.[(b)]

45.

Myo Çid RRuy Diaz a Alco(l)çer es venido[114].
¡ *Que* bie*n* pago a sus vassalos mismos !
A caualle*r*os *e* a peones fechos los ha rricos;
en todos los sos no*n* fallariedes vn mesq*u*ino fº18 vº
¡ Q*u*i a bue*n* señor sirue siemp*re* biue en deliçio !

46.

Q*u*ando myo Çid el castiello q*u*iso q*u*itar,
moros *e* moras tomaron se a q*ue*xar :
"Vaste, myo Çid, ¡ n*uestr*as oraçiones uayante dela*n*te !
nos pagados finca[m]os[115], señor, de la tu part."
Q*u*ando q*u*ito a Alcoçer myo Çid el de Biuar,
moros *e* moras compeçaron de lorar.
Alço su seña, el Campeador se ua,
paso Salon ayuso, aguijo cabadelant,
al exir de Salon mucho ouo buenas aues.
Plogo a los de Terer *e* a los de Calatayut mas,
peso a los de Alcoçer, ca pro les fazie grant.
Aguijo myo Çid, yuas cabadelant
y[115a]ffinco en vn poyo, q*ue* es sobre Mont rreal:
alto es el poyo, marauilloso *e* grant;
non teme gerra, sabet, a nulla part.
Metio en paria a D[a]roca[115b] enantes,
desi a Molina, q*ue* es del otra part,
la te*r*çera Teruel, q*ue* estaua delant;
en su mano tenie a Çelfa la de Canal.

47.

¡ Myo Çid RRuy Diaz de Dios aya su gracia !
Ydo es a Castiella Albar Fanez Minaya;
treynta cauallos al rrey los enp*re*sentaua.
Violos el rrey, fermoso sonrrisaua : fº19 rº

45.

[846] Mon Cid Ruy Díaz est venu à Alcocer. Comme il a comblé ses propres vassaux ! Les cavaliers et les hommes de pied, il les a rendus riches; parmi tous les siens vous ne trouveriez pas un pauvre. [850] Qui sert un bon seigneur vit toujours dans le bonheur !

46.

[851] Quand mon Cid voulut quitter le bourg fortifié, les Maures et les Mauresques se mirent à se plaindre : "Tu t'en vas, mon Cid, que nos prières te précèdent ! A jamais nous sommes contents, seigneur, de ce que tu as fait." [855] Quand mon Cid, celui de Vivar, quitta Alcocer, les Maures et les Mauresques commencèrent à pleurer. Il hissa son enseigne; le Campéador s'en va; il traversa et descendit le Jalón; il éperonna droit devant lui; en s'éloignant du Jalón il eut des oiseaux de très bon augure. [860] Son départ plut aux gens de Terrer et davantage encore à ceux de Calatayud, il attrista ceux d'Alcocer, car le Cid leur faisait grand bien. Mon Cid éperonna, il marchait droit devant lui et s'arrêta sur un puy, qui est au-dessus de Monreal[a] : le puy est élevé, merveilleux et grand; [865] là, il ne craint pas la guerre, sachez-le, de nul côté. Il imposa d'abord un tribut à Daroca[b], ensuite à Molina qui est de l'autre côté[c], en troisième lieu à Teruel, qui était en face;[d] il avait en son pouvoir Cella, qu'on appelle de Canal.[e]

47.

[870] Que mon Cid Ruy Díaz ait la grâce de Dieu ! Álvar Fáñez Minaya est allé en Castille; il a offert au roi en présent trente chevaux. Le roi les vit, il souriait aimablement :

"¿ *Qu*in los dio estos ?   ¡ Si uos vala Dios, Mynaya ! ".
-"Myo Çid RRuy Diaz,   *que* en bue*n* ora cinxo espada,
vençio dos rreyes de moros   en aq*ue*sta[116] batalla;
sobeiana es, señor,[116a]   la su gana[n]çia.
A uos, rrey ondrado,   enbia esta p*re*sentaia;
besa uos los pies   *e* las manos amas
q*ue*l ay[a]des merçed.   ¡Si el C*r*iador uos vala ! "
Dixo el rrey :   "Mucho es mañana,
om*ne* ayrado   q*ue* de señor no*n* ha graçia,
por acogello   a cabo de tres sem*m*anas.
Mas despues q*ue* de moros fue,   p*re*ndo esta p*re*sentaia;
aun me plaze de myo Cid,   q*ue* fizo tal ganançia.
Sobr´esto todo   a uos q*u*ito, Minaya,
honores *e* t*ie*rras   auellas condonadas;
hyd *e* venit,   d´aq*u*i uos do mi gra*çi*a.
Mas del Çid Campeador   yo no*n* uos digo nada.
Sobre aq*ue*sto todo   dezir uos q*u*iero, Minaya[117] :

48.

de todo myo rreyno   los q*ue* lo q*u*isieren far,
buenos[117a] *e* valientes,   por a myo Çid huyar,
suelto les los cuerpos   *e* q*u*ito les las heredades."
Beso le las manos   Minaya Albar Fañez:
" ¡ Grado *e* graçias, rrey,   com*m*o a señor natural !
Esto feches agora,   al feredes adelant ."
-"Hyd por Castiella, Minaya,   *e* dexen uos andar[117b] ;

"Qui me les a donnés, ces chevaux ? Que Dieu vous protège, Minaya ! " [875] -"Mon Cid Ruy Díaz, qui à la bonne heure ceignit l'épée, a vaincu deux rois maures dans la bataille que nous avons livrée; considérable, seigneur, est son butin. C'est à vous, roi honoré, qu'il envoie ce présent; il vous baise les pieds et les deux mains[(a)] [880] afin que vous lui accordiez sa grâce. Que le Créateur vous protège ! " Le roi dit[(b)]: "Il est trop tôt pour qu'un homme tombé en défaveur, qui n'a pas la grâce de son seigneur, soit accueilli au terme de trois semaines. Mais puisqu'il appartint aux Maures, j'accepte ce présent; [885] même il m'est agréable que ce soit mon Cid qui ait fait un tel butin. Par dessus tout, à vous, Minaya, je vous accorde d'avoir vos terres et leurs revenus en toute propriété; allez et venez, désormais je vous octroie ma grâce. Mais du Cid Campéador, je ne vous en dis rien. [890] En plus de tout ceci, je veux vous dire, Minaya :

48.

[891] " Ceux de tout mon royaume qui voudront agir, les braves et les vaillants, pour aider mon Cid, je les déclare libres de leur personne et leur laisse leurs domaines."[(b)] Minaya Álvar Fañez lui baisa les mains[(c)]: [895] "Mille grâces, roi, comme à mon seigneur légitime ! Vous faites ceci maintenant, vous ferez autre chose plus tard," - "Allez à travers la Castille, Minaya, et qu'on vous laisse cheminer;

si' nulla dubda   yd a myo Çid ganancia buscar."[117c]

49.

Q*u*iero uos dezir   del q*ue* en bue*n* ora (nasco *e*) çinxo espada[117d].   fº19 vº
Aq*ue*l poyo   en el p*r*iso posada;
mient(e)ra q*ue* sea el pueblo   de moros *e* de la yente *christ*ian*n*a :
el Poyo de myo Çid   asil dira*n* por carta.
Estando alli   mucha t*ie*rra p*re*aua;
el [val] de rio Marti*n*[117e]   todo lo metio en paria;
a Saragoça   sus nueuas legauan :
non plaze a los moros,   firme mientre les pesaua.
Ali souo mio Çid   conplidas .xv. semanas.
Q*u*ando vio el caboso   q*ue* se tardaua Minaya,
con todas sus yentes   fizo vna trasnochada:
dexo el Poyo,   todo lo dese*n*paraua,
alen de Teruel   don RRodrigo passaua,
en el pinar de Teuar   don RRuy Diaz[118] posaua.
Todas essas t*ie*rras   todas las p*re*aua,
a Saragoça   metuda l'a en paria.
Q*u*ando esto fecho ouo,   a cabo de tres semanas,
de Castiella   venido es Minaya,
dozientos con el,   q*ue* todos çinen espadas;
non son en cuenta,   sabet, las peo*n*nadas.
Q*u*ando vio myo Çid   asomar a Minaya,
el cauallo corriendo   ualo abraçar sin falla;
beso le la boca   *e* los oios de la cara.
Todo gelo dize   q*ue* nol encubre nada.
El Campeador   fermoso sonrrisaua:
"¡ Grado a Dios   *e* a las sus vertudes s*anct*as !   fº20 rº
Mie[n]t(re)ra uos visq*u*ieredes   bie*n* me yra a mj, Minaya."

sans aucune crainte, allez encore chercher du butin auprès de mon Cid."

49.

[899] Je veux vous parler de celui qui à la bonne heure ceignit l'épée. [900] Ce puy sur lequel il établit ses positions, tant qu'il sera peuplé de Maures et de Chrétiens, on l'appellera dans les chartes "El Poyo de mío Cid".[a] S'y trouvant, il saccageait beaucoup de terres; le val du río Martín[b], il le rançonna entièrement; [905] à Saragosse arrivaient de ses nouvelles : elles ne plaisent pas aux Maures, ils en sont durement accablés[c]. Là, mon Cid se tint pendant quinze semaines entières. Quand le chef accompli vit que Minaya avait du retard, avec tous ses hommes, il fit une chevauchée nocturne: [910] il quitta le Puy, l'abandonna entièrement; don Rodrigue passa au delà de Teruel[d]; dans la pinède de Tévar[e] don Ruy Díaz prit position. Toutes les terres, il les saccagea toutes, à Saragosse il imposa un tribut. [915] Quand il eut fait cela, au bout de trois semaines, Minaya est revenu de Castille, et avec lui deux cents hommes, qui ceignent tous des épées; sachez que les hommes de pied ne sont pas pris en compte. Quand mon Cid vit apparaître Minaya, [920] au galop de son cheval, il accourt loyalement le prendre dans ses bras; il le baise sur la bouche et sur les yeux du visage. Minaya lui relate tout; il ne lui cache rien. Le Campéador aimablement souriait : "Grâces à Dieu et à sa sainte Providence ! Tant que vous vivrez, à moi, tout me sera favorable, Minaya."

50.

¡ Dios, com*mo* fue alegre   todo aq*ue*l fonssado,
q*ue* Minaya Albar Fanez   assi era legado,
diziendo les saludes   de p*ri*mos *e* de hermanos
e de sus compañas,   aq*ue*las q*ue* auien dexad[o] ! [119]

51.

¡ Dios com*m*o es alegre   la barba velida,
q*ue* Albar Fanez   pago las mill missas
e q*ue*l dixo saludes   de su mug*ier* *e* de sus fijas !
¡ Dios com*m*o fue el Çid pagado   *e* fizo grant alegria:
"Ya Albar Fanez,   biuades muchos dias ! "

52.

Non lo tardo   el q*ue* en bue*n* ora nasco:
Tierras d´Alcañ[i]z   negras las va parando
e a derredor   todo lo va p*re*ando.
Al terçer dia   don yxo y es tornado.

53.

Hya va el mandado   por las t*ie*rras todas.
Pesando va a los de Monço*n*   *e* a los de Hu[o]sca;[120]
por q*ue* dan parias   plaze a los de Saragoça,
de myo Çid RRuy Diaz   q*ue* no*n* temien ni*n*guna fonta.

54.

Con estas ganançias   a la posada tornando se ua*n*,
todos son alegres,   ganançias traen grandes.[120a]
Plogo a myo Çid   *e* mucho a Albar Fanez.
Sonrrisos el caboso,   q*ue* non lo pudo endurar:
"Hya, caualler*o*s,   dezir uos he la verdad:
q*u*i en vn logar mora siemp*re*   lo so puede menguar;[120a]
cras[120a] a la mañana   penssemos de caualgar,   f°20 v°

[926] Dieu ! Comme elle fut joyeuse toute cette armée de ce que Minaya Álvar Fáñez était ainsi arrivé, donnant des nouvelles des cousins et des frères et des compagnes, celles qu'ils avaient quittées !

51.

[930] Dieu ! Comme il est joyeux le Cid à la belle barbe[(a)], qu'Álvar Fáñez ait payé ses mille messes et qu'il lui ait rapporté des nouvelles de sa femme et de ses filles ! Dieu ! Comme le Cid fut content et manifesta une grande joie : "Ah ! Álvar Fáñez, vivez de nombreux jours ! "

52.

[935] Il ne tarda pas, celui qui naquit à la bonne heure: les terres d'Alcañiz,[(b)] il les abandonne toutes noires,[(c)] et autour il saccage tout. Le troisième jour, il est revenu d'où il était parti.

53.

[939] Déjà la nouvelle se répand partout. [940] Elle accable ceux de Monzón et ceux de Huesca[(d)]; parce qu'ils paient un tribut, cela réjouit ceux de Saragosse, qui de mon Cid Ruy Díaz ne craignaient aucune insulte[(e)].

54.

[943] Avec ce butin, ils regagnent le campement, tous sont joyeux, ils rapportent un extraordinaire butin. [945] Mon Cid en fut content et Álvar Fáñez davantage, Le chef accompli sourit, car il ne put s'en empêcher: "Eh bien ! chevaliers, je vous dirai la vérité: quiconque demeure toujours dans un même lieu, peut voir son bien décroître; demain matin, songeons à chevaucher,

dexat estas posadas   *e* yremos adelant."
Estonçes se mudo el Çid   al puerto de Alucat [120b]
dent corre myo Çid   a Hues(c)a *e* a Mont Aluan;
en aq*ue*ssa corrida   .X. dias ouieron a morar.
Fueron los mandados   a todas partes
q*ue* el salido de Castiella   asi los trae tan mal.

55.

Los ma*n*dados son ydos   a [las] partes todas;[121]
llegaro*n* las nuevas   al conde de Barçilona
q*ue* myo Çid RRuy Diaz   q*ue*l corrie la tierra toda;
ouo gra*n*d pesar   *e* touos lo a grand fonta.

56.

El conde es muy folon   *e* dixo vna vanidat:
"Grandes tuertos me tiene   myo Çid el de Biuar.
Dentro en mi cort   tuerto me touo grand:
firiom el sobrino   *e* no*n* lo[121a] enmendo mas;
agora correm las t*ie*rras   q*ue* en mi enpara estan.
Non lo desafie   nil torne e[l] [a]mistad,[122]
mas q*u*ando el melo busca,   yr gelo he yo dema*n*dar."[122a]
Grandes son los poderes   *e* a priessa lega*n*dos(e)uan,[123]
entre moros *e christ*ianos   gentes se le alegan gra*n*des.[124]
Adelinan tras myo Çid,   el bueno de Biuar,
tres dias *e* dos noches   penssaron de andar,
alcançaron a myo Çid   en Teuar *e* el pinar;[124a]
asi viene esforçado el *con*de[124b]   q*ue* a manos sele cuydo
tomar.
Myo Cid don RRodrigo   grand ganançia trae.[125]
Diçe de vna sierra   *e* legaua a vn val.   fº21 rº

[950] quittez ce campement et nous irons de l´avant." Alors le Cid se mit en route vers le port d´Alucat[a], d´où le Cid dévaste Huesa et Montalbán; cette dévastation les occupa dix jours. Les nouvelles se répandirent de toutes parts, que l´exilé de Castille leur apporte grand mal.

55.

[956] Les messages se sont propagés de toutes parts; les nouvelles parvinrent au comte de Barcelone, que mon Cid Ruy Díaz lui ravageait toute sa terre; il en eut un vif mécontentement et le considéra comme une grande insulte.

56.

[960] Le comte est très fanfaron et dit avec vanité[b]: "Il m´a causé de grands torts, mon Cid, celui de Vivar: dans ma cour même, il m´a fait un grand tort, il m´a frappé mon neveu et jamais il ne m´en a fait réparation; maintenant il me ravage les terres qui sont sous ma sauvegarde. [965] Je ne l´ai pas défié et je ne suis pas revenu sur mon alliance, mais quand il me cherche noise, j´irai moi-même lui en demander raison." Ses forces sont grandes et elles arrivent en hâte; parmi les Maures et les Chrétiens, de grandes troupes se rassemblent autour du comte. Elles poursuivent mon Cid, le brave de Vivar; [970] trois jours et trois nuits elles marchèrent avec grande application, elles rejoignirent mon Cid à Tévar, dans la pinède; il vient, le comte, si puissant qu´il pense faire le Cid prisonnier. Mon Cid don Rodrigue emporte un grand butin, il descend d´une montagne pour arriver dans une vallée.

Del conde do*n* RRemont,   venido lês mensaie;
myo Çid, q*u*ando lo oyo,   enbio pora alla:
"Digades al conde   no*n* lo tenga a mal,
de lo so no*n* lieuo nada,   dexem yr en paz."
RRespuso el conde: "Esto no*n* sera verdad.
Lo de antes *e* de agora   todom lo pechara;
sabra el salido   a q*u*ien vino desondrar."
Tornos el ma*n*dadero   q*u*anto pudo mas;
essora lo connosçe   mio Çid el de Biuar
q*ue* a menos de batalla   nos pueden den q*ui*tar.

57.

"Ya, caualle*r*os,   apart fazed la ganançia;
a p*r*iessa uos guarnid   *e* metedos en las armas.
El conde don RRemont   dar nos ha grant batalla,
de moros *e* de *christ*ianos   gentes trae sobeianas;
a menos de batalla   non nos dexarie por nada.
Pues adellant yran tras nos,   aq*ui* sea la batalla;
ap*re*tad los cauallos   *e* bistades las armas.
Ellos vienen cuesta yuso   *e* todos trahen calças,
e las siellas coçeras   *e* las çinchas amoiadas.
Nos caualgaremos siellas gallegas   *e* huesas sobre calças;
ciento caualle*r*os   deuemos vençer aq*ue*las mesnadas.
Antes q*ue* ellos legen a´laño[126],   p*re*sentemos les las lanças:
por vno q*ue* firgades,   tres siellas yran vazias.
Vera Remont Verengel   tras q*ui*en vino en alcança
oy en este pinar de Teuar   por toler me la ganançia."

58.

Todos son adobados   q*u*ando myo Çid esto ouo fablado; fº 21vº
las armas auien p*re*sas   *e* sedien sobre los cauallos.
Vieron la cuesta yuso   la fuerça de los francos;
al fondon de la cuesta,   çerca es de laño[126],
mandolos ferir myo Çid,   el q*ue* en bue*n* ora nasco;

[975] Un message lui est venu du comte don Raymond; mon Cid, quand il l'entendit, en envoya un là où le comte se trouvait : "Dites au comte qu'il ne le prenne pas à mal, de ce qui est à lui je ne lui enlève rien; qu'il me laisse aller en paix[a]". Le comte répondit : "Ce ne peut être vrai. [980] Celles de jadis et celles de maintenant, toutes ses insultes il me les paiera; l'exilé saura qui il est venu déshonorer". Le messager s'en retourna du plus vite qu'il put. Alors mon Cid, celui de Vivar, sait bien qu'à moins d'une bataille ses hommes et lui ne peuvent s'en tirer.

57.

[985] "Eh bien, chevaliers, mettez de côté le butin; vite équipez-vous et mettez-vous sous les armes[b]. Le comte don Raymond nous livrera une grande bataille, il conduit des troupes innombrables de Maures et de Chrétiens; à moins d'une bataille, il ne nous laisserait pour rien au monde. [990] Puisqu'ils nous pourchasseront plus en avant, qu'ici ait lieu la bataille; serrez les sangles des chevaux et revêtez les cottes de mailles. Les hommes du comte descendent la côte et tous portent des chausses et ils ont de riches selles de course[c] et des sangles lâches. Nous, nous chevaucherons des selles galiciennes[d] et nous mettrons des houseaux sur nos chausses[e]; [995] avec cent chevaliers nous devons vaincre ces bans de vassaux. Avant qu'ils n'arrivent dans la plaine, présentons-leur nos lances : pour un que vous frapperez, trois selles deviendront vides. Raymond Berenger verra à la poursuite de qui il s'est lancé aujourd'hui en cette pinède de Tévar[f], pour me ravir mon butin."

58.

[1000] Tous sont équipés quand le Cid eut dit ces mots; ils avaient pris leurs armes et étaient en selle sur leurs chevaux. Ils virent les forces des Francs[g] descendre la côte; au bas de la côte, près de la plaine, mon Cid, celui qui naquit à la bonne heure, ordonna de les frapper.

esto fazen los sos   de voluntad *e* de grado,
los pendones *e* las lanças   ta*n* bie*n* las ua*n* enpleando,
a los vnos firiendo   *e* a los ot*r*os derrocando.
Vençido a esta batalla   el q*ue* en bue*n* [ora] nasco,
al conde don RRemont   a p*re*son le a(n)[127] tomado.

59.

Hy gaño a Colada,   q*ue* mas vale de mill marcos de plata[128],
y bençio esta batalla   por o ondro su barba.
Priso lo al conde,   pora su tie[nd] a[128a] lo leuaua,
a sos creenderos   guardar lo mandaua[128b].
De fuera de la tienda   vn salto daua,
de todas partes   los sos se aiunta[ua]n[129];
plogo a myo Çid,   ca grandes son las ganançias.
A myo Çid don RRodrigo   grant cozinal adobaua*n*;
el conde don RRemont   non gelo p*re*çia nada,
aduzen le los comeres,   delant gelos parauan,
el no*n* lo q*u*iere comer,   a todos los sosanaua :
"Non combre vn bocado   por q*u*anto ha en toda España,
antes perdere el cuerpo   *e* dexare el alma,
pues q*ue* tales mal calçados   me venciero*n* de batalla."

60.

Myo Çid RRuy Diaz,   odredes lo q*ue* dixo:
"Comed, conde, deste pan   *e* beued deste vino.   fº22rº
Si lo q*ue* digo fizieredes,   saldredes de catiuo;
si no*n* en todos u*uest*ros dias   non veredes *christ*ianismo."

61.

Dixo el conde don RRemont :   "Comede, do*n* RRo*drigo*,
e penssedes de folga[r][129a],
q*ue* yo dexar mê morir,   q*ue* non q*u*iero [iantar][130]:

[1005] les siens le font volontiers et de bon gré, les pennons et les lances,ils les manient si bien qu'ils vont frappant les uns et basculant les autres[a]. Celui qui naquit à la bonne heure a remporté cette bataille, il a fait prisonnier le comte don Raymond.

59.

[1010] Il y gagna Colada[b], qui vaut plus de mille marcs d'argent, c'est là qu'il remporta cette bataille, ce par quoi il fit honneur à sa barbe[c]. Il a pris le comte, l'a conduit à sa tente, a ordonné à ses fidèles serviteurs de le garder[d]. Il bondit hors de la tente. [1015] De toutes parts, les siens se rassemblaient. Mon Cid en fut content, car le butin est considérable. A mon Cid don Rodrigue on avait cuisiné un copieux repas; le comte Raymond ne l'apprécie nullement, on lui apporte les mets, on les présente devant lui, [1020] il ne veut pas les manger, il les méprisa tous : "Je ne mangerai pas une bouchée pour tout ce qu'il y a dans toute l'Espagne, j'y perdrai plutôt le corps et j'y laisserai l'âme, puisque de tels malchaussés m'ont vaincu en bataille[e]".

60.

[1024] Mon Cid Ruy Díaz, vous entendrez ce qu'il a dit[f] :
[1025] "Mangez, comte, de ce pain et buvez de ce vin. Si vous faites ce que je vous dis, vous sortirez de captivité; si non, de tous les jours de votre vie, vous ne verrez plus la chrétienté."

61.

[1028] Le comte don Raymond dit : "Mangez, don Rodrigue, et songez à vous réjouir, car moi je me laisserai mourir, moi qui ne veux pas prendre de repas[g]."

Fasta terçer dia   nol pueden acordar;
ellos partiendo   estas ganançias grandes
nol pueden fazer comer[130a]   vn muesso de pan.

62.

Dixo myo Çid: "Comed, conde, algo,
ca si no*n* comedes,   no*n* veredes *christ*iano[s][131],
e si uos comieredes,   do*n* yo sea pagado,
a uos, [conde][132],   e dos fijos dalgo
q*u*itar uos he los cuerpos   *e* daruos e de mano[133]."
Q*u*ando esto oyo el conde,   yas yua alegrando:
"Si lo fizieredes, Çid,   lo q*ue* auedes fablado,
tanto q*u*anto yo biua,   sere dend marauillado."
- "Pues comed, conde,   e q*u*ando fueredes iantado,
a uos *e* a otros dos   dar uos he de mano.
Mas q*u*anto auedes perdido   *e* yo gane en canpo,
sabet, non uos dare a uos   vn din*er*o malo,
mas q*u*anto auedes perdido   non uos [sera dado][134],
ca huebos melo he   *e* pora estos myos vassallos,
q*ue* [lo an menester]   [*e*] co*n*migo andan lazrados[135].
Prendiendo de uos *e* de otros,   yr nos hemos pagando;
abremos esta vida   mientra plogiere al Padre s*anct*o,
com*m*o q*ue* yra a de rrey   *e* de t*ie*rra es echado."
Alegre es el conde   *e* pidio agua a las manos,
e tienen gel[a] delant   *e* dieron gel[a] priuado[135a].
Con los caualler*o*s   q*ue* el Çid le auie dados,   fº 22 vº
comiendo va el conde   ¡Dios, q*ue* de buen grado!
Sobr´ el sedie   el q*ue* en bue*n* ora nasco:
"Si bie*n* no*n* comedes, conde,   don yo sea pagado,
aq*u*i feremos la morada,   no nos partiremos amos."

[1030] Jusqu'au troisième jour, on ne réussit pas à le convaincre; tandis qu'ils se partagent le butin innombrable, ils ne réussissent pas à lui faire manger un morceau de pain.

62.

[1033] Mon Cid dit : "Comte, mangez quelque chose, car si vous ne mangez pas, vous ne verrez plus les Chrétiens, mais si vous mangez, de sorte que j'en sois content, [1035] vous, comte et deux hidalgos,[(a)] je vous relâcherai et je vous remettrai en liberté." Quand le comte entendit cela, sur-le-champ il en fut tout joyeux : "Si vous faites, Cid, ce que vous avez dit, tant que je serai en vie, j'en serai émerveillé." - "Eh bien, mangez, comte, et quand vous aurez pris votre repas, [1040] vous et les deux autres, je vous rendrai la liberté. Mais de tout ce que vous avez perdu et que j'ai gagné sur le champ de bataille, sachez-le, je ne vous donnerai pas un vil denier, mais de tout ce que vous avez perdu, il ne vous sera rien donné, car ce m'est nécessaire pour moi et pour mes vassaux, [1045] qui en ont besoin et m'accompagnent dans la misère[(b)]. Avec ce que nous vous prenons et prenons aux autres, nous nous en irons contents. Nous mènerons cette vie tant qu'il plaira à Dieu le Père, comme quelqu'un qui connaît la disgrâce royale et est expulsé de son pays." Le comte est joyeux et demande de l'eau pour ses mains, [1050] on lui en présente devant lui et on lui en donne aussitôt[(c)]. En compagnie des chevaliers que le Cid lui avait donnés, le comte mange, mange, Dieu ! avec quel plaisir ! Plus haut que lui[(d)] était assis celui qui naquit à la bonne heure : "Si vous ne mangez pas bien, comte, de manière à ce que j'en sois content, [1055] nous demeurerons ici, nous ne nous séparerons plus l'un de l'autre."

Aq*u*i dixo el conde : "De voluntad *e* de grado."
Con estos dos caualle*r*os a p*r*iessa va ianta*n*do;
pagado es myo Çid, q*ue* lo esta aguarda*n*do,
por q*ue* el conde do[n] RRemont ta*n* bie*n* boluie la[s] manos.
"Si uos ploguiere, myo Çid, de yr[135b] somos guisados,
mandad nos dar las bestias *e* caualg[a]remos[136] p*r*iuado.
Del dia q*ue* fue[136a] conde, non iante tan de bue*n* grado,
el sabor q*ue* de*n*d(e) e non sera olbidado."
Dan le[s][137] tres palafres muy bie*n* ensellados
e buenas vestiduras de peliçones *e* de mantos.
El conde don RRemont entre los dos es entrado.
Fata cabo del albergada escurriolos el castelano [137a] :
"Hya uos ydes, conde, a guisa de muy franco.
En grado uos lo tengo lo q*ue* me auedes dexado.
Si uos viniere emiente q*ue* q*u*isieredes vengalo(*n*),
si me vinieredes bu[s]car[138], fa[zed] me ma*n*d[ado][139] :
o me dexaredes de lo u*uest*ro o de lo myo leuaredes algo[140]."
- "Folgedes ya, myo Çid, sodes en u*uest*ro saluo.
Pagado uos he por todo aq*ue*ste año,
de venir uos buscar solo non sera penssado."

63.

Aguijaua el conde e penssaua de andar;
tornando ua la cabeça *e* cata*n*dos atras, f° 23 r°
myedo yua auiendo q*ue* myo Çid se rrepintra,
lo q*ue* no*n* ferie el caboso por q*u*anto en el mu*n*do ha:
vna deslea[l] tança, ca no*n* la fizo alguandre.
Hydo es el conde, tornos el de Biuar,

Alors le comte dit : "Volontiers et de plein gré." Avec ses deux chevaliers il mange rapidement. Mon Cid, qui le regarde avec attention, est content que le comte don Raymond soit si habile de ses mains[a]. [1060] "S'il vous plaît, mon Cid, nous sommes prêts à nous en aller. Faites-nous donner les montures et nous chevaucherons aussitôt. Depuis le jour où je fus comte, je n'ai mangé de si bon gré, le plaisir que j'en ressens ne sera pas oublié [b]." On leur donne trois palefrois[c] très bien sellés [1065] et de bons vêtements, des pelisses et des manteaux. Le comte don Raymond a pris place entre les deux. Jusqu'au bout du campement, le Castillan les accompagna : "Eh bien, vous vous en allez, comte, comme un Franc libre[d]. Je vous sais gré de ce que vous m'avez abandonné. [1070] S'il vous vient à l'esprit de vouloir vous en venger, si vous venez me chercher, faites-le moi savoir, ou vous me laisserez de votre bien ou vous emporterez quelque chose du mien[e]." [1075] - "Soyez dorénavant en paix, mon Cid, vous êtes en sécurité. Je vous ai satisfait pour toute cette année-ci. De venir vous chercher, on n'y pensera même pas."

63.

[1077] Le comte piquait des éperons et se mettait en route. Il tourne la tête et regarde en arrière, il avait tout le temps peur que mon Cid se repentît, [1080] ce que ne ferait pas le chef accompli pour tout ce qu'il y a au monde: car une déloyauté, jamais il n'en fit[f]. Le comte est parti, celui de Vivar s'en revint,

juntos co*n* sus mesnadas,   conpeçolas de [pa]gar[141]
de la ganançia q*ue* an fecha[141a],   marauillosa e gra*n*d.
Aq*u*is conpieça la gesta   de myo Cid, el de Biuar[142].
Tan rricos son los sos   q*ue* no*n* saben q*ue* se an.
Poblado ha myo Çid   el puerto de Aluca(n)t[142a],
dexado a Saragoça   *e* (a) las t*ie*rras d'[a]ca[143]
e dexado a Hues(c)a   *e* las t*ie*rras de Mont Alua*n*.
Contra la mar salada   conpeço de guerrear:
a orient exe el sol,   e tornos a essa part.
Myo Çid gaño a Xerica   *e* a Onda *e* Âlmenar[143a],
tierras de Borriana   todas co*n*q*u*istas las ha.

64.[144]

Aiudole[144a] el Criador,   el señor q*ue* es en çielo.
El con todo esto   p*r*iso a Muruiedro;
ya vie myo Çid   q*ue* Dios le yua valiendo.
Dentro en Valençia   no*n* es poco el miedo.

65.

Pesa a los de Valençia,   sabet, non les plaze;
prisieron so co*n*seio   q*ue*l viniessen çercar.
Trasnocharon de noch,   al alua de la man[144b]
açerca de Muruiedro   tornan tiendas a fincar.
Violo myo Çid,   tomos a marauillar:
"¡ Grado a ti,   Padre sp*irit*al ! [145]
En sus t*ie*rras somos   *e* femos les todo mal,
beuemos so vino   *e* comemos el so pan;   f° 23v°
si nos çercar vienen,   co*n* derecho lo fazen.
A menos de lid   aq*ue*sto nos partira[146];

il se réunit avec le ban de ses vassaux, il commença à payer leur part du butin merveilleux et considérable qu'ils ont fait. [1085] Ici commencent les exploits durables de mon Cid, celui de Vivar. Les siens sont si riches qu'ils ne savent ce qu'ils possèdent. Mon Cid a occupé avec ses hommes le port d'Alucat[(a)], il a abandonné Saragosse et les terres de par ici et a abandonné Huesa et les terres de Montalbán. [1090] En direction de la mer salée, il commença à guerroyer. Le soleil se lève à l'orient et il s'engagea de ce côté. Mon Cid gagna Jérica et Onda et Almenara; les terres de Burriana, il les a toutes conquises[(b)].

64.

[1094] Le Créateur l'aida, le Seigneur qui est au Ciel. [1095] Lui, outre tout cela, il a pris Murviedro[(c)]; le Cid voyait bien que Dieu le protégeait sans cesse. A l'intérieur de Valence, la peur n'est pas des moindres[(d)].

65.

[1098] Elle accable les habitants de Valence, sachez-le, cela ne leur plaît pas[(e)]. Ils résolurent en conseil de venir l'assiéger. [1100] Ils cheminèrent de nuit; au crépuscule du matin, près de Murviedro, ils se mettent à planter leurs tentes. Le Cid le vit et se prit à s'étonner : "Grâces à toi, Père spirituel ! Nous sommes sur leurs terres et nous leur faisons tout le mal possible, nous buvons leur vin et nous mangeons leur pain; [1105] s'ils viennent nous assiéger, ils le font à bon droit. A moins d'une bataille, ceci ne trouvera pas sa solution;

vayan los mandados por los q*ue* nos deuen aiudar,
los vnos a Xerica *e* los otros a Alucad,
desi a Onda *e* los otros a Almenar,
los de Borriana luego vengan aca;
conpeçaremos aq*ue*sta lid campal,
yo fio por Dios q*ue* en n*uest*ro pro enadran."
Al terçer dia todos iuntados s´[a]n[147].
El q*ue* en bue*n* ora nasco compeço de fablar:
"Oyd, mesnadas, ¡si el Criador uos salue !
Despues q*ue* nos partiemos de la linpia *christ*iandad,
-non fue a n*uest*ro grado ni nos no*n* pudiemos mas-,
grado a Dios lo n*uest*ro fue adelant.
Los de Valençia çercados nos han;
si en estas t*ie*rras q*u*isieremos durar,
firme mientre son estos a escarmentar.

66.

¡Passe la noche *e* venga la mañana!
Apareiados me sed a cauallos *e* armas;
hiremos ver aq*ue*la su almofalla.
Com*m*o om*n*es exidos de t*ie*ra estraña,
ali pareçra el q*ue* mereçe la soldada."

67.

Oyd q*ue* dixo Minaya Albar Fanez:
"Campeador[147], fagamos lo q*ue* a uos plaze.
A mi dedes .C. caualler*o*s, q*ue* no*n* uos pido mas;
vos con los otros firades los delant,
Bien los ferredes q*ue* dubda no*n* y aura; f° 24 r°
yo con los çiento entrare del otra part.
Com*m*o fio por Dios, el campo n*uest*ro sera."
Com*m*o gelo a dicho, al Campeador mucho plaze.
Mañana era *e* pienssan se de armar,
q*u*is cada vno dellos bie*n* sabe lo q*ue* ha de far.
Con los aluores myo Çid ferir los va:

que les messagers aillent chercher ceux qui doivent nous aider, les uns à Jérica, les autres à Olocau[a], de là à Onda[b], et les autres à Almenara, [1110] que ceux de Burriana viennent immédiatement ici; nous engagerons cette bataille en rase campagne, je me fie à Dieu qu'ils augmenteront nos gains." Le troisième jour tous se sont rejoints. Celui qui naquit à la bonne heure commença à parler: [1115] "Ecoutez, mes vassaux, que le Créateur vous assiste ! Depuis que nous sommes partis de la pure chrétienté - ce ne fut pas selon notre gré, mais nous n'en pûmes mais -, grâce à Dieu notre sort a prospéré. Ceux de Valence nous ont assiégés; [1120] si nous voulons nous maintenir sur ces terres, ils doivent recevoir un solide châtiment[c].

66.

[1122] Que la nuit passe et que vienne le matin ! Soyez-moi prêts à cheval et en armes; nous irons assaillir leur fameuse armée. [1125] Comme des hommes issus de terre étrangère, là vous désignerez celui qui mérite bien sa solde[d]."

67.

[1127] Ecoutez ce qu'a dit Minaya Álvar Fáñez : "Campéador, faisons ce qu'il vous plaît. A moi, donnez-moi cent chevaliers, car je ne vous en demande pas davantage; [1130] vous, avec les autres, frappez-les de face, vous les frapperez bien, il n'y aura aucune crainte; moi, avec les cent, j'entrerai par l'autre côté. Comme je me fie en Dieu, le champ de bataille sera à nous." La manoeuvre qu'il lui a suggérée, voilà qui plaît beaucoup au Campéador. [1135] C'était le matin et les hommes du Cid se mettent à s'armer, chacun d'entre eux sait bien ce qu'il a à faire. Dès l'aube, mon Cid va frapper les Valenciens :

“En el nombre del Criador   *e* del apostol S*anct*i Yague[147b],
ferid los, caualle*r*os,   d´amor *e* de grado *e* de grand voluntad,
1140. ca yo so RRuy Diaz,   myo Çid, el de Bivar.”
Tanta cuerda de tienda   y veriedes q*ue*brar,
arancar se las estacas   *e* acostar se a todas partes los te*n*dales.
Moros son muchos,   ya q*u*ieren rreconbrar.
Del otra part   entroles Albar Fanez;
1145. mager les pesa, ouiero*n* se a dar *e* a arancar[148],
1151. de pies de cauallo   los q*ue*s pudiero*n* escapar;
1147. dos rreyes de moros   mataron en es alcaz,
1148. fata Valençia   duro el segudar.
1149. Grandes son las ganançias   q*ue* mio Çid fechas ha:
1150. prisieron Çebola   *e* q*u*anto q*ue* es y adelant,
1152. rrobaua*n* el campo   e pie*n*ssan se de tornar,
1153. entrauan[148a] a Muruiedro   co*n* estas ganançias q*ue* traen gra*n*des :
1146. grand es el gozo   q*ue* va por es logar.
1154. Las nueuas[148a] de myo Çid,   sabet, sonando van,
1155. miedo an en Valençia   q*ue* non saben q*ue* se far,   f° 24 v°
sonando van sus nueuas   alent parte del mar.

68.

1157. Alegre era el Çid   *e* todas sus compañas,
q*ue* Dios le aiudara   *e* fiziera esta arrancada.
Daua*n* sus corredores   *e* fazien las trasnochadas :
1160. legan a Guiera   *e* legan a Xatiua,
avn mas ayusso   a Deyna la casa;
cabo del mar tierra de moros   firme la q*ue*bra*n*ta,
ganaron Pena Cadiella,   las exidas *e* las entradas.

69.

1164. Q*u*ando el Çid Campeador   ouo Peña Cadiella,
1165. mal les pesa en Xatiua   *e* dentro en Guiera:
non es co*n* rrecabdo   el dolor de Valençia.

"Au nom du Créateur et de l'apôtre saint Jacques, frappez-les, chevaliers, avec ferveur et de bon gré et très volontiers, [1140] car je suis Ruy Díaz, mon Cid, celui de Vivar." On aurait pu voir alors bien des cordes de tentes se casser, bien des pieux s'arracher et les supports centraux se coucher de toutes parts. Les Maures sont nombreux, ils veulent déjà se ressaisir, De l'autre côté, Álvar Fáñez s'enfonça dans leurs rangs; [1145] malgré qu'ils en aient, ils durent se rendre ou s'enfuir : [1151] ceux qui purent s'échapper le durent au galop de leurs chevaux; [1147] alors qu'on les talonnait, on tua deux rois maures, [1148] jusqu'à Valence dura la poursuite. [1149] Il est grand le butin que mon Cid a fait [1150] Ils prirent Cebolla[(a)] et tout ce qui est au-delà, [1152] ils pillèrent le champ de bataille avant de songer à s'en retourner, [1153] ils entrèrent dans Murviedro avec l'immense butin qu'ils emportent : [[1146] la joie est grande qui se répand en cet endroit. Le renom de mon Cid, sachez-le, se répand à grand bruit; [1153] à Valence, ils ont peur, car ils ne savent que faire, le renom de mon Cid se répand de l'autre côté de la mer[(b)].

68.

[1157] Mon Cid était joyeux,ainsi que toutes ses compagnies, que Dieu l'eût aidé et lui eût fait remporter la victoire. Ils lancèrent leurs commandos et firent des marches de nuit : [1160] ils arrivent à Cullera[(c)] et arrivent à Játiva[(d)], plus bas encore à la ville de Denia[(e)]; le long de la mer, il[(f)] met énergiquement à sac la terre des Maures; ils conquirent Peña Cadiella, ses issues et ses entrées[(g)].

69.

[1164] Quand le Cid Campéador eut en sa possession Peña Cadiella[(g)], [1165] l'affliction règna à Játiva et dans Cullera[(h)]: la douleur de Valence est sans borne.

En tierra de moros   p*re*ndiendo *e* ganando,
e durmiendo los dias   *e* las noches tranocha*n*do,
en ganar aq*ue*las villas   myo Çid duro .III. años.

71.

A los de Valençia   escarmentados los han,
non osan fueras exir   ni*n* con el se aiuntar;
taiaua[148b] les las huertas   *e* fazia les gra*n*d mal:
e*n* cada vno destos años   myo Çid les tolio el pa*n*.
Mal se aq*ue*xan los de Valençia,   q*ue* no*n* sabe*n*t q*ue*s far,
de ninguna part q*ue* sea   no*n* les vinie pan,
nin da cosseio padre a fijo   ni*n* fijo a padre,
nin amigo a amigo   nos pueden consolar.
Mala cueta es, señores,   aver mi*n*gua de pan,
fijos *e* mugieres   ver lo[s][149]   murir de fanbre.
Delante veyen so duelo,   non se puede[n] huuiar,   fº 25 rº
por el rrey de Marruecos   ouieron a enbiar;
con el de los Montes Claros   auye(n)[150] g*ue*rra ta*n* gra*n*d,
non les dixo coseio   nin los vino huuiar.
Sopolo myo Çid,   de coraçon le plaz;
salio de Muruiedro   vna noch [a] trasnocha[r][151],
amaneçio a myo Çid   en t*ie*rras de Mon RReal.
Por Aragon *e* por Navarra   p*re*gon mando echar,
a tierras de Castiella   enbio sus menssaies:
"Q*u*ien q*u*iere p*er*der cueta   *e* venir a rritad,
viniesse a myo Çid,   q*ue* a sabor de caualgar:
çer[c]ar[151a] q*u*iere a Valençia   por a *christ*ianos la dar.

72.

Q*u*ien q*u*iere yr comigo   çercar a Valençia
- todos vengan de grado,   ninguno no*n* ha p*re*mia -,
tres dias le sperare   en Canal de Çelfa."

[1167] Au pays des Maures, prenant et conquérant, et dormant le jour et chevauchant la nuit, le Cid mit trois ans à conquérir ces villes.

71.

[1170] A ceux de Valence, ils leur ont donné une leçon, les Valenciens n´osent faire une sortie ni se rencontrer avec le Cid; il leur ravageait leurs vergers et leur faisait grand tort; pendant chacune de ces années, mon Cid les priva de leurs récoltes de blé. Ceux de Valence se plaignent cruellement de ne savoir que faire, [1175] de quelque côté que ce soit, le blé ne leur arrivait pas et le père ne porte pas secours au fils ni le fils au père, l´ami et l´ami ne peuvent se consoler l´un l´autre. C´est un grand malheur, seigneurs, d´être privé de pain et de voir mourir ses enfants et ses femmes de faim[(a)]. [1180] Sous leurs yeux, ils voyaient leur propre détresse, à laquelle ils ne peuvent remédier. Ils durent appeler à l´aide le roi du Maroc; celui-ci faisait une âpre guerre au roi des Montes Claros[(b)], il ne leur donna aucun conseil ni ne vint les aider. Mon Cid le sut: son coeur en est joyeux; [1185] il sortit de Murviedro une nuit pour faire une marche nocturne, le jour surprit mon Cid au pays de Monreal[(c)]. Par l´Aragon et par la Navarre il fit crier son ban, dans les terres de Castille il envoya ses messagers : "Qui veut se débarrasser de la misère et atteindre à la richesse, [1190] qu´il vienne auprès de mon Cid, qui aime chevaucher : il veut assiéger Valence pour la donner aux Chrétiens.

72.

[1192] "Celui qui veut venir avec moi assiéger Valence, - que tous viennent de plein gré, aucun n´y est contraint -, je l´attendrai trois jours à Canal de Celfa."

1195. Esto dixo myo Çid, el [Campeador leal][152],
tornauas a Muruiedro, ca el se la ganada a.[153]
Andidieron los p*re*gones, sabet, a todas partes;
al sabor de la ganançia no*n* lo q*u*iere[n] detardar,
grandes yentes se le acoien de la buena *christ*iandad;
1200. creçiendo ua en rriq*ue*za (a)myo Çid el de Biuar[153a];
1206. Sonando va[n] sus nueuas[153b] todas a todas partes;
fº25 vº
1207. mas le vienen a myo Çid, sabet, q*ue* nos le van[154].
1201. Q*u*ando vio myo Çid las gentes iuntadas co*n*peços de pagar.
fº25 rº
1202. Myo Çid don RRodrigo no*n* lo q*u*iso detardar,
1203. adelino pora Valençia *e* sobr'ella(s) va echar,
1204. bien la çerca myo Çid, q*ue* no*n* y auya hart;
1205. viedales exir *e* viedales entrar,
1208. metiola en plazo, sj les viniesse*n* huuyar. fº25 vº
Nueue meses complidos, sabet, sobr'ella iaze[155],
1210. q*u*ando vino el dezeno, ouieron gela a dar.
Grandes son los gozos q*ue* van por es logar,
q*u*ando myo Çid gaño a Valençia *e* entro en la çibdad.
Los q*ue* fueron de pie caualle*r*os se fazen;
el oro *e* la plata ¿q*u*ien vos lo podrie contar ?
1215. Todos eran rricos q*u*antos q*ue* alli ha.
Myo Çid don RRodrigo la q*u*inta mando tomar:
en el auer monedado .XXX. mill marcos le caen
e los otros aueres ¿q*u*ien los podrie contar ?
Alegre era el Campeador con todos los q*ue* ha,
1220. q*u*ando su seña cabdal sedie en somo del alcaç[e]r[156].

[1195] Ainsi dit mon Cid, le Campéador loyal. Il s'en retournait à Murviedro, dont il s'est emparé. Les bans furent proclamés, sachez-le, de toutes parts. Le goût du butin ne leur fait pas perdre de temps : de grandes troupes se joignent à lui venues de la bonne chrétienté; [1200] la richesse croît, croît pour mon Cid, celui de Vivar. [1206] Des nouvelles de son renom vont répandant leur bruit de toutes parts; [1207] plus nombreux sont ceux qui viennent à mon Cid, sachez-le, que ceux qui s'en vont loin de lui. [1201] Quand mon Cid vit les troupes rassemblées, il commença à se réjouir . [1202] Mon Cid don Rodrigue ne voulut pas se mettre en retard, [1203] il s'achemina vers Valence[a] et va se jeter sur elle, [1204] mon Cid l'assiège bien, sans aucune faille; [1205] aux Valenciens, il leur interdit de sortir et leur interdit d'entrer; il fixa à la ville un délai dans le cas où on viendrait secourir les Valenciens[b]. Neuf mois entiers, sachez-le, il maintient sa pression sur elle; [1210] quand vint le dixième, les Valenciens durent la lui livrer[c]. Les réjouissances sont grandes, qui déferlent en cet endroit, quand mon Cid gagna Valence et entra dans la ville. Ceux qui étaient de pied deviennent cavaliers. L'or et l'argent, qui pourrait vous les compter ? [1215] Tous ceux qui sont là étaient riches. Mon Cid don Rodrigue ordonna de prendre la cinquième partie; en avoir monnayé, il lui revient trente mille marcs, et les autres avoirs qui pourrait les compter ? Le Campéador était joyeux ainsi que tous ceux qu'il a avec lui, [1220] quand son enseigne principale se trouva au sommet de l'alcázar[d].

74.

Ya folgaua myo Çid   co*n* todas sus conpañas.
Âq*ue*l[157] rrey de Seuilla   el mandado legaua
q*ue* p*re*sa es Valençia,   q*ue* no*n* gela enparan;
vino los ver   co*n* .XXX. mill de armas.
Ap*re*s de la verta   ouieron la batalla:
arrancolos myo Çid,   el de la lue*n*ga barba,
fata dentro en Xatiua   duro el arrancada;
en el passar de Xucar   y veriedes barata,
moros en aruenço   amidos beuer agua;
aq*ue*l rrey de [Seuilla][158]   co*n* tres colpes escapa.
Tornado es myo Çid   con toda esta ganançia.
Buena fue la de Valençia,   q*u*ando ganaro*n* la casa,
mas mucho fue prouechosa,   sabet, esta aranca(n)da;

f° 26 r°

a todos los menores   cayeron .C. marcos de plata,
las nueuas del caualle*ro*   ya vedes do legauan.

75.

Grand alegria es   entre todos essos *christ*ianos
con myo Çid RRuy Diaz,   el q*ue* en bue*n* ora nasco.
Yal creçe la barba   *e* vale allongando;
dixo myo Çid[158a]   de la su boca atanto:
"Por amor del rrey Alffonsso,   q*ue* de tierra me a echado,
nin e*n*trarie en ela tigera   ni vn pelo non aurie taiado,
e q*ue* fablassen desto   moros *e* *christ*ianos."
Myo Çid don RRo[drigo]   en Valençia esta folgando,
con el Mynaya Albar Ffanez,   q*ue* nos le parte de so braço.
Los q*ue* exieron de t*ie*rra   de rritad son abondados,
a todos les dio en Valençia   casas *e* heredades de q*ue* son pagados[159];
el amor de myo Çid   ya lo yua*n* p*ro*ua*n*do.
Los q*ue* fueron co*n* el (e los de) despues[160]   todos son pagados.

74.

[1221] Alors mon Cid se détendait avec toutes ses compagnies. Au fameux roi de Séville arriva la nouvelle que Valence était prise, qu'on ne la lui a pas défendue[a]; il vint attaquer avec trente mille hommes d'armes. [1225] Près des vergers de Valence se déroula la bataille : mon Cid, celui qui porte la barbe longue, les vainquit; leur déroute dura jusque dans les murs de Játiva; au passage du Júcar vous auriez pu voir une belle confusion, les Maures, entraînés malgré eux par le courant, boire de belles gorgées d'eau[b]; [1230] notre roi de Séville en réchappe avec trois coups[c]. Mon Cid est revenu avec tout son butin. Il avait été considérable celui fait à Valence quand fut prise la ville, mais cette dernière victoire fut encore, sachez-le, beaucoup plus profitable: à toute la menue troupe échurent cent marcs d'argent; [1235] les comptes du cavalier, jugez par là à combien ils s'élevaient.

75.

[1236] Une grande joie règne parmi tous ces Chrétiens qui accompagnent mon Cid Ruy Díaz, celui qui naquit à la bonne heure. Déjà sa barbe croît et va s'allongeant[d]. Mon Cid dit ainsi de sa propre bouche : "[1240] Pour l'amour du roi Alphonse, qui m'a expulsé du pays, il n'y a pas de ciseaux qui y pénétrera ni de poil qui sera taillé par moi, ce dont parleront les Maures et les Chrétiens." Mon Cid don Rodrigue se détend dans Valence, avec lui Minaya Álvar Fáñez, qui ne s'écarte pas de son côté. [1245] Ceux qui partirent de leur pays abondent en richesses, à tous il leur donna à Valence des maisons et des domaines, ce dont ils sont contents; l'amour que le Cid a pour eux, ils le ressentaient bien maintenant. Ceux qui se trouvèrent avec lui par après, tous sont contents.

Veelo myo Çid   q*ue* con los averes q*ue* auie*n* tomados
q*ue* sis pudiessen yr   fer lo yen de grado.
Esto ma*n*do myo Çid,   Minaya lo ouo consseiado,
q*ue* ni*n*gun om*n*e de los sos   q*ue*s le no*n* spidies o nol
besas la ma[no] :
sil pudiessen p*re*nder   o fuesse alcançado,
tomassen le el auer   *e* pusiessen le en vn palo;
afeuos todo aq*ue*sto   puesto en bue*n* rrecabdo.
Con Minaya Albar Fanez   el se ua co*n*sega[ndo]:[161]
"Si uos q*u*isieredes, Minaya,   q*u*iero saber recabdo   fº26 vº
de los q*ue* son aq*u*i   *e* comigo ganaron algo;
meter los he en escripto   *e* todos sean contados,
q*ue* si algunos furtare   o menos le fallar[o][162],
el au*er* me aura a tornar   âq*ue*stos myos vassalos[163]
q*ue* curia*n* a Valençia   *e* anda*n* arobdando[164]."
Ali dixo Minaya: "Consej(i)o es aguisado."

76.

Mando los venir a la corth   *e* a todos los iuntar;
q*u*ando los fallo,   por cuenta fizo los nonbrar:
tres mill *e* seys çientos   auie myo Çid, el de Biuar.
Alegras le el coraçon   *e* tornos a sonrrisar:
" ¡Grado a Dios, Mynaya,   *e* a s*anct*a Maria madre !
Con mas pocos yxiemos   de la casa de Biuar,
agora auemos riq*ue*za,   mas auremos adelant.
Si a uos ploguiere, Minaya,   *e* no*n* uos caya en pesar,
enbiar uos q*u*iero a Castiella,   do auemos h*er*edades,
al rrey Alfonsso,   myo señor natural;
destas mis ganançias   q*ue* auemos fechas aca,
dar le q*u*iero .C. cauallos   *e* uos yd gelos leuar;

Mon Cid se rend compte qu'avec les richesses qu'ils ont recueillies, [1250] s'ils pouvaient s'en aller, ils le feraient volontiers. Sur ce point mon Cid ordonna - Minaya le lui avait conseillé - qu'aucun des siens ne prît congé de lui ou ne lui baisât la main[a] : si on pouvait le capturer ou s'il était rattrapé, on lui prendrait sa fortune et on le mettrait au gibet; [1255] voici, tout ceci fut réalisé comme il convenait. De Minaya Álvar Fáñez, le Cid prend conseil : "S'il vous plaît, Minaya, je veux savoir le relevé de ceux qui sont ici et qui avec moi ont gagné quelque chose; je les mettrai par écrit afin que tous soient recensés, [1260] car si l'un d'eux se dérobe ou que je le trouve en moins, il aura à me remettre son bien, à moi et à mes vassaux qui gardent Valence et font le guet. Alors Minaya dit : "Voilà un conseil bien pensé."

76.

[1263] Il leur commanda de venir à la cour et de se réunir tous; quand il les trouva, il les fit compter avec exactitude : [1265] mon Cid, celui de Vivar, avait trois mille six cents hommes. Son coeur s'en réjouit et il se mit à sourire : "Grâces à Dieu, Minaya, et à sainte Marie, sa mère ! Avec bien moins d'hommes nous sommes sortis du bourg de Vivar, maintenant nous avons la richesse, nous en aurons encore plus dorénavant. [1270] S'il vous plaît, Minaya, et que cela ne vous cause nul embarras, je veux vous envoyer en Castille où nous avons des domaines, auprès du roi Alphonse, mon seigneur légitime, avec une partie de ce butin qui me revient et que nous avons fait ici, je veux lui donner cent chevaux, et vous, allez les lui livrer;

1275. desi por mi besalde la mano   e firme gelo rrogad
por mi mug*ier* [doña Ximena]   *e* mis fijas [naturales],
si fuere su merçed,   q*uen* las dexe sacar[(165)].
Enbiare por ellas   *e* uos sabed el mensage:
la mug*ier* de myo Çid   *e* sus fijas las *yn*fantes,
1280. de guisa yran por ellas   q*ue* a gra*n*d ondra vernan
a estas t*ie*rras estranas   q*ue* nos pudiemos ganar."
Essora dixo Minaya: "De buena voluntad."
Pues esto an fablado,   pienssan se de adobar.   f°27 r°
Ciento om*n*es le dio   myo Çid a Albar Fanez.
1284b. por seruirle en la carrer[a]   [de toda su voluntad][(166)],
1285. e mando mill marcos de plata   a San P*er*o leuar
e q*ue* los [.d.][(167)] diesse   a don Sancho al abbat[(168)].

77.

1287. En estas nueuas   todos se(a) alegrando
de parte de orient   vino vn coronado:
el ob*is*po do*n* Ieronimo[(168a)]   so nombre es lamado,
1290. bie*n* entendido es de letras   *e* mucho acordado,
de pie *e* de cauallo   mucho era areziado.
Las p*ro*uezas de myo Çid   andaualas demanda*n*do,
sospirando el obispo[(168b)] q*ue*s viesse   con moros en el campo,
q*ue* sis fartas lidiando   *e* firiendo co*n* sus manos,
1295. a los dias del sieglo   no*n* le lorassen *christ*ianos.
Q*u*ando lo oyo myo Çid,   de aq*ue*sto fue pagado:
"Oyd, Minaya Albar Fanez,   por aq*ue*l q*ue* esta en alto,
q*u*ando Dios p*re*star nos q*u*iere,   nos bie*n* gelo gradescamos.

[1275] ensuite, baisez-lui la main pour moi et priez-le avec fermeté, au sujet de ma femme doña Chimène et de mes filles légitimes, que si tel est son bon plaisir, il me permette de les faire sortir du pays. J´enverrai les chercher, et vous, ayez bien dans l´esprit le message : la femme de mon Cid et ses filles les infantes, [1280] on ira les chercher de sorte qu´elles viendront avec grand honneur dans ces terres étrangères que nous avons pu conquérir." Minaya répondit alors : "Bien volontiers." Après qu´ils ont ainsi parlé, ils songent à s´équiper. Mon Cid donna cent hommes à Álvar Fáñez pour le servir durant le voyage selon son bon vouloir [1285] et il lui fit porter mille marcs d´argent à San Pedro dont il donnerait cinq cents à l´abbé don Sanche.

77.

[1287] A ces nouvelles tous se réjouissent. Du côté de l´Orient[a] est venu un tonsuré: de son nom il est appelé l´évêque don Jérôme, [1290] très docte en lettres et fort averti; à pied comme à cheval il était très robuste. Il allait à la recherche des prouesses de mon Cid, l´évêque aspirait à se voir aux prises avec les Maures sur le champ de bataille, car s´il pouvait combler son désir de combattre, de frapper de ses propres mains, [1295] les Chrétiens n´auraient jamais à le pleurer aucun jour de leur vie. Quand mon Cid entendit cela, il en fut content : "Ecoutez, Minaya Álvar Fáñez, par Celui qui est Là-Haut, puisque Dieu veut nous aider, adressons-lui bien nos remerciements.

En t*ie*rras de Valençia   fer q*u*iero obispado
e dar gelo[168c]   a este bue*n* *christ*iano.
Vos q*u*ando ydes a Castiella,   leuaredes buenos mandados."

78.

Plogo a Albar Fanez   de lo q*ue* dixo do*n* RRodrigo.
A este do*n* Ieronimo   yal otorgan por ob*is*po,
dieron le en Valençia   o bie*n* puede estar rrico.
¡Dios q*ue* alegre   era tod[o][168d] *christ*ianismo
q*ue* en t*ie*rras de Valençia   señor avie ob*is*po !
Alegre fue Minaya   *e* spidios *e* vinos.

79.

Tierras de Valençia   rremanidas en paz,
adelino pora Castiella   Minaya Albar Fanez .   fº27 vº
Dexare uos las posadas,   no*n* las q*u*iero contar.
Demando por Alfonsso,   do lo podrie fallar.
Fuera el rrey a San Fagunt,   avn poco ha,
tornos a Carrion,   y lo podrie fallar.
Alegre fue de aq*ue*sto   Minaya Albar Fanez,
con esta p*re*sent[a]ia[169]   adelino pora alla.

80.[170]

De missa era exido   essora el rrey Alfonsso,
afe Minaya Albar Fanez   do lega ta*n* apu[o]sto[171];
finco sos ynoios   ante todel pu[o]blo[172]
a los pies del rrey Alfonsso   cayo co*n* gra*n*d du[o]lo[173],
besauale las manos   *e* fablo ta*n* apu[o]sto[171] :

81.

"¡ Merçed, señor Alfonsso,   por amor del C*r*iador !
Besaua uos las manos   myo Çid lidiador,

Au pays de Valence, je veux créer un évêché et le donner à ce bon Chrétien[a]. Vous, quand vous irez en Castille, vous porterez de bonnes nouvelles."

78.

[1302] Álvar Fáñez se réjouit de ce que lui dit don Rodrigue. Ce don Jérôme, ils l'élisent alors évêque, lui donnèrent à Valence de quoi pouvoir devenir bien riche. [1305] Dieu, qu'elle était joyeuse toute la chrétienté, qu'au pays de Valence il y avait un seigneur évêque[b] ! Minaya en fut joyeux, il prit congé et s'en vint[c].

79.

[1308] Le pays de Valence étant resté en paix, Minaya Álvar Fáñez se dirigea vers la Castille. [1310] Je passerai sous silence ses étapes, je ne veux pas les énumérer[d]. Il demanda Alphonse, où il pourrait le trouver, Le roi avait été à Sahagún[e] peu de temps avant, il était retourné à Carrión[f] et il pourrait l'y trouver. Minaya Álvar Fáñez en fut joyeux, [1315] avec ses présents il s'y rendit.

80.

[1316] Alors le roi Alphonse était sorti de la messe, voici Minaya Álvar Fáñez qui arrive fort à propos, il mit les genoux à terre en face de tout le peuple, avec un grand accablement il tomba aux pieds du roi Alphonse, [1320] il lui baisa les mains[g] et lui parla fort à propos.

81.

[1321] "Grâce, seigneur Alphonse, pour l'amour du Créateur ! Mon Cid le combattant vous baise les mains,

los pies *e* las manos   com*mo* a tan bue*n* señor,
q*ue*l ayades merçed   ¡*si* uos vala el C*r*iador !
Echastes le de t*ie*rra,   no*n* ha la u*uest*ra amor;
mager en t*ie*rra agena   el bie*n* faze lo so;
ganada â Xerica[173a]   *e* a Ond(r)a por nombre,
priso a Almenar   *e* a Muruiedro q*ue* es miyor,
assi fizo Çebolla   *e* adelant Casteion,
e Peña Cadiella,   q*ue* es vna peña fu[o]rt[174];
con aq*ue*stas todas   de Valençia es señor,
obispo fizo de su mano   el bue*n* Campeador,
e fizo çinco lides campales   *e* todas las arranco[174a]. fº 28 rº
Grandes son las ganançias   q*ue*l dio el Criador.
Feuos aq*ui* las señas,   verdad uos digo yo :
çient cauallos   gruessos *e* corredores,
de siellas *e* de frenos   todos guarnidos son,
besa uos las manos   (e) q*ue* los p*re*ndades uos;
rrazonas por *vuest*ro vasallo   *e* a uos tiene por señor."
Alço la mano diestra,   el rrey se s*an*ctigo :
"De ta*n* fieras ganançias   com*mo* a fechas el Campeador,
¡si me vala sant Esidr[e]! [174b]   plazme de coraçon
e plazem de las nueuas   q*ue* faze el Campeador;
rreçibo estos cauallos   q*ue*m enbia de do*n*."
Magger plogo al rrey,   mucho peso a Garçi Ordonez :
"Semeia q*ue* en t*ie*rra de moros   no*n* a biuo om*ne*,
q*u*ando assi faze a su guisa   el Çid Campeador."
Dixo el rrey al conde: "Dexad essa rrazon,
q*ue* en todas guisas   miior me sirue q*ue* uos."
Fablaua Minaya y   a guisa de varon :
"Merçed uos pide el Çid,   si uos cayesse en sabor,
por su mug*ier* doña Ximena   *e* sus fijas amas a dos :
saldrien del monesterio   do elle las dexo
en yrien pora Valençia   al bue*n* Campeador."
Essora dixo el rrey: "Plaz me de coraço*n*.
Hyo les mandare dar conducho   mie*n*tra q*ue* por mj t*ie*rra f[o]ren[175]

les pieds et les mains, comme à un excellent seigneur, pour que vous lui accordiez votre grâce. Qu'ainsi le Créateur vous protège ! Vous l'avez expulsé du pays, il n'a pas votre amour; cependant en pays étranger, il fait bien ce qu'il doit faire : il a gagné Jérica et la ville du nom d'Onda, il a pris Almenara et Murviedro, qui vaut mieux encore, il fit de même de Cebolla[c] et en outre de Castejón[b] et de Peña Cadiella[d], qui est une roche fortifiée; en plus de toutes ces villes, il est seigneur de Valence[e], le bon Campéador a fait de sa main un évêque et il a livré cinq batailles en rase campagne[f] et les a toutes remportées. Immense est le butin que lui donna le Créateur. Voici la preuve que je vous dis vrai : cent chevaux puissants et rapides, tous sont équipés de leurs selles et de leurs freins, il vous baise les mains pour que vous les preniez pour vous, il se proclame votre vassal et il vous tient pour son seigneur." Levant la mains droite, le roi se signa : "Du butin si extraordinaire qu'a fait le Campéador, - que saint Isidore[g] me protège ! -, j'ai le coeur content et je suis content des prouesses qu'accomplit le Campéador; j'accepte ces chevaux qu'il m'envoie en cadeau." Bien que cela plût au roi, Garcí Ordóñez en fut très mécontent : "Il me semble qu'au pays des Maures, il n'y a pas d'homme en vie, quand ainsi le Campéador agit à sa guise." Le roi dit au comte : "Cessez ce propos, car de toute façon il me sert mieux que vous." Minaya parla alors en vrai homme : "Le Cid vous demande grâce, si vous le trouviez à votre gré, pour sa femme doña Chimène et ses deux filles : elles pourraient sortir du monastère où il les a laissées et aller à Valence auprès du bon Campéador." Le roi dit alors : "Volontiers, cela me plaît, je leur ferai donner des vivres tant qu'elles chemineront dans mon pays

de fonta *e* de mal curial[l]as[176] *e* de desonor; fº 28 vº
q*u*ando en cabo de mi t*ie*rra aq*ue*stas dueñas f[o]ren[175],
catad com*m*o las siruades, uos *e* el Campeador.
Oyd me, escuellas, *e* toda la mi cort.
Non q*u*iero q*ue* nada pierda el Campeador;
a todas las escuellas q*ue* a el dizen señor,
por q*ue* los deserede todo gelo suelto yo;
sirua*n* le´ sus h*ere*dades do fuere[177] el Campeador;
atrego les los cuerpos de mal *e* de ocasion;
por tal fago aq*ue*sto q*ue* sirua*n* a so señor."
Mynaya Albar Fanez las manos le beso;
sonrrisos el rrey, ta*n* velido fablo :
"Los q*ue* q*u*isiere*n* yr seruir al Campeador
de mi sean q*u*itos *e* vayan a la gr*aç*ia del C*r*iador;
mas ganaremos en esto q*ue* en otra desonor."
Aq*u*i entraro*n* en fabla los yffantes de Carrion :
"Mucho creçen las nueuas de myo Cid el Campeador,
bien casariemos con sus fijas pora huebos de pro;
non la osariemos acometer nos esta rrazon,
mio Cid es de Biuar *e* nos de los condes de Carrion."
Non lo dizen a nadi *e* finco esta rrazon.
Minaya Albar Fanez al bue*n* rrey se espidio.
"¿Hya uos ydes, Mynaya ? ¡ Yd a la gr*aç*ia del Criador !
Leuedes vn portero, tengo q*ue* uos aura pro;
si leuaredes las dueñas, sirua*n* las a su sabor,
fata dentro en Medina denles q*u*anto huebos les f[o]r[175]; fº 29 rº
desi adelant piensse dellas el Campeador."
Espidios Mynaya *e* vasse de la cort.

82.

Los yffantes de Carrion dando yua*n* conpaña a Minaya Albar Fanez[178] :

et j'assurerai leur sauvegarde contre la honte, le mal et le déshonneur; quand ces dames seront aux confins de mon pays, voyez comment vous-même, et le Campéador, vous pourrez les servir. [1360] Ecoutez-moi, vous autres de ma suite, et toute ma cour[a]. Je ne veux pas que le Campéador y perde quelque chose. A tous les membres de sa suite qui l'appellent "seigneur", parce que je les ai dépossédés, je leur restitue tout; qu'on leur conserve leurs possessions, où que soit le Campéador; [1365] j'assure la protection de leurs personnes contre tout mal et tout dommage; je fais cela pour qu'ils servent leur seigneur." Minaya Álvar Fáñez lui baisa les mains; le roi sourit et dit fort aimablement : "Que ceux qui voudront aller servir le Campéador [1370] soient quittes envers moi et s'en aillent à la grâce du Créateur. Nous y gagnerons plus ainsi que par quelque autre attitude déshonorante."[b] Alors les infants[c] de Carrión se mirent à parler entre eux : "La renommée de mon Cid le Campéador s'accroît beaucoup, nous nous marierions bien avec ses filles dans notre intérêt[d]; [1375] mais nous n'oserions nous-mêmes aborder ce propos, car mon·Cid est de Vivar, et nous des comtes de Carrión."[e] Ils ne le disent à personne, et le propos en resta là. Minaya Álvar Fáñez prit congé du bon roi. "Vous vous en allez déjà, Minaya ? Allez à la grâce du Créateur ! [1380] Emmenez un officier[f], je pense qu'il vous sera utile; si vous emmenez les dames, qu'on les serve selon leur désir, jusque dans Medinaceli[g] qu'on leur donne tout ce dont elles auront besoin; au-delà,que le Campéador prenne soin d'elles." Minaya prit congé et s'éloigne de la cour.

82.

[1385] Les infants de Carrión tenaient compagnie à Minaya Álvar Fáñez;

"En todo sodes pro, en esto assi le fagades:
saludad nos[178a] a myo Çid, el de Biuar,
somos en so pro *qu*anto lo podemos far;
el Çid q*ue* bien nos q*u*iera, nada non perdera."
RRespuso Mynaya: "Esto non me a por q*ue* pesar."
Hydo es Mynaya, tornansse los yffantes.
Adelino pora San P*er*o o las dueñas estan.
¡Tan grand fue el gozo q*u*andol vieron assomar!
Deçido es Mynaya, a SSan P*er*o va rrogar.
Q*u*ando acabo la *oraçion*, a las dueñas torn[ado] se [ha][179]:
"Omilom, doña Ximena, ¡Dios vos curie de mal!
assi ffaga a u*est*ras fijas amas [a dos las yffantes][180].
Saluda uos myo Çid alla ond(d)e elle esta,
sano lo dexe *e* con tan grand rrictad.
El rrey por su merçed sueltas me uos ha
por leuaros a Valençia q*ue* auemos por h[ere]dad.
Si uos viesse el Çid sanas[180a] *e* sin mal,
todo serie alegre, q*ue* non aurie ni*n*gun pesar."
Dixo doña Ximena: "¡El C*r*iador lo ma*n*de!"
Dio tres caualle*r*os Mynaya Albar Fanez,
enviolos a myo Çid, a Valençia do esta:
"Dezid al Canpeador -¡q*ue* Dios le curie de mal! -
q*ue* su mug*ier e* sus fijas el rrey sueltas me las ha, fº29 vº
mientra q*ue* fueremos[180b] por sus t*ie*rras, conducho nos ma*n*do dar.
De aq*ue*stos .XV. dias, si Dios nos curiare de mal,
seremos [y][180 c] yo *e* su mug*ier* *e* sus fijas q*ue* el a,
hy todas las dueñas co*n* ellas q*u*antas (e) buenas ellas han."
Hydos son los caualle*r*os *e* dello penssar[a]*n*[181],
rremaneçio en San P*er*o Minaya Albar Fanez.
Veriedes caualle*r*os venir de todas partes,
hyr se q*u*iere[n] a Valençia a myo Çid el de Biuar.

"En tout vous réussissez, faites de même dans notre affaire : pour nous baisez la bouche de mon Cid[(a)], celui de Vivar, nous sommes à son service autant que nous le pouvons; que le Cid nous aime bien, il n'y perdra rien." [1390] Minaya répondit : "Ceci n'est pas pour me contrarier." Minaya s'en est allé, les infants s'en sont retournés. Minaya se dirigea vers San Pedro, où se trouvent les dames. Que leur joie fut grande quand elles le virent apparaître ! Minaya est descendu de cheval, il va prier saint Pierre. [1395] Quand il eut fini son oraison, il s'en est retourné auprès des dames : "Je m'incline respectueusement devant vous, doña Chimène, Dieu vous garde de tout mal ! Qu'il fasse de même pour vos deux filles, les deux infantes. Mon Cid vous baise la bouche de là-bas où il se trouve, je l'ai laissé bien portant et avec de très grandes richesses. [1400] Le roi, par sa grâce, m'a accordé votre liberté, pour que je vous conduise à Valence, que nous avons en notre possession. Si le Cid vous voyait saines et sauves, il serait tout joyeux et n'aurait plus aucune inquiétude." Doña Chimène dit : "Que le Créateur le veuille ainsi ! " [1405] Minaya Álvar Fáñez désigna trois chevaliers, il les envoya à mon Cid, à Valence où il se trouve : "Dites au Campéador - Dieu le garde de tout mal ! - que le roi m'a accordé la liberté de sa femme et de ses filles et que tant que nous voyagerons sur ses terres, il a commandé de nous donner des vivres. [1410] Dans quinze jours, si Dieu nous garde de tout mal, nous serons là-bas, moi, sa femme, les filles qu'il a d'elle et avec elles toutes les dames de grand mérite qu'elles ont avec elles." Les chevaliers s'en sont allés et penseront à leur mission, Minaya Álvar Fáñez resta à San Pedro. [1415] Vous pourriez voir alors des chevaliers venir de tous côtés, ils veulent se rendre à Valence auprès de mon Cid, celui de Vivar.

*Q*ue les touiesse pro,   rrogauan a Albar Fanez;
diziendo est[a] Myanaya(182):   "Esto fere de veluntad."
A Minaya .LXV. caualler*o*s   acreçidol han,
e el se tenie .C.   *que* aduxiera dalla;
por yr co*n* estas duenas   buena(182a) conpaña se faze.
Los q*u*inientos marcos   dio Minaya al abbat;
de los otros q*u*inientos   dezir uos he *que* faze :
Minaya a doña Xim[e]na(183)   *e* a sus fijas *que* ha
e a las otras dueñas   *que* las sirue*n* delant,
el bueno de Minaya   pensolas de adobar
de los meiores guarnimie*n*tos   *que* en Burgos pudo falar,
palafres *e* mulas   *que* no*n* parescan mal.
*Qu*ando estas dueñas   adobadas las ha(n)(184),
el bueno de Minaya   penssar q*u*iere de caualgar.
Afeuos RRachel *e* Vidas   a los pies le caen :
"Merçed, Minaya,   caualler*o* de p*re*star,   f°30 r°
desfechos nos ha el Çid,   sabet, si no nos val;
soltariemos la ganançia,   *que* nos diesse el cabdal."
-"Hyo lo vere co*n* el Çid,   si Dios me lieua ala;
por lo *que* auedes fecho,   bue*n* cosiment y aura."
Dixo RRachel *e* Vidas :   " ¡El C*r*iador lo mande !
si no*n*, d[e]xaremos(185) Burgos,   yr lo hemos buscar."
Hydo es pora San P*er*o   Minaya Albar Fanez,
muchas yentes sele acogen,   pensso de caualgar,
grand duelo es   al partir del abbat :
" ¡Si uos vala el Criador! ,   Minaya Albar Fanez,
por mi al Campeador   las manos le besad,
aq*ue*ste monesterio   no lo q*u*iera olbidar;
todos los dias del sieglo   en leuar lo adelant,
el Çid [lidiador](186)   siempre valdra mas."

Ils priaient Álvar Fáñez de leur être propice. Minaya leur dit : "Je le ferai volontiers". Soixante-cinq chevaliers ont augmenté les effectifs de Minaya, [1420] il en avait déjà cent avec lui, qu´il avait emmenés de là-bas; pour aller avec ces dames, une belle compagnie se forme. Minaya donna les cinq cents marcs à l´abbé. Des autres cinq cents marcs, je vous dirai ce qu´il en a fait : doña Chimène et ses filles [1425] et les autres dames qui les servent avec prévenance, le bon Minaya songea à les équiper des meilleurs vêtements qu´il put trouver à Burgos, de palefrois et de mules; ainsi elles ne paraîtront pas à leur désavantage. Quand il a équipé ces dames, [1430] le bon Minaya se prend à songer à monter à cheval. Voici que Rachel et Vidas lui tombent aux pieds : "Grâce, Minaya, chevalier plein de ressources, le Cid nous a ruinés, sachez-le, s´il ne nous aide pas; nous renoncerions aux intérêts pourvu qu´il nous remît le capital." [1435] - "Je verrai cela avec le Cid, si Dieu me conduit là-bas; pour ce que vous avez fait, il y aura un bon dédommagement."[a] Rachel et Vidas dirent : "Que le Créateur le veuille ainsi ! sinon, nous quitterons Burgos, et nous irons à sa recherche."[b] Minaya Álvar Fáñez s´en est allé vers San Pedro, [1440] beaucoup de gens se joignent à lui, il songe à monter à cheval, la douleur de l´abbé est grande à l´instant de la séparation : "Que le Créateur vous protège, Minaya Álvar Fáñez, pour moi baisez les mains du Campéador, qu´il veuille bien ne pas oublier ce monastère; [1445] si tous les jour de sa vie, il le fait progresser, le Cid combattant toujours vaudra davantage."

RRespuso Minaya: "Fer lo he de veluntad."
Hyas espide*n*   *e* pienssan de caualgar,
el portero co*n* ellos   q*ue* los ha de aguardar;
por la t*ie*rra del rrey   mucho conducho les dan.
De San P*er*o fasta Medina   en .V. dias van;
felos en Medina   las duenas *e* Albar Fanez.
Direuos de los cauall*er*os   q*ue* leuaro*n* el menssaie:
al ora q*ue* lo sopo   myo Çid, el [de] Biuar,
plogol de coraçon   *e* tornos a alegrar;
de la su boca   conpeço de fablar:
"Q*u*i bue*n* mandadero enbia   tal deue sp*er*ar.
Tu, Muño Gustioz   *e* P*er*o Vermu[do]z, delant,   f°30 v°
e M*artin* Antolinez,   vn burgales leal,
el ob*is*po don Ieronimo,   coronado de pr*e*star,
caualgedes co*n* çiento   guisados pora huebos de lidiar;
por S*anct*a Maria   uos vayades passar,
vayades a Molina,   q*ue* iaze mas adelant,
tienela Auegaluo*n*,   myo amigo es de paz;
con otros çiento cauall*er*os   bie*n* uos conssigra;
hyd pora Medina   q*u*anto lo pudieredes far,
my mug*ier* *e* mis fijas   con Mynaya Albar FFanez,
asi com*m*o a my dixiero*n*, hy los podredes falar;
con grand ondra   aduzid melas delant.
E yo fincare en Valençia,   q*ue* mucho costadom ha;
grand locura serie   si la desenparas;
yo ffincare en Valençia,   ca la tengo por he*re*dad."
Esto era dicho,   pienssan de caualgar,
e q*u*anto q*ue* pueden   non fincan de andar.
Troçieron a S*anct*a M*ar*ia   *e* vinieron albergar a Fron-
[chales][187],
e el otro dia   vinieron a Molina posar.
El moro Auegaluon   q*u*ando sopo el menssaie,
saliolos rreçebir   co*n* grant gozo q*ue* faze;
"¿Venides los vassallos   de myo amigo natural ?
A my non me pesa,   sabet, mucho me plaze."

Minaya répondit: "Je le ferai volontiers." Vite, ils prennent congé et songent à monter à cheval, l'officier royal est avec eux, qui doit veiller sur eux; sur les terres du roi on leur donne beaucoup de vivres. De San Pedro jusqu'à Medinaceli, ils mettent cinq jours; les voici à Medinaceli, les dames et Álvar Fáñez. Je vous parlerai des chevaliers qui portèrent le message : à l'heure où il en prit connaissance, mon Cid, celui de Vivar, s'en réjouit dans son coeur et redevint joyeux. Lui-même, de sa propre bouche, il prit la parole : "Qui envoie un bon messager doit en espérer autant. Toi, Muño Gustioz et Pero Vermudoz en tête, et Martín Antolínez, un Burgalais loyal et l'évêque don Jerôme, le prêtre plein de ressources, chevauchez avec cent hommes prêts au combat[a], traversez Santa María de Albarracín[b], allez à Molina[c], qui se trouve plus avant, Abengalbón la possède, c'est mon ami et mon vassal[d]; avec cent autres chevaliers, il vous accompagnera comme il convient; allez vers Medinaceli aussi promptement que vous le pourrez; ma femme et mes filles ainsi que Minaya Álbar Fáñez, vous pourrez les y trouver comme on me l'a dit : avec beaucoup d'honneurs, amenez-les devant moi. Et moi je resterai à Valence, qui m'a coûté beaucoup; ce serait grande folie si je l'abandonnais; je resterai à Valence, car je la considère comme ma propriété." Ceci dit, ils songent à chevaucher et tant qu'ils peuvent ils ne cessent de cheminer. Ils traversèrent Santa María de Albarracín et vinrent s'héberger à Fronchales[e], et le lendemain ils vinrent camper à Molina. Le Maure Abengalbón, quand il apprit le message, sortit les recevoir, manifestant une grande joie : "Voici donc les vassaux de mon ami et seigneur ? Cela ne me cause aucun désagrément, sachez-le, cela me fait grand plaisir."

Fablo Muño Gustioz, non sp*er*o a nadi :
"Myo Çid uos saludaua *e* mandolo rrecabdar,
co[n] çiento caualle*r*os q*ue* p*r*iuadol acorrades;
su mugier *e* sus fijas en Medina estan;
q*ue* vayades por ellas, adugades gelas aca fº31 rº
e ffata en Valençia dellas non uos partades."
Dixo Auegaluo*n*; "Fer lo he de veluntad."
Essa noch conducho les dio grand,
a la mañana pienssan de caualgar;
çiento le pidieron, mas el co*n* dozientos va.
Passan las montanas, q*ue* son fieras *e* grandes,
passaron Mata de Tora*n*z[188]
1492b. de tal guisa q*ue* ningu*n* miedo no*n* han,
por el val de Arbux[uelo][189] pienssan a deprunar
e en Medina todo el rrecabdo esta;
envio dos caualle*r*os Mynaya (Albar Fañez) q*ue* sopiesse [n] la verdad [190],
esto non detard[a*n*][190a], ca de coraçon lo han;
el vno finco co*n* ellos *e* el otro torno a Albar Fanez :
"Virtos del Campeador a nos vienen buscar :
afeuos aq*ui* P*er*o Vermu[do]z [delant][191]
1499b *e* Muño Gustioz, q*ue* uos q*ui*ere*n* sin hart,
e Martin Antolinez, el burgales natural,
e el ob*is*po do*n* Jeronimo, coranado leal,
e el alcayaz Auegaluo*n* co*n* sus fuerças q*ue* trahe,
por sabor de myo Çid de grand ondral dar;
todos vienen en vno, agora legaran."
Essora dixo Mynaya, "Vay[a]mos caualgar."
Esso ffue ap*r*iessa fecho, q*ue* nos q*ui*ere*n* detardar.
Bien salieron den çiento q*ue* no*n* pareçen mal,
en buenos cauallos a cascaueles *e* a petrales
e a cuberturas de çendales, *e* escudos a los cuellos [traen][192],

Muño Gustioz prit la parole, sans attendre qu´un autre la prît [a]: "Mon Cid vous salue et vous mande de prendre vos dispositions pour qu´avec cent chevaliers vous le serviez promptement; sa femme et ses filles se trouvent à Medinaceli; [1485] allez donc les chercher, amenez-les lui ici et jusqu´à Valence ne vous en séparez pas." Abengalbón dit : "Je le ferai volontiers." Ce soir-là, il leur donna beaucoup de vivres, le matin ils se mettent à chevaucher. [1490] On lui avait demandé cent hommes, mais il vint avec deux cents. Ils franchissent les montagnes qui sont sauvages et grandes, traversèrent Mata de Toranz[b] sans que personne n´eût peur", par la vallée d´Arbujuelo[c] ils se disposent à descendre la côte, et à Medinaceli toutes les précautions sont prises. [1495] Minaya leur envoya deux chevaliers pour savoir la vérité; ils ne tardent pas, car cela leur tient à coeur, l´un resta avec eux à Arbujuelo, et l´autre s´en retourna auprès d´Álvar Fáñez : "Des troupes du Campéador viennent nous chercher; voici Pero Vermudoz en avant, et Muño Gustioz, qui vous aiment loyalement, [1500] et Martín Antolínez, le Burgalais d´origine, et l´évêque don Jerôme, un prêtre loyal, et le gouverneur musulman Abengalbón avec les forces personnelles qu´il emmène avec lui, désireux de faire grand honneur à mon Cid; tous viennent ensemble, ils vont arriver bientôt. [1505] Alors Minaya dit : "Allons, à cheval!" Ce fut vite fait, car ils ne veulent pas s´attarder. Il sortit bien de Medinaceli cent hommes, qui n´ont pas mauvaise apparence, sur de bons chevaux, avec des poitrails à grelots et des housses de cendal[d]; ils portent au cou des écus

e en las manos lanças q*ue* pendones traen
q*ue* sopie(n)ssen los otros de q*ue* seso era Albar Fanez
o cuemo saliera de Castiella (Albar Fanez)(193) con otras dueñas q*ue* trahe. fº31 vº
Los q*ue* yua*n* mesurando *e* legando lo uan(193) delant,
luego toman armas *e* tomanse a deportar;
por çerca de Salon tan gra*n*des gozos van.
Don legan los otros a Minaya Albar Fanez(193a) se ua*n* homilar.
Q*u*ando lego Auegaluon, dont a oio [lo] ha (193b),
sonrrisando se de la boca, hyualo abraçar,
en el ombro lo saluda, ca tal es su husaie :
" ¡Tan bue*n* dia co*n* uusco, Minaya Albar Fanez !
Traedes estas dueñas, por o valdremos mas,
mugier del Çid lidiador e ssus ffijas naturales,
ondrar uos hemos todos, ca tal es la su auze;
mager q*ue* mal le q*ue*ramos, non gelo podremos f[a]r(194),
en paz o en gerra de lo n*uestr*o abra;
muchol tengo por torpe q*u*i non conosçe la verdad."

83.

Sorrisos de la boca Albar Fanez Minaya:(195)
" ¡ Hy[a] Auegaluo*n*, amigol sodes sin falla !
Si Dios me legare al Çid e lo vea co*n* el alma,
desto q*ue* auedes fecho uos non perderedes nada.
Vayamos posar, ca la çena es adobada."
Dixo Auengaluo*n* : "Plazme desta p*re*sentaia;
antes deste te[r]çer dia [a]uos la dare doblada."(195a)
Entraron en Medina, siruialos Minaya,
todos fueron alegres del çeruiçio q*ue* tomar[a]n(196);
el portero del rrey q*u*itar lo mandaua;
ondrado es myo Çid en Valençia do estaua fº32 rº
de ta*n* grand conducho com*m*o en Medinal sacar[a]*n*(197),
el rrey lo pago todo *e* quito se ua Minaya.

et dans les mains des lances qui portent des pennons afin que les autres sussent quelle était la circonspection d'Álvar Fáñez ou encore comment il était sorti de Castille avec les dames qu'il emmène avec lui. Ceux qui allaient en reconnaissance, en arrivant en tête, prennent tout de suite les armes et commencent à se livrer à de joyeux exercices; [1515] le long du Jalón se déroulent de grandes réjouissances. Quand arrivent les autres, ils vont s'incliner devant Minaya Álvar Fáñez. Lorsqu'arriva Abengalbón, et qu'il le vit, les lèvres souriantes, il alla le serrer dans ses bras, lui donne l'accolade sur l'épaule, car telle est sa coutume : [1520] "Quel heureux jour, quand je suis avec vous, Minaya Álvar Fáñez ! Vous emmenez ces dames avec vous, - grâce à cela nous serons plus estimés -, la femme du Cid combattant et ses filles légitimes; nous vous honorerons tous, car telle est sa fortune; même si nous lui voulions du mal, nous ne pourrions lui en faire[(a)]; [1525] dans la paix comme dans la guerre, il pourra compter sur nous; je le tiens pour bien stupide celui qui ne comprend pas cette vérité."

83.

[1527] Álvar Fáñez Minaya eut un sourire aux lèvres : "Eh bien, Abengalbón, vous êtes son ami loyal ! Si Dieu me reconduit jusqu'au Cid et que je le revoie vivant, [1530] pour ce que vous avez fait, vous ne perdrez rien[(b)]. Allons nous détendre, car le dîner est préparé." Abengalbón dit : "Cette marque du considération me plaît; avant trois jours, je vous la rendrai au double[(c)]." Ils entrèrent à Medinaceli, Minaya les pourvut du nécessaire; [1535] tous furent joyeux du service dont ils bénéficièrent; l'officier du roi ordonna de tout payer; mon Cid est honoré à Valence, où il se trouvait, par le grand nombre de vivres qu'ils obtinrent à cause de lui à Medinaceli; le roi paya tout et Minaya s'en va quitte de tout.

Passada es la noche,   venida es la mañana;
oyda es la missa   *e* luego caualgaua*n*.
Saliero*n* de Medina   *e* Salon passauan,
Arbuxuelo arriba   p*r*iuado aguijauan,
el campo de Toran[z] (198)   luegol atravessaua*n*,
vinieron a [Molina](199),   la q*ue* Auegaluo*n* mandaua.
El obispo don Ihe*r*onimo,   bue*n* *christ*iano sin falla,
las noches *e* los dias   las duenas aguarda[ua] (200),
e bue*n* cauallo en diestro   q*ue* ua ante su[s] armas;
entre el *e* Albar Fanez   hyua*n* a vna compaña.
Entrados son a Molina,   buena *e* rrica casa;
el moro Aue*n*galuon   bien los siruie sin falla,
de q*u*anto q*ue* q*u*isieron   non ouieron falla,
avn las ferraduras   q*u*itar gelas mandaua;
a Mynaya *e* a las dueñas   ¡Dios, com*m*o las ondraua !
Otro dia mañana   luego caualgaua*n*,
fata en Valençia   siruialos sin falla,
los sos despendie el moro   q*ue* de lo so no*n* tomaua nada(200a).
Con estas alegrias   *e* nueuas tan ondradas,
ap*re*s son de Valençia   a tres leguas contadas.

84.

A myo Çid,   el q*ue* en bue*n* ora nasco,
dentro a Valençia   lieuan le el mandado.
Alegre fue myo Çid   q*ue* nunq*u*a mas ni*n* tanto,
ca delo q*ue* mas amaua   yal viene el mandado.   fº 32 vº
Dozi[en]tos caualle*r*os   mando exir p*r*iuado,
q*ue* rreçiban a Myanaya(201)   *e* a las duenas fijas dalgo;
el sedie en Valençia   curiando *e* guardando,
ca bie*n* sabe q*ue* Albar Fanez   t*r*ahe todo rrecabdo.

85.

Afeuos todos aq*ue*stos   rreçiben a Minaya
e a las duenas *e* las niñas   *e* a las otras conpañas.

[1540] La nuit est passée, le matin est venu, la messe est entendue et sur-le-champ ils sont à cheval. Ils sortirent de Medinaceli et franchirent le Jalón, en remontant l´Arbujuelo promptement ils donnèrent des éperons, traversèrent sur-le-champ la plaine de Toranz[a], [1545] vinrent à Molina, que commandait Abengalbón. L´évêque don Jerôme, un bon Chrétien loyal, nuit et jour escortait les dames, tenant son bon cheval à droite, suivi de celui qui porte ses armes[b]: lui et Álvar Fáñez allaient de compagnie. [1550] Ils sont entrés à Molina, ville noble et opulente; le Maure Abengalbón les servit bien, sans défaillance; de tout ce qu´ils voulurent, rien ne leur manqua, il ordonna même de leur payer les ferrures de leurs chevaux. A Minaya et aux dames, Dieu, comme il leur faisait honneur ! [c] [1555] Le lendemain matin, ils sautèrent à cheval sur-le-champ, jusqu´à Valence le Maure les servit sans défaillance, il dépensait ses richesses, car du Cid[d] il ne prenait rien. Dans cette joie au milieu de grandes marques d´honneur, ils sont près de Valence, à trois lieues bien comptées.

84.

[1560] A mon Cid, celui qui naquit à la bonne heure, dans Valence on apporte la nouvelle. Mon Cid fut joyeux, jamais il ne l´avait été davantage ni autant, car c´est de ce qu´il aime le plus que lui vient la nouvelle. Il ordonna à deux cents chevaliers de sortir sur-le-champ [1565] afin de recevoir Myanaya et les nobles dames; lui-même restait à Valence à veiller et à faire bonne garde, car il sait bien qu´Álvar Fáñez prend toutes ses précautions.

85.

[1568] Voici que tous nos chevaliers reçoivent Minaya et les dames et les très jeunes filles et le reste de leur suite.

1570. Mando myo Çid   a los q*ue* ha en su casa
q*ue* guardassen el alcaçar   *e* las otras torres altas
e todas las puertas   *e* las exidas *e* las entradas,
e aduxiessen le a Bauieca   - poco auie q*ue*l ganara,
avn non sabie myo Çid,   el q*ue* en bue*n* ora çi*n*xo espada,
1575. si serie corredor   o ssi abrie buena parada -;
a la puerta de Valençia   do en so saluo estaua[202],
delante su mug*ier* *e* (de) sus fijas[202]   q*ue*rie tener las armas.
RReçebidas las duenas   a vna grant ondrança,
el ob*is*po don Ih*er*onimo   adelant se entraua,
1580. y dexaua el cauallo,   pora la capiella adelinaua;
con q*u*antas q*ue* el puede,   q*ue* co*n* oras se acordar[a]n[203],
sobrepeliças vestidas   *e* co*n* cruzes de plata;
rreçibir salien las duenas   *e* al bueno de Minaya.
1584. El q*ue* e*n*[204] buen ora nasco   no*n* lo detardaua :
1587. vistios el sobregonel;   luenga trahe la barba;
1585. ensiellan le a Bauieca,   cuberturas le echauan,
1586. myo Çid salio sobr´el   *e* armas de fuste tomaua.
1589. Por nombre el cauallo   Bauieca caualga: f° 33 r°
1588. Fizo vna corrida,   esta fue ta*n* estrana,
1590. q*u*ando ouo corrido,   todos se marauillaua*n* [205];
des dia se p*re*çio a Bauieca   en q*u*ant grant fue España.
En cabo del cosso   myo Çid desca[ua]lgaua,
adelino a su mug*ier*   *e* a sus fijas amas.
Q*u*ando lo vio doña Ximena   a pies se le echaua :
1595. "¡ Merçed, Campeador,   en bue*n* ora cinxiestes espada !
Sacada me auedes   de muchas verguenças malas;
afe me aq*ui*, señor,   yo [e] uuestras fijas (e) amas [205a]:
con Dios *e* con uusco   buenas son *e* criadas."
A la madre *e* a las fijas   bie*n* las abraçaua,

[1570] Mon Cid commanda à ceux de sa maison de garder l'alcázar[a] et les autres tours élevées et toutes les portes et les issues et les entrées, et de lui amener Babieca - il y avait peu de temps qu'il l'avait gagné; mon Cid, celui qui ceignit l'épée à la bonne heure, ne savait pas encore [1575] s'il courrait bien ou s'il s'arrêterait comme il convient -; à la porte de Valence, où il était en pleine sécurité, devant sa femme et ses filles, il voulait se divertir avec ses armes. Une fois les dames reçues avec de grands honneurs, l'évêque don Jerôme se porta en avant, entra, [1580] il laissa son cheval, se dirigea vers la chapelle; avec tous ceux qu'il peut rencontrer, - ils s'étaient mis d'accord sur les heures canoniales à reciter[b] - , revêtus de leurs surplis et portant des croix d'argent, ils sortirent recevoir les dames et le bon Minaya. [1584] Celui qui naquit à la bonne heure ne tarda pas, [1587] il revêtit sa "surgonnelle"[c]; il portait sa longue barbe, [1585] on lui selle Babieca, on le recouvre de housses, [1586], mon Cid sauta sur lui, prit des armes de fût. [1589] Il chevaucha le cheval nommé Babieca : avec lui [1588] il exécuta une course, celle-ci fut étonnante, [1590] quand il eut couru, tous s'émerveillèrent; dès ce jour on apprécia Babieca sur toute l'immensité de l'Espagne. A la fin de la course, mon Cid mit pied à terre, se dirigea vers sa femme et vers ses deux filles. Quand doña Chimène le vit, elle se jeta à ses pieds : [1595] "Merci, Campéador, à la bonne heure vous ceignîtes l'épée ! Vous m'avez tirée de beaucoup de méchantes humiliations[d]; me voici, seigneur, moi, vos deux filles : grâce à Dieu et à vous-même, elles sont bonnes et bien élevées." La mère et les filles, il les embrassa avec tendresse,

del gozo q*ue* auien   de los sos oios lorauan.
Todas las sus mesnadas   en grant dele[i]t(206) estaua*n*,
armas tenien(do)   *e* tablados q*ue*branta[uan](207).
Oyd lo q*ue* dixo   el q*ue* en buen ora [cinxo espada](208):
"Vos, [doña Ximena],   mug*ier* q*ue*rida *e* ondrada(209),
e amas mis fijas,   my coraçon *e* mi alma(209),
entrad comigo   en Valençia la casa,
en esta h*er*edad   q*ue* uos yo he ganada."
Madre *e* fijas   las manos le besaua*n*,
a ta*n* grand ondra   ellas a Valençia entraua*n*.

86.

Adelino myo Çid   co*n* ellas al alcaç[e]r(210),
ala las subie   en el mas alto logar,
oios velidos   catan a todas partes,
miran Valençia   com*m*o iaze la çibdad,   fº33 vº
e del otra parte   a oio han el mar,
miran la huerta,   espessa es *e* grand;
alçan las manos   pora Dios rrogar
desta ganançia   com*mo* es buena *e* grand.
Myo Çid *e* sus companas   ta*n* a grand sabor estan.
El yuierno es exido   q*ue* el março q*u*iere entrar.
Dezir uos q*u*iero nueuas   de alent partes del mar,
de aq*ue*l rrey Yucef, q*ue* en Marruecos esta.

87.

Pesol al rrey de Marruecos   de myo Çid don RRodrigo
" q*ue* en mis h*er*edades   fuerte mie[n]tre es metido,
e el no*n* gelo gradeçe   si no*n* a Jh*es*u Chr*ist*o."
Aq*ue*l rrey de Marruecos   aiuntaua sus virtos;
con .L. vezes mill de armas   todos fueron conpl[i]dos,
entraron sobre mar,   en las barcas son metidos,

[1600] de la joie qu´ils ressentaient, ils avaient les yeux pleins de larmes. Tout le ban de ses vassaux menait grande liesse, ils se divertissaient aux armes et brisaient les châteaux-cibles en bois. Ecoutez ce que dit celui qui à la bonne heure ceignit l´épée : "Vous, doña Chimène, ma femme bien-aimée et honorée, [1605] et vous, mes deux filles, mon coeur et mon âme, entrez avec moi dans la ville de Valence, dans cette possession que je vous ai acquise." Mère et filles lui baisèrent les mains. Avec beaucoup d´honneurs elles entrèrent à Valence.

86.

[1610] Mon Cid se dirigea avec elles vers l´alcázar[a], là il les fit monter au lieu le plus haut, de beaux yeux observent de toutes parts, ils admirent Valence, comment s´étend la ville, et de l´autre côté elles ont la mer sous les yeux, [1615] elles admirent la huerta[b], elle est touffue et immense; elles lèvent les mains pour rendre grâce à Dieu de la magnificence et de l´immensité de cette conquête. Mon Cid et ses compagnies ressentent un immense plaisir. L´hiver est passé, mars est sur le point de commencer. [1620] Je veux vous dire des nouvelles d´outremer, de ce fameux roi Yúcef[c] qui se trouve au Maroc.

87.

[1622] Le roi du Maroc était furieux contre mon Cid don Rodrigue "qui s´est introduit avec violence dans mes possessions et qui ne rend grâces qu´à Jésus-Christ." [1625] Ce roi du Maroc rassembla ses armées; avec cinquante fois mille hommes d´armes, toutes furent au complet, elles prirent la mer, elles se sont embarquées,

van buscar a Valençia   a myo Çid do*n* RRodrigo.
Arribado an las naues,   fuera eran exidos.

88.

Legaron a Valençia,   la q*ue* myo Çid a conq*u*ista,
fincaron las tiendas   *e* posan las yentes descreydas.
Estas nueuas   a myo Çid eran venidas.

89.

" ¡Grado al C*r*iador   *e* a[l] Padre espirital ! [210a]
Todo el bie*n* q*ue* yo he,   todo lo tengo delant :
con afan gane a Valençia,   *e* ela por h*er*edad;
a menos de muert   no la puedo dexar.
¡Grado al C*r*iador   *e* a *sanct*a Maria madre !
Mis fijas *e* mi mug*ier*   q*ue* las tengo aca;   f°34 r°
Venidom es deliçio   de t*ie*rras dalent mar,
entrare en las armas,   non lo podre dexar;
mis fijas *e* mi mug*ier*   verme an lidiar;
en estas t*ie*rras agenas   vera*n* las moradas com*m*o se faze*n*, [210b]
afarto vera*n* por los oios   com*m*o se gana el pa*n*.
Su mug*ier* *e* sus fijas   subiolas al alcaç[e]r [210c];
alçauan los oios,   tiendas viero*n* finca[r] [211]:
"¿Qués esto, Çid ?   ¡si el C*r*iador uos salue ! "
- "Ya, mug*ier* ondrada,   non ayades pesar :
rriq*ue*za es q*ue* nos acreçe,   marauillosa *e* grand;
a poco q*ue* viniestes,   p*re*send uos q*u*ieren dar :
por casar son u*uest*ras fijas,   aduze*n* uos axuuar ."
- " ¡ A uos grado, Çid   *e* al Padre sp*irit*al ! "
- "Mug*ier*, sed en este palaçio,   [o] si q*u*isieredes en el alcaç[e]r [212].
Non ayades pauor   por q*ue* me veades lidiar,
con la merçed de Dios   *e* de *sanct*a M*ari*a madre,
creçem el cora[ç]on   por q*ue* estades delant;
con Dios aq*ue*sta lid   yo la he de arra*n*car.

elles vont à Valence chercher mon Cid don Rodrigue. Les vaisseaux ont abordé, les hommes en sont sortis.

88.

[1630] Ils arrivèrent à Valence, que mon Cid a conquise, ces troupes infidèles plantèrent leurs tentes pour y camper. Ces nouvelles parvinrent à mon Cid.

89.

[1633] "Grâces au Créateur, le Père spirituel ! Tout le bien que j'ai, je l'ai tout devant moi : [1635] avec peine j'ai acquis Valence et je l'ai en ma possession; à moins de mourir, je ne puis l'abandonner. Grâces au Créateur et à sainte Marie sa mère ! Mes filles et ma femme, je les ai ici; il m'est venu du bonheur des terres d'outre-mer[a], [1640] je prendrai les armes, je ne pourrai m'y soustraire; mes filles et ma femme me verront combattre; dans ces terres étrangères, elles verront comment on assure son établissement, elles verront à suffisance de leurs yeux comment se gagne le pain." Sa femme et ses filles, il les fit monter à l'alcázar, [1645] levant les yeux, elles virent planter les tentes. "Qu'est-ceci, Cid ? Que le Créateur vous assiste ! " - "Eh bien, épouse honorée, ne vous laissez pas abattre : c'est de la richesse qui s'accroît pour nous, merveilleuse et considérable; peu de jours après votre arrivée, on veut vous faire un présent : [1650] vos filles sont à marier, on vous apporte leur dot[b]." - "Je vous en rends grâces, Cid, à vous et au Père spirituel ! " - "Ma femme, demeurez dans cette salle[c], ou si vous le préfériez, dans l'alcázar. N'ayez pas peur de me voir combattre, avec la grâce de Dieu et de sainte Marie, sa mère; [1655] mon courage s'accroît parce que vous êtes devant moi; Dieu m'aidant, ce combat je le remporterai."

90.

Fincadas son las tiendas   *e* pareçen los aluores,
a vna grand p*r*iessa   tanien los atamores;
alegrauas mio Çid[212a]   *e* dixo : "¡Ta*n* bue*n* dia es oy ! "
Miedo a su mug*ier*   *e* q*u*ierel q*ue*brar el coraçon,
assi ffazie a las dueñas   *e* a sus fijas amas a dos :
del dia q*ue* nasq*u*ieran   no*n* viera*n* tal tremor.
Prisos a la barba   el bue*n* Çid Campeador :
"Non ayades miedo,   ca todo es u*uest*ra pro;   f° 34 v°
antes destos .XV. dias,   si plogiere a[l] Criador,
[auremos ganados][213]   aq*ue*los atamores,
a uos los pondran delant   *e* veredes q*u*a(n)les son,
desi an a sser   del ob*is*po don Ihe*r*o[me][214] ,
colgar los han en S*anct*a Maria,   madre del C*r*iador."
Vocaçion es q*ue* fizo   el Çid Campeador.
Alegre´ [215] son las duenas,   p*er*diendo van el pauor.
Los moros de Marruecos   caualgan a uigor,
por las huertas adentro   e[n]t[r]a*n* sines pauor[215a].

91.

Violo el atalaya   *e* tanxo el esq*u*ila;
prestas son las mesnadas   de [mio Çid Ruy Diaz][216]
adoban se de coraçon   e dan salto de la villa.
Dos[217] fallan co*n* los moros,   cometien los ta*n* ayna,
sacan los de las huertas   mucho a fea guisa;
q*u*inientos mataron dellos   conplidos en es dia.

92.

Bie*n* fata las tiendas   dura aq*ue*ste alcaz,

90.

[1657] Les tentes sont plantées et les lumières de l´aube apparaissent, avec une grande précipitation les tambours battaient[(a)]; mon Cid, s´en réjouissant, dit : "Quelle merveilleuse journée aujourd´hui ! " [1660] Sa femme a peur et son coeur est sur le point d´éclater, il en était de même pour les dames et pour ses deux filles : depuis le jour où elles étaient nées, elles n´avaient perçu un tel vacarme. Le bon Cid Campéador se prit la barbe : "N´ayez pas peur, car tout ceci est tout bénéfice pour vous; [1665] avant quinze jours, s´il plaît au Créateur, nous aurons conquis ces tambours, on vous les déposera devant vous et vous verrez comment ils sont, ensuite ils appartiendront à l´évêque don Jerôme, on les suspendra à Sainte-Marie, mère du Créateur." C´est le voeu que fit le Cid Campéador. [1670] Les dames sont joyeuses, elles perdent peu à peu de leur peur. Les Maures du Maroc chevauchent vigoureusement, ils parcourent les huertas où impavides ils sont entrés.

91.

[1673] Le guetteur le vit et sonna la cloche; le ban des vassaux de mon Cid Ruy Diaz est prêt, [1675] ils s´arment de tout leur coeur et sortent vivement de la ville. Là où ils se rencontrent avec les Maures, ils les attaquent sur le-champ , ils les expulsent des huertas de bien méchante façon, ils en tuèrent cinq cents bien comptés ce jour-là.

92.

[1679] Leur poursuite dure bien jusqu´aux tentes[(b)].

mucho auie*n* fecho,   pie[n]ssan de [tornar][218].
Albar Saluadorez   p*re*so finco alla[218a].
Tornados son a myo Çid,   los q*ue* comien so pa*n*;
el se lo vio co*n* los oios,   cuentan gelo delant,
alegre es myo Çid   por q*u*anto fecho han :
"Oyd me, caualleros,   non rastara por al;
oy es dia bueno   *e* meior sera cras,
por la manana p*r*ieta   todos armados seades,
1689-8. el ob*is*po do[n] Ihe*r*onimo   la missa dezir nos ha
1689-8. soltura nos dara,   *e* penssad de caualgar [219];
hyr los hemos fferir   [d'amor e de voluntad], f°35 r°
1690b. en el nombre del C*r*iador   *e* del apostol Sa*nct*i Yague[219a].
Mas vale q*ue* nos los vezcamos   q*ue* ellos coian el [pan][220].
Essora dixieron todos :   "D'amor e de voluntad."
Fablaua Mynaya,   no*n* lo q*u*iso detardar :
"Pues esso q*u*eredes,   Çid, a mi mandedes al;
"Dadme .CXXX. caualle*r*os   pora huebos de lidiar;
q*u*ando uos los fueredes ferir,   entrare yo del otra part;
o de amas o del vna   Dios nos valdra."
Essora dixo el Çid :   "De buena voluntad."

93.

1699. Es dia es salido   *e* la noch es entrada[221],
nos detardan de adobasse   essas yentes *christ*ianas.
A los mediados gallos,   antes de la mañana,
el ob*is*po don Ihe*r*onimo   la missa les cantaua;
la missa dicha,   grant sultura les daua :
"El q*ue* aq*u*i muriere,   lidiando de cara,

[1680] Ils avaient bien accompli leur mission, ils songent à revenir sur leurs pas. Álvar Salvadórez resta prisonnier là-bas[(a)]. Ils sont revenus auprès de mon Cid, ceux qui mangeaient son pain. Lui vit tout cela clairement, eux lui rendirent un compte exact de leur mission. Mon Cid est joyeux de tout ce qu´ils ont fait. [1685] "Ecoutez-moi, chevaliers, il n´en sera pas autrement; aujourd´hui c´est un bon jour, et il sera meilleur demain. Demain, tôt le matin[(b)], soyez tous armés, l´évêque don Jérôme nous dira la messe, nous donnera l´absolution, et vous, songez après à chevaucher; [1690] nous irons les frapper de grand coeur, au nom du Créateur et de l´apôtre saint Jacques. Que nous les vainquions vaut mieux qu´ils ne s´emparent de notre pain." Alors ils dirent tous : "De grand coeur". Minaya prit la parole, il ne voulut pas différer : "Puisque vous le voulez ainsi, Cid, commandez-moi autre chose; [1695] donnez-moi cent trente chevaliers afin de combattre où c´est nécessaire; quand vous irez les attaquer, moi j´entrerai au combat de l´autre côté; ou sur les deux fronts ou sur un seul, Dieu nous aidera. Alors le Cid dit : "Bien volontiers."

93.

[1699] Le jour s´est achevé et la nuit est venue, [1700] nos troupes chrétiennes ne tardent pas à prendre les armes. Au chant du coq de trois heures, avant le matin, l´évêque don Jerôme leur chanta la messe; la messe dite, il leur donna l´absolution générale : "Celui qui mourra ici, en combattant de face,

63b

prendol yo los pecados   *e* Dios le abra el alma.
A uos, Çid don RRodrigo,   en bue*n* ora cinxiestes espada,
hyo uos cante la missa   por aq*ue*sta mañana;
pido uos vn[a]don[a]   *e* seam presentad[a][222] :
las feridas p*r*imeras   q*ue* las aya yo otorgadas."
Dixo el Campeador :   "Desaq*ui* uos sean mandadas."

94.

Por las torres de Va[le]nçia   salidos son todos armados[223],
Mio Çid a los sos vassalos   ta*n* bie*n* los acordando,
dexa*n* a las puertas   om*n*es de grant rrecabdo.
Dio salto myo Çid   en Bauieca, el so cauallo,
de todas guarnizones   muy bie*n* es adobado.
La seña saca*n* fuera,   de Valençia diero*n* salto,   fº 35 vº
q*u*atro mill menos XXX.   con myo Çid va*n* a cabo,
a los çinq*u*aenta mill   van los ferir de grado.
Aluar Aluarez e (Minaya)Albar Fanez[224]   entraron les del otro cabo.
Plogo al C*r*iador   *e* ouiero*n* de arrancarlos[225].
Myo Çid enpleo la lança,   al espada metio mano,
atantos mata de moros   q*ue* no*n* fuero*n* contados,
por el cobdo ayuso   la sangre destellando.
Al rrey Yuçef   tres colpes le ouo dados,
salios le de sol espada,   ca muchol andido el cauallo;
metios le en Guiera,   vn castiello palaçiano;
myo Çid, el de Biuar,   fasta alli lego en alca[nço][226],
con otros q*u*el co*n*sigen   de sus buenos vassallos,
Desd' alli se torno   el q*ue* en bue*n* ora nasco,
mucho era alegre   de lo q*ue* an caçado;
ali p*r*eçio a Bauieca   de la cabeça fasta a cabo.
Todo est[e] gana[do][227]   en su mano a rastado.
Los .L. mill   por cuenta fuero'notados[228];

[1705] je l´absous de ses péchés et Dieu aura son âme. A vous, Cid don Rodrigue, -à la bonne heure vous avez ceignîtes, je vous ai chanté la messe ce matin; je vous demande une grâce, et qu´elle me soit concédée : les premiers coups, qu´ils me soient accordé de les frapper." [1710] Le Campéador dit : "Désormais que cela soit pour vous un ordre."

94.

[1711] Par les portes fortifiées de Valence tous sont sortis en armes, mon Cid faisant régner une excellente entente entre ses vassaux, ils laissent aux portes des hommes de grande aptitude. Mon Cid sortit en hâte sur Babieca, son cheval, [1715] il est très bien équipé de toutes ses armes défensives. Ils déploient l´enseigne, ils sortent vite de Valence, au nombre de quatre mille moins trente ils accompagnent mon Cid, les cinquante mille ennemis ils vont les attaquer de grand coeur. [1719-1720] Álvar Álvarez et Álvar Fáñez les assaillirent de l´autre côté. Cela plut au Créateur et ils réussirent à les faire fuir. Mon Cid employa la lance, mit la main à l´épée : il tue tant de Maures qu´ils ne furent point comptés, le long de son coude le sang tombait goutte à goutte. [1725] Au roi Yúcef, il lui avait donné trois coups, le roi lui échappa de la seule longueur d´une épée, car son cheval allait grand train; pour se protéger de lui il se réfugia dans Cullera[(a)], une place-forte excellente; mon Cid, celui de Vivar, arriva jusque là dans sa poursuite, avec ceux de ses bons vassaux qui l´accompagnent. [1730] De là, celui qui naquit à la bonne heure s´en revint, il était très joyeux de ce qu´ils avaient acquis; là il apprécia Babieca de la tête à la queue. Tout ce butin est resté entre ses mains. Les cinquante mille furent dénombrés exactement;

non escaparon   mas [de] çiento *e* q*u*atro.
Mesnadas de myo Çid   rrobado an el canpo,
entre oro *e* plata   fallaro*n* tres mill marcos;
[de][228a] las otras ganançias   non auya rrecabdo.
Alegre era myo Çid   *e* todos sos vassallos,
q*ue* Dios les ouo merçed   q*ue* vençiero*n* el canpo.
Q*u*ando al rrey de Maruecos   assi lo an arrancado,
dexo Âlbar Fanez[229]   por saber todo rrecabdo. fº36rº
Con .C. caualle*ro*s   a Valençia es entrado :
ffronzida trahe la cara,   q*ue* era desarmado,
assi entro sobre Bauieca,   el espada en la mano.
RReçibien lo las dueñas,   q*ue* lo estan esperando;
myo Çid finco ant´ellas,   touo la rryenda al cauallo :
"A uos me omillo, dueñas,   grant p*re*z uos he gañado:
vos teniendo Valençia   *e* yo vençi el campo;
esto Dios se lo q*u*iso   co*n* todos los sos santos,
q*u*ando en v*uest*ra venida   tal gan[ado] nos an dad[o][230].
Vedes el espada sangrienta   *e* sudiento el cauallo :
¡Con tal cum esto   se vençen moros del campo !
RRoga(n)d al C*r*iador   q*ue* uos biua algunt año,
entraredes en p*re*z   *e* besara*n* u*uest*ras manos."
Esto dixo myo Çid,   diçiendo del cauallo.
Q*u*andol vieron de pie,   q*ue* era descaualgado,
las dueñas *e* las fijas   *e* la mug*ier* q*ue* vale algo
delant el Campeador   los ynoios fincaron :
"Somos en u*uest*ra merçed   *e* biuades muchos años."
En buelta con el   entraron al palaçio,
e yuan posar con el   en vnos p*re*çiosos escaños.
"Hya mug*ier* d[o]ña[231] Ximena,   ¿nom lo auiedes rrogado ?
Estas dueñas q*ue* aduxiestes,   q*ue* uos siruen tanto,
q*u*iero las casar   con de aq*u*estos myos vassallos;

il ne s´en échappa pas plus de cent quatre. Les vassaux du Cid ont saccagé le campement des ennemis, ils trouvèrent trois mille marcs d´or et d´argent, du reste du butin le compte n´était pas possible. Le Cid était joyeux comme tous ses vassaux, car Dieu leur fit la grâce de gagner la bataille. Quand ils ont ainsi vaincu le roi du Maroc, le Cid laissa là Álvar Fáñez pour savoir le compte exact. Avec cent chevaliers il est entré à Valence; il a la figure burinée[a]; il avait déposé ses armes défensives, ainsi il fit son entrée sur Babieca, l´épée à la main. Les dames, qui étaient en train de l´attendre, le reçurent, mon Cid fit halte devant elles, il retint son cheval par la bride : "Je m´incline devant vous, dames, je vous ai gagné un grand renom : alors que vous gardiez[b] Valence, moi j´ai remporté la bataille. Cela Dieu l´a voulu, avec tous ses saints, puisque, dès votre arrivée[c], ils nous ont donné un tel butin. Voyez mon épée sanglante et mon cheval en sueur : c´est ainsi que l´on vainc les Maures sur le champ de bataille ! Priez le Créateur que pour vous je vive quelques années encore. vous en gagnerez du renom[d] et on vous baisera les mains." Ainsi dit mon Cid, en descendant de cheval. Quand elles le virent à pied, descendu de cheval, les dames et ses filles et sa femme, qui a grand mérite, s´agenouillèrent devant le Campéador : "Nous sommes à votre disposition, et vivez de longues années." Ensemble avec lui, elles entrèrent dans la salle palatine et avec lui allèrent s´asseoir sur des sièges précieux[e]. "Ah ! ma femme doña Chimène, ne m´en aviez-vous pas prié ? Ces dames que vous avez amenées, qui vous servent si bien, je veux les marier avec certains de mes vassaux;

a cada vna dellas   do les de plata .CC. marcos(232),
que lo sepan en Castiella   a *quien* siruiero*n* tanto.
Lo de *uuestras* fijas   venir se a mas por espaçio." f° 36 v°
Leuantaron se todas   *e* besaron le las manos,
grant fue el alegria   *que* fue por el palaçio.
Com*m*o lo dixo el Çid,   assi lo han acabado.
Mynaya Albar Fanez   fuera era en el campo,
con todas estas yentes   escriuiendo *e* conta*n*do;
entre tiendas *e* armas   *e* vestidos p*re*çiados
tanto fallan desto   *que* [mucho] es sobejan[o](233).
*Qu*iero uos dezir   lo *que* es mas granado :
non pudiero*n* ellos saber   la cuenta de todos los cauallos,
que andan arriados(233a)   *e* no*n* ha *qui* tomalos :
los moros de las *tie*rras   ganado se an y algo;
mager de todo esto,   [a]l(233b)Campeador contado
de los buenos *e* otorgados   cayeron le mill (e.D.) cauallos(234);
*qu*ando a myo Çid   cayeron tantos,
1782b. los ot*r*os bie*n* puede*n*   fi*n*car pagados(234a).
¡Tanta tienda p*re*çiada   *e* tanto tendal obrado
que a ganado myo Çid   con todos sus vassallos !
La tienda del rrey de Marruecos,   *que* de las ot*r*as es cabo,
dos tendales la sufren,   con oro son labrados;
mando myo Çid RRuy Diaz,   [el Campeador contado](234b),
1787b-1788 *que* fita souiesse la tienda   e non la tolliesse dent *christ*iano(235) :
"Tal tienda com*m*o esta,   *que* de Maruecos [a] passad[o](236),
enbiar la *qu*iero   a Alfonsso el castellano,
que crouiesse sos nueuas   de myo Çid *que* auie algo."
Con aq*ue*stas rriq*ue*zas tantas   a Valençia son entrados.
El ob*is*po do*n* Ih*er*onimo,   caboso coronado,
*qu*ando es farto de lidiar   co*n* amas las sus manos,

à chacune d'elles, je donne deux cents marcs d'argent, afin qu'on sache en Castille qui elles ont si bien servi. Quant à vos filles, cela viendra plus tard." Toutes se levèrent et lui baisèrent les mains. [1770] Grande fut la joie qui régna dans la salle[a]. Comme le dit le Cid, il en fut fait ainsi. Minaya Álvar Fáñez était dehors sur le champ de bataille avec toutes ses troupes écrivant et comptant; des tentes et des armes et des vêtements précieux, [1775] ils en trouvèrent tant que c'est vraiment considérable. Je veux vous dire ce qui est le plus important : ils ne purent dresser le compte de tous les chevaux, qui errent harnachés et il n'y a personne qui les prenne[b]; les Maures de la région y ont gagné quelque chose; [1780] en dépit de tout cela, au fameux Campéador échurent mille bons chevaux bien choisis; quand à mon Cid il en échut autant, les autres peuvent bien s'estimer satisfaits. Combien de tentes précieuses avec leurs portants ouvragés ils ont gagnées, mon Cid et tous ses vassaux ! [1785] La tente du roi du Maroc, qui est supérieure à toutes, est soutenue par deux portants qui sont ouvragés d'or; mon Cid Ruy Díaz, le fameux Campéador, commanda que la tente restât dressée et que nul Chrétien ne l'enlevât de là : "Une tente comme celle-ci, qui est venue du Maroc, [1790] je veux l'envoyer à Alphonse le Castillan, afin qu'il croie les nouvelles selon lesquelles mon Cid possédait quelque chose." Avec ces richesses si grandes, ils sont rentrés à Valence. L'évêque don Jerôme, le parfait tonsuré, quand il est lassé de combattre de ses deux mains,

1795. non tiene en cuenta los moros *que* ha matados; f°37 r°
lo *que* caye a el mucho era sobeiano;
myo Çid don RRodrigo, el *que* en bue*n* ora nasco,
de toda la su *qu*inta el diezmo l´a mandado.

95.

1799. Alegres son por Val[e]nçia[237] las yentes *christ*ianas,
1800. tantos auien de aueres, de cauallos *e* de armas;
Alegre es doña Ximena *e* sus fijas amas
e todas la[s] otras duenas *que*[s] tienen[237a] por casadas.
El bueno de myo Çid non lo tardo por nada :
" ¿ Do sodes, caboso ? Venid aca, Mynaya;
1805. De lo *que* a uos cayo, vos non gradeçedes nada[237b];
desta mi *qu*inta, digo uos sin falla,
prended lo *que* *qu*isieredes, lo otro rremanga.
E cras ha la mañana yr uos hedes sin falla
con cauallos desta *qu*inta *que* yo he ganada,
1810. con siellas *e* co*n* frenos *e* con señas espadas;
por amor de mi mug*ier* *e* de mis fijas amas,
por *que* assi las enbio dond ellas son pagadas,
estos dozientos cauallos yran en p*re*sentaias,
que non diga mal el rrey Alfonsso del *que* Valençia manda."
1815. Mando a P*er*o Vermu[do]z *que* fuesse con Mynaya.
Otro dia manana p*ri*uado caualgauan,
e dozientos om*n*es lieuan en su conpaña,
con saludes del Çid *que* las manos le besaua :
desta lid *que* [mio Çid] ha arrancada[238],
1819b. .CC. cauallos le enbiaua en p*re*sentaia :
1820. "e seruir lo he sienp*re* mientra *que* ouisse el alma."

96.

1821. Salidos son de Valençia e pienssan de andar, f°37 v°
talles ganançias traen *que* son a aguardar.

[1795] ne fait pas le compte des Maures qu´il a tués; ce qui lui échoit à lui, était très important; mon Cid don Rodrigue, celui qui naquit à la bonne heure, de toute sa cinquième part, il lui a remis le dixième.

95.

[1799] Les troupes chrétiennes se répandent joyeuses dans Valence, [1800] tant elles avaient de richesses, de chevaux et d´armes; doña Chimène est joyeuse aussi et ses deux filles et toutes les autres dames qui se considèrent comme mariées. Mon Cid, ce brave, ne se mit nullement en retard : "Où êtes-vous, chef accompli ? Venez ici, Minaya; [1805] pour ce qui vous est échu, vous ne devez adresser aucun remerciement[a]; de ma cinquième part, je vous dis en vérité, prenez ce que vous voudrez et que le reste subsiste. Et demain, au matin, vous vous en irez sans faute avec des chevaux de cette cinquième part que j´ai gagnée, [1810] avec des selles et avec des freins et avec à chacun des chevaux une épée; pour l´amour de ma femme et de mes deux filles, pour la façon dont le roi Alphonse les a envoyées ici, ce dont elles sont contentes, ces deux cents chevaux lui seront conduits en présent, afin qu´il ne dise pas de mal de celui qui commande Valence[b]." [1815] Il ordonna à Pero Vermudoz d´aller avec Minaya. Le lendemain matin, ceux-ci chevauchent en toute hâte et emmènent deux cents hommes en leur compagnie, avec les salutations du Cid, qui baise les mains au roi : de ce combat que mon Cid a remporté, il lui a envoyé deux cents chevaux en présent, [1820] "et je le servirai toujours, aussi longtemps que je vive[c]."

96.

[1821] Ils sont sortis de Valence et songent à cheminer. Ils emportent un tel butin qu´il faut le surveiller.

Andan los dias *e* las noches, [que vagar non se dan](239),
e passada han la sierra(240), *que* las otras tierras parte.
Por el rrey don Alfonsso toman sse a p*re*guntar.

97.

Passando van las sierras *e* los montes *e* las aguas,
legan a Valadolid, do el rrey Alfonsso estaua.
Enviaua[n] le mandado P*er*o Vermu[do]z *e* Mynaya
que mandasse rreçebir a esta conpaña :
myo Çid, el de Valençia, enbia su p*re*sentaia.

98.

Alegre fue el rrey, n[u]n[qua](241) viestes atanto,
mando caualgar ap*r*iessa to(s)dos sos fijos dalgo,
hy en los p*r*imeros el rrey fuera dio salto
a uer estos mensaies del *que* en bue*n* ora nasco.
Los yfantes de Carrion, sabet, ys açertaron,
[e] el conde don Garçia, [de myo Çid](242) so enemigo malo.
A los vnos plaze *e* a los otros va pesando.
A oio lo auien los del *que* en bue*n* ora nasco,
cuedan se *que* es almofalla, ca no*n* vienen co*n* ma*n*dado;
el rrey don Alfonsso seyse s*anct*igua*n*do.
Mynaya *e* P*er*o Vermu[do]z adelante son legados,
firieron se a t*ie*rra, d[i]çieron (242a) de los caualos;
ant´ el rrey Alfonsso los ynoios fincados,
besan la t*ie*rra *e* los pies amos :
" ¡ Merçed, rrey Alfonsso, sodes tan ondrado !
Por myo Çid el Campeador todo esto vos besamos.
A uos lama por señor *e* tienes por u*uest*ro vassallo, fº38 rº
mucho p*re*çia la ondra el Çid q*ue*l auedes dado.
Pocos dias ha, rrey, *que* vna lid a arrancado

Ils cheminent jour et nuit, si bien qu´ils ne se donnent aucun repos, et ils ont passé la montagne qui sépare les divers pays[a]. [1825] Ils se mettent à demander où est le roi Alphonse.

97.

[1826] Ils vont passant les montagnes et les bois et les cours d´eau, ils arrivent à Valladolid[b] où le roi Alphonse se trouvait. Pero Vermudoz et Minaya lui envoyèrent un message, pour qu´il ordonnât de recevoir leur compagnie : [1830] mon Cid, celui de Valence, lui envoie ses présents.

98.

[1831] Le roi fut joyeux, jamais vous ne l´aviez vu ainsi, il ordonna de chevauchèr en hâte à tous ses hidalgos et parmi les premiers le roi se précipita au dehors pour voir les messagers de celui qui naquit à la bonne heure. [1835] Les infants de Carrión, sachez-le, s´y trouvèrent présents, et aussi[c] le comte don García, le méchant ennemi de mon Cid. Les uns en ressentent du plaisir et les autres une grave contrariété. Ils distinguèrent les hommes de celui qui naquit à la bonne heure, ils s´imaginent que c´est une armée et qu´ils ne viennent pas avec un message[d]; [1840] le roi don Alphonse s´arrêta en faisant le signe de la croix[e]. Minaya et Pero Vermudoz se sont avancés, ils mirent pied à terre, descendirent des chevaux[f]; devant le roi Alphonse, les genoux à même le sol, ils baisent la terre et ses deux pieds : [1845] "Grâce, roi Alphonse, vous êtes si digne d´honneur ! Au nom de mon Cid le Campéador, nous vous révérons en tout. Il vous appelle son seigneur et se tient pour votre vassal, le Cid apprécie beaucoup l´honneur que vous lui avez fait. Il y a peu de jours, roi, il a remporté un combat

a aq*ue*l rrey de Marruecos   Yuceff por nombrado,
con çinq*u*aenta mill   arrancolos del campo.
L[o]s gana[do]s q*ue* fizo   mucho son sobeian[o]s[243],
rricos son venidos   todos los sos vassallos,
e embia uos dozientos cauallos   *e* besa uos las manos."
Dixo el rrey don Alfonsso :   "RReçibolos de grado.
Gradescolo a myo Çid,   q*ue* tal don me ha enbiado,
avn vea ora   q*ue* de mi sea pagado."
Esto plogo a muchos   *e* besaron le las manos.
Peso al conde don Garçia,   e mal era yrado;
con .X. de sus parientes   a parte daua*n* salto :
"¡ Marauilla es del Çid,   q*ue* su ondra creçe tanto !
En la ondra q*ue* el ha   nos seremos abiltados;
por tan biltada mientre   vençer rreyes del campo
com*mo* si los falasse muertos,   aduzir se los cauallos,
por esto q*ue* el faze   nos abremos enbargo."

99.

Fablo el rrey don Alfonsso,   [odredes lo que diz][244] :
"Grado al C*ri*ador   *e* al señor sant Essidr[e] (el de Leon)[244]
estos dozientos cauallos   q*ue*m enbia myo Çid.
Myo rreyno adelant   meior me podra seruir.
A uos Minaya Albar Fanez   (*e*) e a P*er*o Vermu[do]z aq*ui*
mando uos los cuerpos   ondrada mientre (seruir *e*) vestir[244a]   f° 38 v°
e guarnir uos de todas armas   com*mo* uos dixieredes [aqui],
q*ue* bie*n* parescades   ante RRuy Diaz myo Çid;
douos .III. cauallos   *e* p*re*nded los aq*ui*.
Assi com*mo* semeia   *e* la veluntad melo diz,
todas estas nueuas   a bie*n* abran de venir."

100.

Besaro*n* le las manos   *e* entraron a posar;
bien los mando seruir   de q*u*anto huebos han.
De los yffantes de Carrion   yo uos q*u*iero contar,

[1850] sur ce roi du Maroc qu´on nomme Yúcef, avec cinquante mille des siens; il les a chassés du champ de bataille. Le butin qu´il a fait est très considérable, tous ses vassaux en sont devenus riches et il vous envoie deux cents chevaux et vous baise les mains." [1855] Le roi don Alphonse dit : "Je les reçois de grand gré, je remercie mon Cid, qui m´a envoyé un tel don. Souhaitons qu´il voie encore l´heure d´être content de moi." Ces propos plurent à beaucoup et ils lui baisèrent les mains. Ils chagrinèrent le comte don García, qui en était en grande colère; [1860] avec dix de ses parents il se retira à l´écart : "C´est merveille que l´honneur du Cid augmente tant. Avec l´honneur qu´il a, nous serons avilis; parce qu´il vainc avec tant de vilenie des rois en campagne, comme s´il les trouvait morts, parce qu´il amène leurs chevaux, [1865] à cause de ce qu´il fait, nous aurons des difficultés[a]."

99.

[1866] Le roi don Alphonse parla, vous allez entendre ce qu´il dit : "Merci au Créateur et au seigneur saint Isidore[b] pour ces deux cents chevaux que m´envoie mon Cid. Plus tard, au cours de mon règne, il pourra mieux me servir. [1870] Quant à vous Minaya Álvar Fáñez et à vous Pero Vermudoz, à l´instant, je vous ordonne de vous vêtir avec éclat et de vous équiper de toutes les armes que vous allez désigner, pour que vous ayez belle allure devant Ruy Díaz mon Cid[c]; je vous donne trois chevaux, et prenez-les ici. [1875] Ainsi qu´il paraît et comme me le dit ma volonté, toute cette affaire aura une bonne fin."

100.

[1877] Ils lui baisèrent les mains et entrèrent se détendre; le roi ordonna de bien les servir de tout ce dont ils ont besoin. Je veux vous parler des infants de Carrión,

fablando en su consseio, auiendo su poridad :
“Las nueuas del Çid mucho van adelant,
demandemos sus fijas pora co*n* ellas casar;
creçremos en [n]*uestr*a ondra *e* yremos adelant.”
Vinien al rrey Alfonsso con esta poridad.

101.

“Merçed uos pidimos com*m*o a rrey *e* a señor (natural)[245];
con u*uestr*o consseio lo q*ue*remos fer nos,
q*ue* nos demandedes fijas del Campeador;
casar q*ue*remos con ellas a su ondra *e* a n*uestr*a pro.”
Vna grant ora el rrey pensso *e* comidio:
“Hyo eche de t*ie*rra al bue*n* Campeador,
e faziendo yo ha el mal *e* el a mi grand pro,
del casamiento non se sis abra sabor;
mas pues bos lo q*ue*redes, entremos en la rrazo*n*.”
A Mynaya Albar Fanez *e* a P*er*o Vermu[do]z[245a]
el rrey don Alfonsso essora los lamo,
a vna q*u*adra ele los aparto : fº 39 rº
“Oyd me, Mynaya, *e* vos P*er* Vermu[do]z[245a]:
siruem myo Çid el Campeador[246],
el lo (a)mereçe(r)[247] e de mi abra p*er*don :
1899b. viniessem a vistas si ouiesse de*n*t sabor.
Otros mandados ha en esta mi cort :
Diego *e* Fernando, los yffantes de Carrio*n*,
sabor han de casar co*n* sus fijas amas a dos.
Sed buenos menssageros *e* rruego uos lo yo
q*ue* gelo digades al buen Campeador :
abra y ondra *e* creçra en onor,
por conssagrar con los yffantes de Carrion.”
Fablo Mynaya *e* plogo a P*er* Vermu[do]z[245a]:
“RRogar gelo emos lo q*ue* dezides uos;
despues faga el Çid lo q*ue* ouiere sabor.”

[1880] qui délibèrent entre eux en secret : "Les exploits du Cid deviennent chaque jour plus importants, demandons ses filles en mariage; notre honneur croîtra et nous deviendrons chaque jour plus importants[(a)]." Ils vinrent auprès du roi Alphonse ce secret à la bouche.

101.

[1885] "Nous vous demandons une grâce, comme à notre roi et seigneur; avec votre agrément, nous voulons faire en sorte que vous demandiez pour nous les filles du Campéador; nous voulons nous marier avec elles pour leur honneur et pour notre profit[(a)]." Une longue heure le roi pensa et réfléchit : [1890] "J'ai exilé le bon Campéador, et comme mon action lui avait fait du mal alors que la sienne tournait largement à mon profit, je ne sais s'il désirera ce mariage; mais puisque vous le voulez, entrons en pourparlers." Minaya Álvar Fáñez et Pero Vermudoz, [1895] le roi don Alphonse les appela à ce moment,il les prit à l'écart dans une salle : "Ecoutez-moi, Minaya et vous, Pero Vermudoz, mon Cid le Campéador est à mon service, il le mérite, il obtiendra mon pardon[(b)] : qu'il vienne à moi pour avoir une entrevue, s'il en a le désir. [1900] Il y a d'autres nouvelles à ma cour : Diègue et Fernand, les infants de Carrión, ont le désir de se marier avec ses deux filles. Soyez de bons messagers et je vous prie de le dire au bon Campéador : [1905] il y trouvera de l'honneur et sa gloire augmentera, en acceptant comme gendres les infants de Carrión." Minaya prit la parole et contenta ainsi Per Vermudoz : "Nous lui demanderons ce que vous dites; qu'ensuite le Cid fasse ce qu'il désirera."

"Dezid a RRuy Diaz,   el *que* en bue*n* ora na[ci]o[248],
q*ue*l yre a vistas   do aguisado f[o]re[249];
do el dixiere   y sea el moion.
Andar le q*u*iero   a myo Çid en toda pro."
Espidiensse al rrey[250],   con esto tornados son,
van pora Valençia,   ellos *e* todos los sos.
Q*u*ando lo sopo   el bue*n* Campeador,
ap*r*iessa caualga,   a reçebir los salio;
sonrrisos mio Çid   *e* bie*n* los abraço :
"¿ Venides, Mynaya   *e* vos Pero Vermu[do]z ?
En pocas *tie*rras   a tales dos varones.
¿ Com*m*o son las saludes   de Alfonsso myo señor ?
¿ Si es pagado   o rreçibio el don ? "   f° 39 v°
Dixo Mynaya :   "D´alma *e* de coraço*n*
es pagado   *e* dauos su amor."
Dixo myo Çid :   " ¡ Grado al Criador ! "
Esto diziendo,   conpieçan la rrazo*n*,
lo q*ue*l rrogaua   Alfonsso, el de Leo*n*,
de dar sus fijas   a los yfantes de Carrion,
q*ue*l connosçie y ondra   e creçie[250 a] en onor,
q*ue* gelo consseiaua   d´alma *e* de coraçon.
Q*u*ando lo oyo myo Çid,   el buen Campeador,
vna grand[251] ora   pensso *e* comidio :
"Esto gradesco   a *Christus,* el myo señor.
Echado fu de *tie*rra,   *e* tollida la onor,
con grand afan   gane lo *que* he yo;
a Dios lo gradesco   q*ue* del rrey he su [amor][252],
e pide*n* me mis fijas   pora los yfantes de Carrio*n*.
Ellos son mucho vrgullosos   *e*.an part en la cort,
deste casamiento   non auria sabor;

[1910] "Dites à Ruy Díaz, celui qui naquit à la bonne heure, que
j'irai à l'entrevue là où cela lui conviendra; que l'endroit prévu soit
celui qu'il désignera[a]. Je veux favoriser mon Cid en tout." Ils prirent
congé du roi, sur ce ils s'en sont revenus, [1915] ils se dirigent
vers Valence, eux et tous les leurs. Quand le bon Campéador le sut,
vite il saute à cheval et sortit les recevoir; mon Cid sourit et les prit
chaleureusement dans ses bras : "Vous voilà, Minaya et vous, Pero
Vermudoz ? [1920] Dans peu de pays il y a deux hommes tels
que vous. En quelles dispositions est Alphonse, mon seigneur ? Est-il
content et a-t-il reçu le présent ? " Minaya dit : "De toute son âme
et de tout son coeur. Il est content et vous rend son amour." [1925] Mon
Cid dit : "Grâces au Créateur ! " Ce disant, ils commencent à lui
communiquer ce dont les priait Alphonse de León[b], donner ses
filles aux infants de Carrión : le Cid y connaîtrait l'honneur et sa
gloire augmenterait, [1930] le roi le lui conseillait de toute son âme et
de tout son coeur. Quand mon Cid, le bon Campéador, entendit cela,
il pensa et réfléchit une longue heure : "J'en remercie le Christ, mon
Seigneur. J'ai été exilé et on m'a dépouillé de mes biens, [1935]
à grand peine j'ai gagné ce que j'ai; je remercie Dieu d'avoir recouvré
l'amour du roi et qu'on me demande mes filles pour les infants de
Carrión. Ils sont très orgueilleux et font partie de la cour[c]; de ce
mariage je n'aurais aucune satisfaction[d];

mas pues lo conseia el *que* mas vale *que* nos,
f(l)ablemos en ello, en la poridad seamos nos.
¡ Afe Dios del çiello *que* nos acuerde en lo miior ! ”
- “Con todo esto a uos dixo Alfons(so)[253]
que uos vernie a vistas do ouiessedes sabor;
*que*rer uos ye ver *e* dar uos su amor,
acordar uos yedes despues a todo lo meior.”
Essora dixo el Çid : “Plazme de coraçon.” fº40 rº
- “Estas vistas o las ayades uos,”
dixo Minaya, “uos sed sabidor.”
- “Non era marauilla si *qu*isiesse el rrey Alfons(so),
fasta do lo fallassemos buscar lo yr[i]emos[254] nos
por dar le grand ondra com*m*o a rrey [e señor][255].
Mas lo *que* el *qu*isiere, esso queramos nos;
sobre Taio *que* es una agua [mayor][256]
ayamos vistas *qu*ando lo *qu*iere myo señor.”
Escriuien cartas, bie*n* las sello,
con dos caualle*ro*s luego las enbio :
lo *que* el rrey *qu*isiere, esso fera el Campeador.

102.

Al rrey ondrado delant le echaro*n* las cartas;
*qu*ando las vio, de coraçon se paga :
“Saludad me a myo Çid, el *que* en bue*n* ora çinxo espada;
sean las vistas destas .III. semanas;
s´yo[256a] biuo so, ali yre sin falla.”
Non lo detardan[256b], a myo Çid se tornaua*n*.
Della part *e* della pora la[s] vistas se adobauan.
¿*Qu*ien vio por Castiella tanta mula p*re*çiada
e tanto palafre *que* bien anda,
cauallos gruessos *e* coredores sjn falla,
tanto buen pendon meter en buenas astas,

[1940] mais puisque celui qui vaut plus que nous le conseille, parlons-en, mais restons dans le secret. Que le Dieu du Ciel nous persuade de ce qu´il y a de mieux ! " - "Avec tout cela, Alphonse vous communique [1945] qu´il viendrait bien à vous pour avoir une entrevue, là où vous le désireriez; il voudrait vous voir et vous rendre son amour de roi; vous vous entendriez ensuite au mieux." Alors le Cid dit : "J´y souscris de tout coeur." - "Cette entrevue, l´endroit où vous l´aurez, dit Minaya, c´est vous qui le savez." [1950] -"Il ne m´étonnerait pas que, si le roi Alphonse le voulait, nous irions le chercher jusqu´à ce que nous le trouvions pour lui rendre les grands honneurs dignes du roi et du seigneur. Mais ce qu´il voudra, veuillons-le aussi; sur les rives du Tage[a], qui est un grand fleuve[a], [1955] fixons notre entrevue quand le veut mon seigneur[b]." On écrivit des lettres, le Cid les scella soigneusement, il les envoya sur-le-champ par deux chevaliers : ce que le roi voudra, le Campéador le fera.

102.

[1959] Au roi qu´ils honorent, ils présentèrent les lettres; [1960] quand le roi les vit, son coeur est content "Pour moi baisez mon Cid sur la bouche, celui qui à la bonne heure ceignit l´épée; que l´entrevue ait lieu dans trois semaines; si je suis en vie, je m´y rendrai sans faute." Les chevaliers ne s´attardent pas, ils s´en revinrent auprès de mon Cid. [1965] De part et d´autre, ils s´équipèrent pour l´entrevue. Qui jamais vit à travers la Castille tant de mules de prix et tant de palefrois qui courent bien, de chevaux puissants et rapides, sans défaut, tant de riches pennons fixés à de bonnes hampes,

escudos boclados   con oro *e* con plata,
mantos *e* pielles   e buenos çendales d'A[n]dria ?
Conduchos largos   el rrey enbiar ma*n*daua   fº 40 vº
a las aguas de Taio   o las uistas son apareiadas.
Con el rrey   a ta*n*tas buenas conpañas.
Los yffantes de Carrio[n]   mucho alegres andan,
Lo vno adebdan   *e* lo ot*r*o pagauan;
com*m*o ellos tenien,   creçer les ya la gana[n]çia,
q*u*antos q*u*isiessen   aueres d'oro o de plata.
El rrey don Alfonsso   a p*r*iessa caualgaua,
cuendes *e* podestades   *e* muy grandes mesnadas.
Los yfantes de Carrion   lieuan grandes conpañas.
Con el rrey van leoneses   *e* mesnadas galizianas,
non son en cuenta,   sabet, las castellanas;
sueltan las rriendas,   a las vistas se ua*n* adeliñadas.

103.

Dentro en Vallençia   myo Çid el Campeador
non lo detarda,   pora vistas [257] se adobo :
tanta gruessa mula   *e* tanto palafre de sazon,
tanta buena arma   *e* tanto bue*n* cauallo coredor,
tanta buena capa   *e* mantos *e* pelliçones;
chicos *e* grandes   vestidos son de colores.
Mynaya Alvar Fanez   *e* aquel P*er*o Vermu[do]z,
1992. Marti*n* Munoz,   [el q*ue* mando a Mont Mayor] ,
1992b. (e) Marti*n* Antolinez,   el burgales de pro [257a],
el ob*is*po don Ieronimo,   coranado [257b] meior,
Alvar Alvarez   *e* Alvar Sa[l]vadorez,
Muño Gustioz,   el caua*ll*e*r*o de pro,
Galind Garçiaz,   el q*ue* fue de Aragon :
estos se adoban   por yr co*n* el Campeador
e todos los otros   [quantos] [258] q*ue* y son.   fº 41 rº
Âlvar Salvadorez   *e* Galind Garçiaz, el de Aragon [258a],
a aq*ue*stos dos   mando el Campeador

[1970] d'écus à boucles d'or et d'argent, de manteaux et de fourrures et de riches tissus de soie d'Andros[a]? Le roi fit envoyer d'amples provisions au bord des eaux du Tage, là où on prépare l'entrevue. Avec le roi, il y a maintes compagnies excellentes. [1975] Les infants de Carrión cheminent pleins de joie, d'une part ils s'endettent, d'autre part ils paient; comme ils le croyaient, leur fortune allait augmenter d'autant qu'ils voudraient d'avoirs en or et en argent. Le roi don Alphonse chevauchait à vive allure, [1980] avec ses comtes, ses podestats[b] et ses grandes troupes de vassaux. Les infants de Carrión emmènent de grandes compagnies. Avec le roi vont les Léonais et les bans de vassaux galiciens, quant aux bans castillans, sachez-le, ils ne se comptent pas; ils lâchent les rênes et se dirigent vers le lieu de l'entrevue.

103.

[1985] A l'intérieur de Valence, mon Cid le Campéador ne s'attarde pas, il s'équipa pour l'entrevue : que de puissantes mules et que de palefrois en parfaite condition, que de bonnes armes et que de bons chevaux rapides, que de bonnes capes et de manteaux et de pelisses ! [1990] Petits et grands ont des vêtements de couleur. Minaya Álvar Fáñez et le brave Pero Vermudoz, Martín Muñoz, celui qui commanda Montemayor, Martín Antolínez, le Burgalais plein de qualités, l'évêque don Jerôme, le meilleur des tonsurés, Álvar Álvarez et Álvar Salvadórez, [1995] Muño Gustioz, le chevalier plein de qualités, Galind Garcíaz, celui qui était d'Aragon, tous ceux-ci s'équipent pour aller avec le Campéador, ainsi que tous les autres autant qu'ils sont. A Álvar Salvadórez et à Galind Garcíaz d'Aragon, [2000] à ces deux-ci, le Campéador commanda

q*ue* curien a Valençia d´alma *e* de coraçon,
e todos los [otros] [(259)] q*ue* en poder dessos fossen;
las puertas del alcaçar q*ue* non se abriessen de dia ny*n* de noch :
dentro es su mug*ier* *e* sus fijas amas a dos,
en q*ue* tiene su alma *e* su coraçon,
e otras dueñas q*ue* las siruen a su sabor;
rrecabdado ha, com*mo* tan bue*n* varon,
q*ue* del alcaçar vna salir non pu[o]de [(260)]
fata q*ue*s torne el q*ue* en bue*n* ora na[çi]o [(261)].
Salien de Valençia, aguijan [a] [(251a)] espolon(auan).
¡ Tantos cauallos en diestro, gruessos *e* corredores !
Myo Çid selos gañara, q*ue* non gelos diera*n* en don.
Hyas va pora las vistas q*ue* co*n* el rrey paro.
De vn dia es legado antes el rrey don Alfons(so).
Q*u*ando vieron q*ue* vinie el buen Campeador,
rreçebir lo salen con ta*n* grand onor.
Don lo ouo a oio el q*ue* en buen ora na[çi]o [(261)],
a todos los sos estar los mando,
si non a estos caual*ler*os q*ue* q*ue*rie de coraço[n].
Con unos .XV. a t*ie*rras firio;
com*mo* lo comidia el q*ue* en buen ora naçio,
los ynoios *e* las manos en t*ie*rra los finco,
las yerbas del campo a dientes las tomo,
lorando de los oios ta*n*to auie el gozo mayor; fº 41 vº
asi sabe dar omildança a Alfonsso so señor.
De aq*ue*sta guisa a los pies le cayo.
Tan grand pesar ouo el rrey don Alfons(so) :
"Leuantados en pie, ya Çid Campeador,

de garder Valence de toute leur âme et de tout leur coeur, avec tous les autres qui seraient sous leurs ordres; quant aux portes de l´Alcázar, il interdit de les ouvrir ni de jour ni de nuit : à l´intérieur se trouvent sa femme et ses deux filles, en qui il a mis son âme et son coeur, et d´autres dames qui les servent selon leur désir; il a pris ses précautions en homme très sage, de façon que de l´Alcázar aucune d´elles ne puisse sortir jusqu´à ce que revienne celui qui naquit à la bonne heure. Ils sortent de Valence, piquent des éperons. Que de destriers puissants et rapides ! Mon Cid les avait gagnés, car on ne les lui avait pas donnés en présent. Maintenant il s´en va à l´entrevue qu´il a fixée avec le roi. Le roi Alphonse est arrivé un jour plus tôt. Quand on vit venir le bon Campéador, on sort le recevoir avec de grands honneurs. Lorsque celui qui naquit à la bonne heure s´en aperçut, il ordonna à tous les siens de faire halte, sauf à ces chevaliers que son coeur aimait. Avec une quinzaine d´entre eux, il mit pied à terre; comme l´avait prémédité celui qui naquit à la bonne heure, il mit ses genoux et ses mains à terre, il prit avec ses dents les herbes du champ[a], les yeux en larmes tant il en ressentait une joie suprême : ainsi il sait manifester sa déférente soumission à Alphonse, son seigneur. De cette façon, il tomba à ses pieds. Le roi don Alphonse en ressentit une très grande peine : "Relevez-vous donc, Cid Campéador.

besad las manos, ca los pies no[262];
si esto non feches, non auredes my amor."
Hynoios fitos, sedie el Campeador :
"Merçed uos pido a uos, myo natural señor;
assi estando, dedes me u*uestr*a amor
2032b. q*ue* lo oyan q*u*antos aq*u*i son."
Dixo el rrey : "Esto fere d´alma *e* de coraçon.
Aq*u*i uos p*er*dono *e* douos my amor,
ên[263] todo myo rreyno parte desde oy."
Fablo myo Çid *e* dixo [esta rrazon] [263a] :
2036b. (lo) " ¡ Merçed ! Yo lo rreçibo, do*n* Alfonsso, myo señor,
gradescolo a Dios del çielo *e* despues a uos,
e a estas mesnadas q*ue* esta*n* a derredor."
Hynoios fitos, las manos le beso,
leuos en pie *e* en la bocal saludo.
Todos los demas desto auie*n* sabor;
peso a Albar Diaz *e* a Garci Ordonez.
Fablo myo Çid *e* dixo esta rrazon :
2043b. "Esto gradesco al C*r*iador[264],
q*u*ando he la graçia de do*n* Alfonsso, myo señor;
valer me ha Dios de dia *e* de noch.
Fuessedes my[o][264a] huesped, si uos plogiesse, señor."
Dixo el rrey : "Non es aguisado oy :
vos agora legastes *e* nos viniemos anoch; f° 42 r°
myo huesped seredes, Çid Campeador,
e cras feremos lo q*ue* plogiere a uos."
Beso le la mano, myo Çid lo otorgo.
Essora sele omillan los yffantes de Carrion :
"Omillamos nos, Çid, en buen ora nasquiestes uos.
En q*u*anto podemos, andamos en u*uestr*o pro."
RRespuso mio Çid : " ¡ Assi lo mande el Criador ! "
Myo Çid RRuy Diaz, q*ue* en ora buena na[çi]o[265],

baisez-moi les mains, mais les pieds, non; si vous ne faites pas ainsi, vous n´aurez pas mon amour." [2030] Le Campéador restait les genoux à terre : "Je vous demande grâce à vous, mon seigneur légitime; dans cette position, rendez-moi, je vous prie, votre amour de sorte que tous ceux qui sont ici l´entendent." Le roi dit : "J´agirai ainsi de toute mon âme et de tout mon coeur. A l´instant, je vous pardonne et je vous rends mon amour de roi, [2035] et dans tout mon royaume je vous accueille dès aujourd'hui." Mon Cid parla et dit ces mots : "Merci ! j´accepte, don Alphonse, mon seigneur, j´en remercie le Dieu du Ciel et ensuite vous-même et ces bans de vassaux qui nous entourent." Les genoux à terre, il lui baisa les mains[a], [2040] il se releva et lui baisa la bouche[b]. Tous les autres en ressentaient de la joie; mais cela mécontenta Álvar Díaz[c] et Garcí Ordóñez. Mon Cid parla et dit ces mots : "Je remercie le Créateur d´avoir de nouveau la faveur de don Alphonse, mon seigneur; [2045] Dieu me protégera jour et nuit. Soyez mon hôte, s´il vous plaît, seigneur." Le roi dit : "Cela ne convient pas aujourd´hui : vous venez d´arriver et nous sommes venus hier; vous serez mon hôte, Cid Campéador, [2050] et demain nous ferons ce qu´il vous plaira." Mon Cid lui baisa la main et accepta. Alors les infants de Carrión s´inclinent devant lui : "Nous nous inclinons devant vous, Cid, vous naquîtes à la bonne heure. Autant que nous le pouvons, nous cherchons votre profit." [2055] Mon Cid répondit : "Qu´ainsi l´ordonne le Créateur ! " Mon Cid Ruy Díaz, qui naquit à la bonne heure,

en aq*ue*l dia del rrey so huesped f[o][266];
non se puede fartar del tantol q*ue*rie de coraçon :
catandol sedie la barba, q*ue* tan aynal creçi[o][267].
Marauilla*n*se de myo Çid q*u*antos q*ue* y son.
Es dia es passado *e* entrada es la noch.
Otro dia mañana, claro salie el sol :
el Campeador a los sos lo mando
q*ue* adobassen cozina pora q*u*antos q*ue* y son;
de tal guisa los paga myo Çid el Campeador,
todos era*n* alegres *e* acuerdan en vna rrazon :
passado auie .III. años no comiera*n* meior.
Al otro dia mañana, assi com*m*o salio el sol,
el ob*is*po do*n* Ih*er*onimo la missa canto.
Al salir de la missa todos iuntados son;
non lo tardo el rrey, la rrazon conpeço :
"Oyd me, las escuellas, cuendes *e* yfançones,
Cometer q*u*iero vn rruego a myo Çid el Campeador.

f° 42 v°

¡Asi lo mande *Christus* q*ue* sea a so p*ro* !
V*uest*ras fijas uos pido, don Eluira *e* doña Sol,
q*ue* las dedes por mugieres a los yfantes de Carrio*n*.
Semeiam el casamiento ondrado *e* co*n* grant pro;
ellos uos las piden *e* mando uos lo yo.
Della *e* della parte[268] q*u*antos q*ue* aq*u*i son,
los mios *e* los u*uest*ros q*ue* sean rrogadores;
dandos las, myo Çid, ¡si uos vala el C*r*iador ! "
- "Non abria fijas de casar " rrespuso el Campeador,
"ca non han grant heda(n)d e de dias peq*ue*nas son.
De grandes nueuas son los yfantes de Carrion,
perteneçen pora mis fijas *e* avn pora meiores.
Hyo las engendre amas *e* criastes las uos;
entre yo *y* ellas en u*uest*ra merçed somos nos;
afellas en u*uest*ra mano don Eluira *e* doña Sol :
dad las a q*u*i q*u*isieredes uos, ca yo pagado so."

ce jour-là fut l'hôte du roi; celui-ci ne peut se passer de lui, tant il l'aimait du fond du coeur : il restait à contempler sa barbe, tant elle lui avait vite poussé[a]. Tous ceux qui sont là s'émerveillent de voir mon Cid. Ce jour est passé et la nuit est venue. Le lendemain matin, le soleil se leva radieux : le Campéador ordonna aux siens de préparer la viande pour tous ceux qui sont là. Mon Cid Campéador les contente de telle manière qu'ils étaient tous joyeux et sont d'accord sur ce point : il y avait plus de trois ans qu'ils n'avaient mieux mangé. Le lendemain matin, dès que le soleil se leva, l'évêque don Jerôme chanta la messe. Au sortir de la messe, tous se sont réunis; le roi ne tarda pas, il commença son discours : "Ecoutez-moi, ceux de ma suite, comtes et infançons[b], je veux adresser une prière à mon Cid, le Campéador. Veuille le Christ que ce soit à son profit ! Je vous demande vos filles, doña Elvire et doña Sol, pour que vous les donniez pour femmes aux infants de Carrión. Le mariage me paraît honorable et d'un grand profit. Ils vous les demandent et moi, je vous l'ordonne. De part et d'autre, que tous ceux qui sont ici, les miens et les vôtres, soient les intercesseurs; donnez-les nous, mon Cid, et que le Créateur vous protège ! " - "Je ne devrais pas marier mes filles" répondit le Campéador[c], "car elles n'ont pas l'âge, elles sont fort jeunes. Les infants de Carrión sont de grande renommée, ils conviennent à mes filles et même à de plus nobles. Moi, je les ai engendrées toutes deux et vous, vous les avez élevées; elles et moi, nous sommes à votre merci; voici entre vos mains doña Elvire et doña Sol; donnez-les à qui vous voudrez, car pour moi je suis content"[d].

2090. - "Graçias", dixo el rrey,   "a uos *e* a tod esta cort."
Luego se leuantaro*n*   los yffantes de Carrion,
ban besar las manos   al q*ue* en ora buena naçio;
camearo*n* las espadas   ant´ el rrey don Alfons(so).
Fablo el rrey don Alfonsso   com*m*o ta*n* bue*n* señor :
2095. "Grado *e* graçias[269],   Çid, com*m*o ta*n* bueno *e* p*r*imero
al C*r*iador[269a]
q*ue*m dades u*uestr*as fijas   pora los yfantes de Carrion.
f°43 r°.
Daq*u*i las p*r*endo por mis manos,   don Eluira *e* dona Sol,
e dolas por veladas   a los yfantes de Carrion.
Hyo las caso a u*uestr*as fijas   co*n* u*uestr*o amor;
2100. ¡ Al C*r*iador plega   q*ue* ayades ende sabor !
Afellos en u*uestr*as manos   los yfantes de Carrio*n*,
ellos vayan con uusco,   ca d´aq*ue*n me torno yo.
Trezientos marcos de plata   en ayuda les do yo
q*ue* metan en sus bodas   o do q*u*isieredes uos :
2105. pues fueren en u*uestr*o poder   en Valençia la mayor,
los yernos *e* las fijas   todos u*uestr*os fijos son,
lo q*ue* uos plogiere,   dellos fet, Campeador."
Myo Çid gelos rreçibe,   las manos le beso :
"Mucho uos lo gradesco   com*m*o a rrey *e* a señor.
2110. Vos casades mis fijas,   ca no*n* gelas do yo."
Las palabras son puestas   [*e* los omenaies dados son],
q*ue* ot*r*o dia mañana   q*u*ando salie(le) el sol[270],
2112b. q*ue*s tornasse cada vno   do*n* salidos son.
Aq*u*is metio en nueuas   myo Çid el Campeador :
tanta gruessa mula   *e* tanto palafre de sazo*n*,
2116. tantas buenas vestiduras   q*ue* d´alfaya son,
2115. conpeço myo Çid a dar   a q*u*ien q*u*iere p*r*ender so do*n*[271];
2117. cada vno lo q*ue* pide,   nadi nol dize de no.
Myo Çid de los cauallos   .LX. dio en don.
Todos son pagados de las vistas   q*u*antos q*ue* y son;
f°43 v°
2120. partir se q*u*ieren   q*ue* ent*r*ada era la noch.

[2090] “Merci”, dit le roi, “à vous et à toute cette cour.” Sur-le-champ les infants de Carrión se levèrent, ils vont baiser les mains de celui qui naquit à la bonne heure; ils échangèrent les épées devant le roi don Alphonse[a]. Le roi don Alphonse parla comme un excellent seigneur : [2095] “Merci beaucoup, Cid, de votre grande bonté, et d'abord merci au Créateur, de ce que vous me donniez vos filles pour les infants de Carrión. Dès cet instant je les prends de mes mains[b], doña Elvire et doña Sol, et je les donne comme épouses légitimes aux infants de Carrión. Je marie vos filles avec votre consentement. [2100] Plaise au Créateur que vous en ayez de la satisfaction ! Voici entre vos mains les infants de Carrión; qu'ils s'en aillent avec vous, car moi, je m'en retourne loin d'ici. Je leur donne trois cents marcs d'argent pour leur venir en aide, qu'ils les consacrent à leurs noces ou à ce que vous voudrez : [2105] puisqu'ils seront en votre pouvoir à Valence la grande, gendres et filles, tous sont vos enfants, faites d'eux, Campéador, ce qu'il vous plaira.” Mon Cid les reçoit de lui, il lui baisa les mains : “Je vous en remercie beaucoup, comme mon roi et mon seigneur. [2110] C'est vous qui avez marié mes filles, car moi, je ne les leur donne pas[c].” Ils se sont mis d'accord verbalement et ont échangé solennellement leurs promesses, car le lendemain matin, au lever du soleil, chacun devait s'en retourner d'où il était venu. Alors mon Cid le Campéador fit une chose dont on parla : beaucoup de mules puissantes et beaucoup de palefrois en bonne condition, beaucoup de bons vêtements de valeur, [2115] mon Cid entreprit de les donner à qui veut prendre son présent; chacun a ce qu'il demande, personne ne le lui refuse. Mon Cid donna soixante de ses chevaux en présent. Tous ceux qui sont là sont contents de l'entrevue; [2120] ils veulent s'en aller, car la nuit était tombée.

El rrey a los yfantes a las manos les tomo,
metiolos en poder de myo Çid el Campeador :
"Evad aq*u*i u*uest*ros fijos q*u*ando u*uest*ros yernos son;
de oy mas[272], sabed q*ue* fer dellos, Campeador."
"Gradescolo, rrey, *e* p*r*endo u*uest*ro don;
¡Dios q*ue* esta en çielo dem dent[273] bue*n* galardo*n*! [274]"

104.

"Yo uos pido merçed a uos, rrey natural :
pues q*ue* casades mys fijas asi com*m*o a uos plaz,
dad man*er*o a q*u*i las de, q*u*ando uos las tomades;
non gelas dare yo co*n* mi mano ni de[n]d no*n* se alabara*n*."
RRespondio el rrey : "Afe aq*u*i Albar Fanez :
prendellas co*n* u*uest*ras manos e daldas a los yfa*n*tes,
assi com*m*o yo las p*r*endo daq*u*ent, com*m*o si fosse delant;
sed padrjno dell[a]s[275] a tod el velar;
q*u*ando uos iuntaredes comigo, q*ue*m digades la u*er*dat."
Dixo Albar Fanez : "Señor, afe q*ue* me plaz."

105.

Tod esto es puesto, sabed, en grant rrecabdo.
- "Hya rrey don Alfonsso, señor ta*n* ondrado,
destas vistas q*ue* ouiemos, de my tomedes algo, f°44 r°
Trayo uos .XX. palafres, estos bie*n* adobados,
e .XXX. cauallos coredores, estos bie*n* e*n*ssellados;
tomad aq*u*esto *e* beso u*uest*ras manos.
Dixo el rrey do*n* Alfonsso : "Mucho me auedes enbargado.
RReçibo este do*n* q*ue* me auedes mandado.
¡Plega al C*r*iador co*n* todos los sos s*anct*os,
Este plazer[276] q*ue*m feches q*ue* bie*n* sea galardonado !

Le roi prit les infants par la main, il les remit au pouvoir de mon Cid le Campéador : "Voici vos fils puisqu'ils sont vos gendres : désormais sachez ce qu'il faut faire d'eux, Campéador[a]." [2125] -"Je vous en remercie, roi, et j'accepte votre présent. Que Dieu qui est au ciel m'en donne une bonne récompense ! "

104.

[2131] "Je vous demande une grâce, à vous, roi légitime : puisque vous mariez mes filles comme il vous plaît, donnez-moi un mandataire à qui je les donne, puisque vous les prenez; je ne les donnerai pas de ma main et les infants ne s'en flatteront pas[b]." [2135] Le roi répondit : "Voici Álvar Fáñez : prenez-les de vos mains et donnez-les aux infants, ainsi que je les prends ici moi-même de loin, comme si j'étais en leur présence; soyez leur parrain pendant toute la cérémonie du mariage; quand vous me rencontrerez de nouveau, dites-moi, je vous prie, la vérité." [2140] Álvar Fáñez dit : "Seigneur, voilà qui me plaît."

105.

[2141] Tout ceci est disposé, sachez-le, avec beaucoup de précautions. Le Cid dit : "A présent, roi don Alphonse, seigneur si plein d'honneur, à l'occasion de cette entrevue que nous avons eue, acceptez quelque chose de moi. Je vous amène vingt palefrois, ceux-ci bien équipés, [2145] et trente chevaux rapides, ceux-ci bien sellés; prenez ceci et je vous baise les mains. Le roi don Alphonse dit : "Vous me rendez tout confus; j'accepte ce présent que vous m'avez destiné. Plaise au Créateur et à tous ses saints [2150] que ce plaisir que vous me faites soit bien récompensé !

Myo Çid RRuy Diaz, mucho me auedes ondrado,
de uos bie*n* so seruido *e* tengon por pagado;
avn biuo seyendo, de mi ayades algo.
A Dios uos acomiendo, destas vistas me parto.
2155. ¡Afe Dios del Çielo q*ue* lo ponga en bue*n* [rrecabdo][276]!

106.

2127. Sobr' el so cauallo Bauieca myo Çid salto d[io][276a]:
f°43 v°
2128. "Aq*u*i lo digo ante myo señor el rrey Alfons(so):
2129. q*u*i q*u*iere yr comigo[276b] a las bodas o[277] rrecibir un do*n*,
2130. daq*ue*nd vaya comigo, cuedo q*ue*l aura pro[274]."
2156. Hyas espidio myo Çid de so señor Alfons(so), f°44 r°
non q*u*iere q*ue*l escura, dessi luegol q*u*ito[278].
Veriedes caualle*r*os q*ue* bie*n* andantes son,
besar las manos, espedir se del rrey Alfons(so):
2160. "Merçed uos sea *e* fazed nos este perdon:
hyremos en poder de myo Çid a Valençia la mayor;
seremos a las bodas de los yfantes de Carrio*n*
he de las fijas de myo Çid, de do*n* Eluira *e* doña Sol."
Esto plogo al rrey, *e* a todos los solto:
2165. la conpaña del Çid creçe *e* la del rrey mengo,
grandes son las yentes q*ue* van con el Canpeador. f°44 v°
Adelinan pora Valençia, la q*ue* en buen pu*n*to gano;
e a[278a] don Fernando *e* a do*n* Diego aguardar los ma*n*do
a Pero Vermu[do]z *e* Muno Gustioz
2170. - e*n* casa de myo Çid no*n* a dos meiores -
q*ue* sopiessen sos mañas de los yfantes de Carrio*n*;
e va y Asur Go*nz*alez, q*ue* era bulidor,
q*ue* es largo de lengua, mas en lo al no*n* es ta*n* pro.
Grant ondra leș dan a los yfantes de Carrion.
2175. Afelos en Valençia, la q*ue* myo Çid gaño;

Mon Cid Ruy Díaz, vous m´avez fait beaucoup d´honneur, par vous je suis bien servi et je m´en tiens pour satisfait; moi encore vivant, je vous prie de recevoir quelque chose de moi. Je vous recommande à Dieu, je quitte cette entrevue. [2155] Que le Dieu du Ciel assure la bonne exécution de ceci !

106.

[2127] Sur son cheval Babieca mon Cid sauta : [2128] "Je le dis à présent devant mon seigneur le roi Alphonse : [2129] Qui veut venir avec moi aux noces et recevoir un présent, [2130] qu´il vienne dès maintenant avec moi, je pense qu´il y trouvera du profit." [2156] Alors mon Cid prit congé de son seigneur Alphonse, il ne veut plus qu´il l´accompagne, ensuite sur-le-champ il le quitta[a]. Vous auriez vu alors des chevaliers, qui savent bien monter, baiser les mains, prendre congé du roi Alphonse : [2160] "Soyez-en remercié et faites-nous cette concession : nous irons sous le commandement de mon Cid à Valence la grande, nous serons aux noces des infants de Carrión et des filles de mon Cid, doña Elvire et doña Sol." Le roi en fut satisfait et les laissa aller tous en liberté : [2165] la compagnie du Cid augmente et celle du roi diminua; nombreuses sont les troupes qui vont avec le Campéador. Ils se dirigent vers Valence, celle que le Cid avait conquise au bon moment; quant à don Fernand et à don Diègue, le Cid chargea Pero Vermudoz et Muño Gustioz de les observer [2170] - dans la maison de mon Cid il n´y en a pas deux meilleurs - afin de savoir les habitudes des infants de Carrión; et Asur González[b] y va aussi, qui était turbulent, qui a la langue longue, mais pour le reste n´a guère de qualités. On fait grand honneur aux infants de Carrión. [2175] Les voici à Valence, celle que mon Cid a conquise;

q*u*ando a ella assomaro*n*, los gozos son mayores.
Dixo myo Çid a do*n* Pero *e* a Muño Gustioz:
"Dad les vn rreyal (e) a los yfantes de Carrion,
vos co*n* ellos sed, q*ue* assi uos lo ma*n*do yo.
Q*u*ando viniere la mañana, q*ue* apuntare el sol,
veran a sus esposas, a do*n* Eluira *e* a dona Sol.

107.

Todos essa noch fuero*n* a sus posadas,
myo Çid el Campeador al alcaçar entraua;
rreçibiolo doña Ximena *e* sus fijas amas:
"Venides, Campeador, [en] buena [ora] çinxiestes espada[(279)].
¡Muchos dias uos veamos co*n* los oios de las caras!"
- ¡"Grado al C*r*iador, vengo, mug*ier* ondrada!
Hyernos uos adugo, de q*ue* auremos ondrança;
gradid melo mis fijas, ca bie*n* uos he casadas."

108.

Besaro*n*le las manos la mug*ier* e las fijas (amas),[(279a)]
f°45 r°
e todas las dueñas [de] qu[ien] [son] s[e]rui[das][(280)]:
"¡Grado al C*r*iador *e* a uos, Çid, barba velida!
Todo lo q*ue* uos feches es de buena guisa.
Non sera*n* menguadas en todos u*uest*ros dias."
- "Q*u*ando uos nos casaredes, bie*n* seremos rricas."

109.

- "Mug*ier*, doña Ximena, ¡grado al C*r*ia(a)dor!
A uos digo, mis fijas, don Eluira *e* doña Sol:
deste uu[e]stro casamiento creçremos en onor;
mas bie*n* sabet verdad q*ue* non lo leuante yo:

quand ils y parurent, quelle joie ! Mon Cid dit à don Pero et à Muño Gustioz : "Donnez une résidence aux infants de Carrión, restez avec eux, comme je vous le commande. [2180] Quand viendra le matin et que poindra le soleil, ils verront leurs fiancées, doña Elvire et doña Sol."

107.

[2182] Tous, cette nuit, s'en allèrent à leurs logis, mon Cid le Campéador entra dans l'alcázar; doña Chimène le reçut ainsi que ses deux filles : [2185] "Vous voici, Campéador, à la bonne heure vous ceignites l'épée, puissions-nous vous voir encore de nombreux jours de nos propres yeux." - "Grâces au Créateur, me voilà, femme pleine d'honneur ! Je vous amène des gendres qui nous feront honneur; soyez m'en reconnaissantes, mes filles, car je vous ai bien mariées[(a)]."

108.

[2190] Sa femme et ses filles lui baisèrent les mains, et toutes les dames qui sont à leur service : "Grâces au Créateur et à vous, Cid, à la belle barbe[(b)] ! Tout ce que vous faites est juste. Elles ne seront pas dans la gêne votre vie durant." [2195] - "Quand vous nous marierez, nous serons très riches[(c)]."

109.

[2196] - "Ma femme, doña Chimène, grâces au Créateur! A vous, je le dis, mes filles, doña Elvire et doña Sol : à cause de votre mariage, notre honneur croîtra; mais, sachez bien la vérité, que ce n'est pas moi qui en ai pris l'initiative :

pedidas uos ha *e* rrogadas   el myo señor Alfons(so),
atan firme mientre   e de todo coraço*n*
q*ue* yo nulla cosa   nol sope dezir de no.
Metiuos en sus manos,   fijas amas a dos;
bien melo creades   q*ue* el uos casa, ca no*n* yo."

110.

Penssaron de adobar   essora el palaçio,
por el suelo *e* suso   ta*n* bie*n* encortinado,
tanta porpola *e* tanto xamed   *e* tanto paño p*re*ciado.
Sabor abriedes de ser   *e* de comer en el palaçio.
Todos sus caualle*r*os   a p*r*iessa son iuntados.
Por los yffantes de Carrion   essora enbiaro*n*,
caualgan los yffantes,   adelant adelinauan al palaçio
con buenas vestiduras   *e* fuerte mientre adobados;
de pie *e* a sabor,   Dios ¡ q*ue* q*ue*dos entraron !
RReçibiolos myo Çid   con todos sus vasallos;   fº45 vº
a el[e] *e* a ssu mug*ier*[281]   delant sele[281a] omillaro*n*
e yua*n* posar   en vn p*re*çioso escaño.
Todos los de myo Çid   ta*n* bie*n* son acordados,
estan parando mientes   al q*ue* en bue*n* ora nasco.
El Campeador   en pie es leuantado :
"Pues q*ue* a fazer lo auemos,   ¿por q*ue* lo ymos tardando ?
Venit aca, Albar Fanez,   el q*ue* yo q*u*iero *e* amo.
Affe amas mis fijas,   metolas en u*uest*ra mano;
sabedes q*ue* al rrey   assi gelo he ma*n*dado,
no lo q*u*iero falir por nada   de q*u*anto ay parado;
a los yfantes de Carrion   dad las con u*uest*ra mano,
e p*re*ndan bendiçiones   *e* vayamos rrecabda*n*do."
Est[o]z(e)[281b] dixo Minaya :   "Esto fare yo de grado."
Leuantan se derechas,   *e* metiogelas en mano.
A los yfantes de Carrion   Minaya va fablando :
"Afeuos delant Minaya,   amos sodes hermanos.
Por mano del rrey Alfonsso,   q*ue* a mi lo ouo ma*n*dado,
douos estas dueñas,   - amas son fijas dalgo -

c´est mon seigneur Alphonse qui vous a demandées avec tant de fermeté et tellement de coeur que moi, en aucune façon, je n´ai su lui dire non. Je vous ai remises entre ses mains, mes filles, toutes les deux; croyez-m´en bien, c´est lui qui vous marie et non pas moi."

110.

Ils songèrent alors à aménager la salle, tapissèrent fort bien le sol et les murs de beaucoup de tissus de pourpre, de soie et d´étoffes précieuses. Vous auriez plaisir d´être et de manger dans la salle[a]. Tous les chevaliers du Cid se sont groupés en hâte. On envoya alors chercher les infants de Carrión. Les infants chevauchent, ils s´avancèrent vers la salle avec de beaux vêtements et somptueusement équipés; à pied et avec plaisir, Dieu, avec quelle modestie ils firent leur entrée ! Mon Cid les reçut avec tous ses vassaux; devant lui et devant sa femme, ils s´inclinèrent et allèrent s´asseoir sur un siège précieux. Tous les gens de mon Cid font preuve d´une grande sagesse, ils prêtent attention à celui qui naquit à la bonne heure. Le Campéador s´est dressé : "Puisque nous devons le faire, pourquoi tarder plus longtemps ? [b] Approchez, Álvar Fáñez, vous que j´aime tant. Voici mes deux filles, je les remets entre vos mains, vous savez qu´au roi je l´ai ainsi promis, je ne veux faillir en rien à tout ce qui a été concerté; aux infants de Carrión donnez-les de votre main, et qu´elles reçoivent la bénédiction et que nous mettions un terme à tout ceci[b]." Minaya dit alors : "Je le ferai de bon gré." Elles se lèvent toutes droites, et il les remit entre ses mains. Minaya adresse la parole aux infants de Carrión : "Vous voici devant Minaya, tous deux vous êtes frères. Par la main du roi Alphonse, qui me l´avait ordonné, je vous donne ces dames - toutes deux sont nobles -

q*ue* las tomassedes por mugieres a ondra e a recabdo."
Amos las rreçiben d´amor *e* de grado.
A myo Çid *e* a su mug*ier* van besar la mano.
Q*u*ando ouiero*n* aq*ue*sto fecho, saliero*n* del palaçio,
pora S*an*c*t*a M*aria* a p*r*iessa adelinnando[281c];
el ob*is*po don Ih*er*onimo vistios tan p*r*iuado, fº46 rº
a la puerta de la eclegia sediellos sp*er*ando;
dioles bendictiones, la missa a cantado.
Al salir de la ecclegia caualgaro*n* ta*n* p*r*iuado,
A la glera de Valençia fuera diero*n* salto;
¡ Dios q*ue* bie*n* touieron armas el Çid *e* sus vassalos !
Tres cauallos cameo el q*ue* en bue*n* ora nasco.
Myo Çid de lo q*ue* veye mucho era pagado :
los yfantes de Carrion bie*n* an caualgado.
Tornan se co*n* las dueñas, a Valençia an entrado.
RRicas fueron las bodas en el alcaçar ondrado;
e al otro dia fizo myo Çid fincar .VII. tablados :
antes q*ue* entrassen a iantar todos los q*ue*brantaro*n*.
Q*u*inze dias conplidos en las bodas duraron[281d],
(Hya)Çerca de los .XV. dias yas van los fijos dalgo.
Myo Çid do*n* RRodrigo, el q*ue* en bue*n* ora nasco,
entre palafres *e* mulas *e* corredores cauallos,
en bestias sines al .C. [ha][282] mandados;
mantos *e* pelliçones *e* ot*r*os vestidos largos;
non fueron en cuenta los aueres monedados.
Los vassallos de mio Çid assi son acordados,
cada vno por si sos dones auien dados.
Q*u*i auer q*u*iere p*r*ender bien era abastado,
rricos tornan a Castiella los q*ue* a las bodas legaron

fº46 vº

Hyas yuan partiendo aq*ue*stos ospedados,
espidiendos de RRuy Diaz, el q*ue* en bue*n* ora nasco,
e a todas las dueñas *e* a los fijos dalgo;

pour que vous les preniez comme femmes en tout honneur et avec prévenance[(a)]." Tous deux les reçoivent avec faveur et de bon gré. [2235] Ils vont baiser la main de mon Cid et de sa femme. Quand ils eurent fait ceci, ils sortirent de la salle, se dirigeant immédiatement vers Sainte-Marie[(b)]. L'évêque don Jerôme se vêtit très promptement, il se tenait à la porte de l'église à les attendre; [2240] il leur a donné la bénédiction[(c)], a chanté la messe. Au sortir de l'église tous sautèrent promptement à cheval et se précipitèrent dehors sur la grève de Valence. Dieu ! comme ils se divertirent bien avec leurs armes, le Cid et ses vassaux ! Celui qui naquit à la bonne heure changea trois fois de cheval. [2245] De ce qu'il voyait, mon Cid était très content : les infants de Carrión ont bien chevauché. Ils s'en retournent avec les dames, ils sont rentrés dans Valence. Les noces furent somptueuses dans le fameux alcázar, et le lendemain mon Cid fit planter sept châtelets de planches[(d)] : [2250] avant de rentrer pour dîner, ils les brisèrent tous. Quinze jours accomplis, ils les consacrèrent aux noces[(e)], vers le quinzième jour les hidalgos[(f)] s'en vont donc. Mon Cid don Rodrigue, celui qui naquit à la bonne heure, en fait de palefrois et de mules et de chevaux rapides, [2255] leur en a remis jusqu'à cent bêtes; et aussi des manteaux et des pelisses et d'autres vêtements en abondance; on ne peut faire le compte des espèces monnayées qu'il a données. Les vassaux de mon Cid se sont ainsi concertés : chacun pour sa part avait offert ses présents. [2260] Quiconque voulut obtenir des espèces en était bien pourvu; riches, ils s'en retournent en Castille ceux qui étaient venus aux noces. Ils se mettaient déjà en route, ces hôtes, prenant congé de Ruy Díaz, celui qui naquit à la bonne heure, et de toutes les dames et des hidalgos;

por pagados se parte*n*   de myo Çid *e* de sus vassallos.
Grant bie*n* dize*n* dellos,   ca sera aguisado.
Mucho era*n* alegres   Diego e F*ernand*o,
estos fueron fijos   del conde don Gonçalo.
Venidos son a Castiella   aq*ue*stos ospedados,
el Çid *e* sos hyernos   en Valençia son rastados.
Hy moran los yfant[e]s[282a]   bie*n* cerca de dos años,
los amores q*ue* les fazen   mucho eran sobeianos.
Alegre era el Çid   *e* todos sus vassallos.
¡Plega a *Sanct*a Maria   *e* al Padre *sanct*o
q*ue*s page des casamiento   myo Çid o el q*ue* lo ouo âlgo !
Las coplas deste cantar   aq*u*is van acabando.
¡ El Criador uos ualla   con todos los sos *sanct*os !

111.

En Valençia seye   myo Çid con todos [los sos][283],
con el amos sus yernos,   los yfantes de Carrio*n*.
Yazies en vn escaño,   durmie el Campeador;
mala sobreuienta,   saded, q*ue* les cuntio.
Salios de la rred   *e* desatos el Leon[283a].
En grant miedo se viero*n*   por medio de la cort :
enbraçan los mantos   los del Campeador
e çercan el escaño   *e* fincan sobre so señor.   f°47 r°
Ferran Go*nza*lez   [alli dos alçasse non vio][284]
ni*n* camara abierta   nin [ninguna] torre.
Metios sol escaño,   tanto ouo el pauor.
Diego Go*nza*lez   por la puerta salio,
diziendo de la boca :   "No*n* vere Carrion".
Tras vna viga lagar   metios co*n* grant pauor,
el manto *e* el brial   todo suzio lo saco.
En esto desperto   el q*ue* en bue*n* ora naçio,
vio çercado[284a] el escaño   de sus buenos varones :
"¿ Q*ue*s esto, mesnadas,   o q*ue* q*ue*redes uos ? "

[2265] ils s'en vont contents de mon Cid et de ses vassaux; ils disent grand bien d'eux, rien de plus justifié[a]. Diègue et Fernand étaient très joyeux : ceux-ci étaient les fils du comte don Gonzalve[b]. Les hôtes sont arrivés en Castille, [2270] le Cid et ses gendres sont restés à Valence. Les infants y demeurent bien près de deux ans, l'amour qu'on leur manifeste était extrême. Mon Cid était joyeux ainsi que tous ses vassaux. Plaise à sainte Marie et à Dieu le Père que mon Cid ou celui qui y fut pour quelque chose[c] [2275] soit content de ce mariage! Que le Créateur vous protège, ainsi que tous ses saints[e].

111.

[2278] Mon Cid restait à Valence avec tous les siens, ainsi qu'avec ses deux gendres, les infants de Carrión. [2280] Il était couché sur un siège, le Campéador dormait [f]. Une méchante surprise, sachez-le, leur arriva : le lion[g] sortit de sa cage [h] et se détacha. On ressentit une grande frayeur au milieu de la cour : les gens du Campéador jettent leurs manteaux sur leurs bras, [2285] entourent le siège et prennent place pour protéger leur seigneur. Fernand González ne vit d'endroit où se percher, ni de chambre ouverte ni de tour. Il se glissa sous le siège, tant il eut peur. Diègue González sortit par la porte, avec à la bouche ces mots : "Je ne reverrai plus Carrión". [2290] Derrière une poutre de pressoir il se glissa plein de peur, il en retira tout souillés son manteau et son bliaut. Sur ce, se réveilla celui qui naquit à la bonne heure, il vit son siège entouré de ses braves barons : "Qu'est-ceci, mes vassaux, et que voulez-vous ? "

- "Hya señor ondrado, rrebata nos dio el Leo*n*."
Myo Cid finco el cobdo, en pie se leuanto,
el manto trae al cuello *e* adelino pora´ Leo*n* [285];
el Leon q*u*ando lo vio, assi envergonço,
ante myo Çid la cabeça p*re*mio *e* el rrostro finco.
Myo Çid don RRodrigo al cuello lo tomo,
e lieua lo adestrando, en la rred le metio.
A marauilla lo han q*u*antos q*ue* y son,
e tornaro*n* se al (a) palaçio, pora la cort.
Myo Çid por sos yernos demando *e* no los fallo;
mager los estan lamando, ni*n*guno no*n* rresponde.
Q*u*ando los fallaron(*e*), ellos viniero*n* assi (vinieron) sin color [286].
Non viestes tal guego com*m*o yua por la cort;
mandolo vedar myo Çid el Campeador.
Muchos touiero*n* por enbaydos los yfantes de Carrion :
fiera cosa les pesa desto q*ue* les cuntio.

112.

Ellos en esto estando, don auien grant pesar,
fuerças de Marruecos Valençia vienen çercar : f°47 v°
cinq*u*aenta mill tiendas fincadas ha de las cabdales;
aq*ue*ste era el rrey Bucar sil ouiestes [287] co*n*tar.

113.

Alegrauas el Çid *e* todos sus varones,
q*ue* les creçe la ganançia grado al C*r*iador.
Mas, sabed, de cuer les pesa a los yfantes de Carrio*n*,
ca veyen tantas tiendas de moros de q*ue* non auie[n] sabor.
Amos h*er*manos a part salidos son :
"Catamos la ganançia *e* la p*er*dida no;
Ya ẹn esta batalla a entrar abremos nos,
esto es aguisado por non ver Carrion,

[2295] - “Ah, seigneur honoré, le lion nous a mis en alerte.” Mon Cid appuya le coude, se leva tout droit - il porte un manteau au cou - et se dirigea vers le lion; le lion,quand il le vit, se troubla fort, devant mon Cid il courba la tête et tint la gueule baissée vers le sol. [2300] Mon Cid don Rodrigue le prit au cou, le conduisit par la main, le remit dans sa cage. Ils sont émerveillés, tous ceux qui se trouvent là. Ils retournèrent dans la salle par la cour. Mon Cid s´enquit de ses gendres et ne les trouva pas; [2305] bien qu´on les appelle sans relâche, aucun d´eux ne répond. Quand on les trouva, ils vinrent tout blêmes. Vous n´avez jamais vu rire moqueur comme celui qui alors déferla sur la cour. Mon Cid le Campéador le fit cesser. Les infants de Carrión se considérèrent comme très maltraités : [2310] ils sont gravement froissés de ce qui leur est arrivé[a] .

112.

[2311] Sur ces entrefaites, dont ils ressentaient grande peine, les troupes du Maroc viennent assiéger Valence : cinquante mille tentes plantées, et ce ne sont que les principales; c´était le roi Búcar, dont vous avez sans doute entendu parler.

113.

[2315] Le Cid se réjouit, ainsi que tous ses hommes : leur gain augmente, grâce au Créateur. Mais, sachez-le, au fond du coeur les infants de Carrión sont chagrins, car ils voyaient tant de tentes de Maures qu´ils n´en avaient aucun plaisir. Les deux frères se sont retirés à l´écart : [2320] “Nous avons envisagé le gain et non la perte; nous devons bien participer à cette bataille, c´est juste ce qu´il convient pour ne plus revoir Carrión,

bibdas rremandran   fijas del Campeador."
Oyo la poridad   aq*ue*l Muño Gustioz,
vino co*n* estas nueuas   a myo Çid RRuy Diaz el Ca*m*peador :
"Euades q*ue* pauor   han u*uestr*os yernos : ta*n* osados [son][287a]
por entrar en batalla   desea*n* Carrion.
Hyd los conortar,   ¡ si uos vala el C*r*iador !
¡ q*ue* sean en paz   *e* non ayan y rraçion !
Nos co*n* uusco la ven[ç]remos[288]   *e* valer nos ha el C*r*iador."
Myo Çid don RRodrigo   sonrrisando salio :
" ¡Dios uos salue ! yernos,   yfantes de Carrio*n*,
En braços tenedes mis fijas   ta*n* bla*n*cas co*m*mo el sol.
Hyo desseo lides   *e* uos a Carrion;
en Valençia folgad   a todo u*uestr*o sabor;
ca d'aq*ue*los moros   yo so sabidor :
arrancar melos treuo   con la merçed del C*r*iador."

* * * [289]

les filles du Campéador resteront veuves." L'admirable Muño Gustioz entendit leur secret, [2325] il vint avec cette nouvelle auprès de mon Cid Ruy Díaz le Campéador : "Voilà quelle peur ont vos gendres : ils sont si vaillants que parce qu'ils doivent participer à la bataille, ils soupirent après Carrión[a]. Allez les réconforter, et que le Créateur vous protège ! Qu'ils demeurent en paix et ne prennent pas part à l'action ! [2330] Nous, avec vous, nous l'emporterons et le Créateur nous protégera." Mon Cid don Rodrigue sortit en souriant : "Dieu vous garde, mes gendres, infants de Carrión, vous tenez entre vos bras mes filles aussi blanches que le soleil ! Moi, je souhaite des combats et vous Carrión; [2335] à Valence, délassez-vous autant que vous le voudrez[b]; car moi, ces Maures, je les connais bien, j'ose penser que je les battrai avec la grâce du Créateur."

113a.

(Pendant qu'ils tenaient ces propos, le roi Búcar envoya dire au Cid de lui abandonner Valence et de s'en aller en paix; sinon il lui ferait payer un tribut pour tout ce qu'il y avait fait. Le Cid répondit à celui qui avait apporté le message : "Allez dire à Búcar, à ce fils d'ennemi, qu'avant trois jours, je lui donnerai ce qu'il réclame." Le Cid fit armer tous les siens et se porta contre les Maures. Les infants de Carrión lui demandèrent alors d'être au premier rang[c], et après que le Cid eut rangé ses troupes en bataille, don Fernand, l'un des infants, s'avança pour aller frapper un Maure appelé Aladraf. Quand le Maure le vit, il alla de même contre lui; et l'infant, à cause de la grande frayeur qu'il en éprouva, tourna bride et s'enfuit : il n'osa même pas l'attendre.

114*

Pero Vermudoz, qui chevauchait près de lui, quand il vit cela, alla frapper le Maure, se battit avec lui et le tua. Il s'empara ensuite du cheval du Maure et prit en chasse l'infant qui s'enfuyait, et il lui dit : "Don Fernand, prenez ce cheval, et dites à tous que vous avez tué le Maure à qui il appartenait, et moi j'y donnerai mon assentiment et serai de votre avis." L'infant lui dit : "Pero Vermudoz, je vous sais grand gré de ce que vous dites. . .)

85b

114.

"¡Avn vea el ora   q*ue* uos meresca dos ta*n*to ! "   f°48 r°
En vna conpaña   tornados son amos;
assi lo otorga don P*er*o   cuemo se alaba Ferrando.
Plogo a myo Çid   *e* a todos sos vassallos :
"Avn si Dios q*u*isiere   *e* el Padre q*ue* esta en alto,
amos los myos yernos   buenos seran en ca[n]po."
Esto van diziendo   *e* las yentes se alegando;
en la veste de los moros   los atamores sonando,
a marau[i]lla lo auien   muchos dessos *christ*ianos,
ca nunq*u*a lo vieran,   ca nueuos son legados.
Mas se marauillan   entre Diego *e* Ferrando :
por la su voluntad   no*n* serien alli legados.
Oyd lo q*ue* fablo   el q*ue* en bue*n* ora nasco :
" ¡ Ala P*er*o Vermu[do]z, el myo sobrino caro !
Curies me a Diego   *e* curies me a (don)[290] Fernando,
myos yernos amos a dos,   la cosa q*ue* mucho amo,
ca los moros co*n* Dios   non fincaran en canpo."

115.

- "Hyo uos digo, Çid,   por toda caridad,
q*ue* oy los yfantes   a mi por amo non abran;
curielos q*u*i q*u*ier, ca d´ellos poco m´incal.
Hyo co*n* los myos   ferir q*u*iero delant,
vos co*n* los u*uest*ros   firme mientre a la çaga tengades;
si cueta fuere,   bie*n* me podredes huuiar."
Aq*u*i lego   Mynaya Albar Fanez :
"Oyd ya, Çid,   Canpeador leal;
esta batalla,   el Criador la fera,
e uos tan dinno   q*ue* co*n* el auedes part,
mandad no´ los ferir   de q*u*al part uos semeiar,
el debdo q*ue* a cada vno   a conplir sera.   f°48 v°
Verlo hemos con Dios   *e* con la u*uest*ra auze."
Dixo myo Çid :   "Ayamos mas de vagar."
Afeuos el ob*is*po do*n* Ih*er*onimo,   muy bie*n* armado [esta][(290a)]
parauas delant al Campeador,   siemp*re* co*n* la bue*n* auze :

[2338] . . . "Puissé-je encore voir l'heure où je vous récompenserai deux fois autant![a]." Ensemble ils sont revenus tous les deux; [2340] don Pero donne son assentiment aux vantardises de Ferrand. Cela plut à mon Cid et à tous ses vassaux : "Que Dieu le veuille encore, le Père qui est aux Cieux, mes deux gendres seront braves sur le champ de bataille." Ainsi parlent-ils pendant que les troupes se rassemblent; [2345] dans l'armée des Maures, les tambours ne cessent de résonner; c'est l'étonnement chez beaucoup de Chrétiens : ils n'avaient jamais vu cela, car ils venaient d'arriver. L'étonnement est encore plus vif chez Diègue et Ferrand : de leur plein gré, ils ne seraient venus là[b]. [2350] Ecoutez ce que dit celui naquit né à la bonne heure : "Holà, Pero Vermudoz, mon cher neveu ! Veillez-moi sur Diègue et veillez-moi sur Fernand, mes deux gendres, des êtres que j'aime beaucoup, car les Maures avec le secours de Dieu ne resteront pas maîtres du champ de bataille."

115.

[2355] - "Moi, je vous dis, Cid, charitablement, qu'aujourd'hui les infants ne m'auront pas comme gouverneur; que veille sur eux qui veut, car d'eux peu me chaut[c]. Moi, avec les miens, je veux frapper au premier rang, vous, avec les vôtres tenez ferme à l'arrière-garde; [2360] s'il y a danger, vous pouvez aisément me porter aide." Voici qu'arriva Minaya Álvar Fáñez : "Ecoutez donc, Cid, Campéador loyal; cette bataille, le Créateur la livrera[d], et vous si digne de partager sa faveur, ordonnez-nous de frapper les Maures, de quelque côté qu'il vous semble bon, [2365] la mission de chacun sera accomplie. Dieu et votre bonne fortune feront le reste." Mon Cid dit : "Soyons plus calmes". Voici l'évêque don Jérôme, il est très bien armé, il s'arrêta devant le Campéador, toujours favorisé par la fortune :

"Oy uos dix la missa   de S*anct*a Trinidade.
Por esso sali de mi t*ie*rra   *e* vin uos buscar,
por sabor q*ue* auia   de algun moro matar;
mi orden *e* mis manos   q*ue*rria las ondrar,
e a estas feridas   yo q*ui*ero yr delant.
Pendon t*r*ayo a corças[290b]   *e* armas de señal;
si plogiesse a Dios,   q*ue*rria las ensayar,
myo coraçon   q*ue* pudiesse folgar,
e uos, myo Çid,   de mi mas uos pagar.
Si este amor no*n* feches, yo de uos me q*ui*ero q*ui*tar."
Essora dixo myo Çid :   "Lo q*ue* uos q*ue*redes plaz me.
Afe los moros a oio,   yd los ensayar.
Nos d´aq*ue*nt veremos   com*m*o lidia el abbat."

116.

El ob*is*po do*n* Ih*er*onimo   p*r*iso a espolonada
e yua los ferir   a cabo del albergada.
Por la su ventura   *e* Dios q*ue*l amaua,
a los p*r*imeros colpes   dos moros mataua de la la*n*[ça].
El astil a q*ue*brado   *e* metio mano al espada.
Ensayauas el ob*is*po,   ¡ Dios q*ue* bie*n* lidiaua !
Dos mato co*n* lança   *e* .V. co*n* el espada.
Los moros son muchos,   derredor le çercauan,   f° 49 r°
dauan le grandes colpes,   mas nol falssan las armas.
El q*ue* en buen ora nasco   los oios le fincaua,
enbraço el escudo   *e* abaxo el asta,
aguijo a Bauieca,   el cauallo q*ue* bien anda,
hyua los ferir   de coraçon *e* de alma.
En las azes p*r*im*er*as   el Campeador entraua,
abatio a .VII.   *e* a .IIII. mataua.
Plogo a Dios,   aq*ue*sta fue el arrancada.
Myo Çid co*n* los suyos   cae en alcançe :
veriedes q*ue*brar ta*n*tas cuerdas   *e* arrancar se las estacas
e [a]costar se los tendales,   co*n* huebras eran tantas.
Los de myo Çid a los de Bucar   de las tiendas los sacan.

[2370] "Aujourd'hui je vous ai dit la messe de la Sainte Trinité. A cette fin, j'ai quitté mon pays et je suis venu à votre rencontre, parce que je désirais tuer quelque Maure; mon ordre et mes mains[a], je voudrais les mettre en honneur, et pour frapper je veux aller au premier rang. [2375] Je porte un pennon à chevrettes et des armes blasonnées[b]; s'il plaisait à Dieu, je voudrais les essayer, pour que mon coeur puisse se réjouir et, pour que vous, mon Cid, vous puissiez être plus content de moi. Si vous ne me donnez pas cette preuve d'amitié, j'ai l'intention de me séparer de vous." [2380] Alors mon Cid dit : "Ce que vous voulez me plaît. Voici les Maures sous vos yeux, allez les assaillir. Nous d'ici, nous verrons comment combat l'abbé[c]."

116.

[2383] L'évêque don Jérôme se mit à piquer des deux et alla frapper les Maures au bout de leur campement. [2385] Grâce à sa bonne étoile et à Dieu qui l'aimait, dès les premiers coups, il tua deux Maures de sa lance. Il en a brisé la hampe et mit la main à l'épée. L'évêque se dépensait en efforts. Dieu, qu'il combattait bien ! Il en tua deux avec la lance et cinq avec l'épée. [2390] Les Maures sont nombreux. Ils l'encerclaient de tous côtés, ils lui donnaient de grands coups, mais sans lui fausser son armure. Celui qui naquit à la bonne heure fixait les yeux sur lui, il empoigna son écu et abaissa la hampe, éperonna Babieca, le cheval au bon galop, [2395] il alla les frapper de tout son coeur et de toute son âme. Le Campéador pénétra dans les premiers rangs, abattit sept Maures et en tua quatre. Ainsi plut-il à Dieu : ce fut la victoire. Mon Cid ainsi que les siens se ruent à la poursuite des vaincus : [2400] vous auriez pu voir se briser de nombreuses cordes et s'arracher les pieux et se coucher les supports des tentes et leurs nombreux ornements. Les hommes de mon Cid tirent ceux de Búcar hors des tentes.

117.

Sacan los de las tiendas, caenlos en alcaz :
tanto braço co*n* loriga veriedes caer a part,
tantas cabeças co*n* yelmos, q*ue* por el campo caen,
cauallos sin duenos salir a todas partes.
.VII. mig*er*os conplidos duro el segudar.
Myo Çid al rrey Bucar cayol en alcaz :
" ¡ Aca torna, Bucar ! Venist d´alent mar,
verte as co*n* el Çid, el de la barba grant,
saludar nos hemos amos *e* taiaremos amista [d](291)."
Respuso Bucar al Çid : " ¡ Cofonda Dios tal amistad !
(el) espada tienes desnuda en (la) mano *e* veot aguiiar(292);
asi com*m*o semeia, en mi la q*u*ieres ensayar.
Mas si el cauallo non estropieça, o comigo no*n* caye,
f°49 v°
non te iuntaras comigo fata dentro en la mar."
Aq*u*i respuso myo Çid : "Esto non sera verdad."
Buen cauallo tiene Bucar *e* grandes saltos faz,
mas Bauieca, el de mio Çid, alcan[ç]ando lo va.
Alcançolo el Çid a Bucar a tres bra[ç]as(292a) del mar,
arriba alço Colada, vn grant colpe dadol ha,
las carbonclas del yelmo tollidas gela[s] ha,
cortol el yelmo *e* librado todo lo hal,
fata la çintura el espada legado ha.
Mato a Bucar, al rrey de alen mar,
e gano a Tizo*n*, q*ue* mill marcos d´oro val.
Vençio la batalla marauillosa *e* grant.
Aq*u*is ondro myo Çid *e* q*u*antos con el [estan](293).

118.

Con estas ganançias yas yuan torna*n*do;
sabet, todos de firme rrobauan el ca*m*po.
A las tiendas era*n* legados
do [ya] estaua el q*ue* en buen ora nasco(294).

117.

[2403] Ils les tirent hors des tentes, les prennent en chasse; vous auriez pu voir bien des bras cuirassés de mailles tomber sur le côté, [2405] bien des têtes avec leurs heaumes qui tombent en roulant par le champ de bataille, des chevaux sans maître qui s´échappent de tous côtés. La poursuite dura sept milles entiers. Mon Cid prit en chasse le roi Búcar : "Reviens ici, Búcar ! Tu es venu d´outre-mer, [2410] tu te verras avec le Cid à la longue barbe, nous nous baiserons tous deux sur la bouche et nous nouerons amitié." Búcar répondit au Cid : "Que Dieu confonde une telle amitié ! Tu tiens l´épée nue à la main et je te vois donner des éperons; comme il semble, c´est sur moi que tu veux l´essayer. [2415] Mais si mon cheval ne bronche pas ou s´il ne tombe pas avec moi, tu ne me rattraperas pas jusque dans la mer." A ce moment mon Cid répondit : "Ce n´est pas vrai." Búcar a un bon cheval et il fait de grands bonds, mais Babieca, celui de mon Cid, est en train de le rejoindre. [2420] Le Cid rejoignit Búcar à trois brasses de la mer, en l´air il leva Colada, lui a donné un grand coup, les escarboucles du heaume il les lui a arrachées, il lui fendit le heaume et lui a rompu tout le reste, l´épée est parvenue jusqu´à la ceinture. [2425] Il tua Búcar, le roi d´outre-mer[a] et gagna Tizón, qui vaut mille marcs d´or. Il remporta cette bataille, merveilleuse et importante. Ici mon Cid s´est acquis de l´honneur, comme tous ceux qui se trouvent avec lui.

118.

[2429] Avec ce butin ils prenaient vite le chemin du retour; [2430] Sachez-le, tous énergiquement pillaient le camp. Ils avaient atteint les tentes où se trouvait déjà celui qui naquit à la bonne heure.

Myo Çid RRuy Diaz,   el Campeador contado,
con dos espadas   q*ue* el p*re*çiaua algo,
2435. por la matança   vinia tan p*r*iuado,
la cara fronzida   *e* almofar soltado,
cofia sobre los pelos   fronzida della[294a] yaq*u*anto.
Algo vie myo Çid   de lo q*ue* era pagado,
alço sos oios,   est[a]ua[294b] adelant catando,
2440. e vio venir   a Diego *e* a Fernando;   f°50 r°
- amos son fijos   del conde don Go[n]çalo-.
Alegros myo Çid,   fermoso sonrrisando :
- ¿ Venides, myos yernos ?   Myos fijos sodes amos.
Se q*ue* de lidiar bie*n*   sodes pagados;
2445. a Carrion de uos   yran buenos mandados,
com*m*o al rrey Bucar   avemos arrancado.
Com*m*o yo fio por Dios   *e* en todos los sos s*anct*os,
desta arra*n*cada   nos yremos pagados."
2455. De todas partes   sos vassalos van legando[295].
2449. Mynaya Albar Fanez   essora es legado,
2450. el escudo t*r*ae al cuello   *e* todo espa[da]do[296],
de los colpes de las lanças   non auie rrecabdo;
aq*ue*los q*ue* gelos dieran   no*n* gelo auien logrado.
Por el cobdo ayuso   la sangre destellando;
de .XX. arriba   ha moros matado :
2456. " ¡ Grado a Dios   *e* al Padre q*ue* esta en alto,
e a uos, Çid,   q*ue* en bue*n* ora fuestes nado !
Matastes a Bucar   *e* arrancamos el canpo.
Todos estos bienes   de uos son *e* de u*uestr*os vassallos.
2460. E u*uestr*os yernos   aq*u*i son ensayados,
fartos de lidiar   con moros en el campo."
Dixo myo Çid :   "Yo desto so pagado;
q*u*ando agora son buenos,   adelant seran p*re*çiados."
Por bien lo dixo el Çid,   mas ellos lo touiero*n* a [escarnio][297].

Mon Cid Ruy Díaz, le fameux Campéador, avec deux épées qu'il appréciait beaucoup, [2435] à travers la tuerie venait à vive allure, la figure plissée par la coiffe, et le gorgerin rejeté, la coiffe sur les cheveux, plissée un peu partout[a]. Mon Cid vit quelque chose dont il était content, il leva les yeux, regarda attentivement devant lui [2440] et vit venir Diègue et Fernand - tous deux sont les fils du comte don Gonçalve -. Mon Cid s'en réjouit, souriant aimablement : "Vous voici, mes gendres ? Vous êtes tous deux mes fils. Je sais que vous êtes contents d'avoir bien combattu; [2445] de bonnes nouvelles de vous parviendront à Carrión, sur la façon dont nous avons vaincu le roi Búcar. Comme j'ai foi en Dieu et en tous ses saints, de cette victoire nous serons contents[b]. [2455] De toutes parts arrivent ses vassaux. [2449] Minaya Álvar Fáñez est alors arrivé, [2450] il porte au cou son écu et il est partout blessé de coups d'épée, des coups de lance il n'était pas possible d'en faire le compte : ceux qu'on lui avait donnés n'avaient pas réussi. Le long de son coude dégouline le sang; il a tué plus de vingt Maures : [2456] "Grâces à Dieu et au Père qui est aux Cieux, et à vous, Cid, qui êtes né à la bonne heure ! Vous avez tué Búcar et nous avons remporté la bataille. Tous ces biens sont à vous et à vos vassaux. [2460] Et vos gendres ici ont montré leurs capacités et ont assouvi leur désir de combattre les Maures sur le champ de bataille[c]." Mon Cid dit : "J'en suis content; puisque maintenant ils sont braves, à l'avenir ils seront appréciés." Le Cid le dit de bonne foi, mais eux ils le tinrent pour une raillerie[d].

119.

Todas las ganançias   a Valençia son legadas;   f°50 v°
alegre es myo Çid   con todas sus conpañas,
que a la rraçion caye   seys çientos marcos de plata[298].

120.

Los yernos de myo Çid,   quando este auer tomaron
desta arrancada,   que lo tenien en so saluo,
cuydaron que en sus dias   nunqua serien minguados.
Fueron en Valençia   muy bien arreados :
conduchos a sazones,   buenas pieles e buenos mantos.
Mucho(s)[298a] son alegres   myo Çid e sus vassallos.

121.

Grant fue [e]l[298b] dia   [en][298c] la cort del Campeador,
despues que esta batalla vençieron   e al rrey Bucar mato.
Alço la mano,   a la barba se tomo :
"Grado a *Christus,*   que del mundo es señor,
quando veo   lo que auia sabor,
que lidiaran comigo en campo   myos yernos amos a dos.
Mandados buenos   yran dellos a Carrion :
commo son ondrados   e aver vos[299] [han] grant pro.

122.

Sobeianas son las ganançias   que todos an ganad[o][300].
Lo vno es nuestro[301],   lo otro han en salvo."
Mando myo Çid,   el que en buen ora nasco,
desta batalla   que han arrancado
que todos prisiessen   so derecho contado,
e[el] su quint[o][302]   non fuesse olbidado.

119.

[2465] Tout le butin est arrivé à Valence; mon Cid est joyeux ainsi que tous ses compagnons, car il leur est échu comme part six cents marcs d´argent.

120.

[2468] Les gendres de mon Cid, quand ils prirent ces richesses à la suite de cette victoire, qu´ils les tinrent sûrement en leur possession, [2470] estimèrent que de leur vie jamais ils ne seraient dans le dénuement. On regagna Valence très bien pourvu : des vivres d´excellente qualité, de belles fourrures et de bons manteaux. Ils sont très joyeux, mon Cid et ses vassaux.

121.

[2474] Ce fut un grand jour à la cour du Campéador [2475] après qu´ils remportèrent cette bataille et que le roi Búcar fut tué. Le Cid leva la main, se prit la barbe : "Grâces au Christ, qui est le maître du monde, quand je vois ce que je désirais : mes gendres tous deux au combat avec moi sur le champ de bataille. [2480] De bonnes nouvelles d´eux parviendront à Carrión : comme ils sont pleins d´honneur et vous gagneront de grands avantages.

122.

[2482] Il est considérable le butin que tous ont gagné. Une partie est à nous, l´autre les infants l´ont mise en sûreté." Mon Cid commanda, celui qui naquit à la bonne heure, [2485] qu´à la suite de cette bataille qu´ils ont remportée, tous prissent ce qui, bien compté, leur revenait de droit et que son cinquième ne fût pas oublié.

Assi lo fazen todos,   ca eran acordados.
Cayeron le en *qu*inta al Çid   seyx çientos cauallos,
2490. e otras azemillas   *e* camelos largos;   f°51 r°
tantos son de muchos   *que* non serien contados.

123.

2492. Todas estas ganançias   fizo el Canpeador;
" ¡ Grado ha Dios   *que* del mundo es señor !
Antes fu menguado,   agora rrico so,
2495. *que* he auer *e* t*ie*rra   *e* oro *e* onor,
e son myos yernos   yfantes de Carrion;
arranco las lides,   com*m*o plaze al C*r*iador,
moros *e christ*ianos   de mi han grant pauor.
Ala dentro en Marruecos   o las mezq*u*itas son,
2500. *que* abran de mi salto   q*u*içab alguna noch;
ellos lo temen,   ca non lo pie[n]sso yo[302a];
no los yre buscar,   en Valençia sere yo,
ellos me dara*n* parias   con aiuda del C*r*iador,
que paguen a mi   o a q*u*i yo ouier sabor."
2505. Grandes son los gozos   en Valençia co*n* myo Çid
el Canpeado[r][303],
de todas sus conpañas   *e* de todas los [sos][304],
2508. d'aq*u*esta arrancada   q*ue* lidiaron de coraço*n*;
2507. grandes son los gozos   de sus yernos amos a dos[305] :
2509. valia de çinco mill marcos   ganaron amos a dos;
2510. muchos tienen por rricos   los yfantes de Carrio*n*.
Ellos co*n* los otros   vinieron a la cort;
aq*u*i esta co*n* myo Çid   el ob*is*po do[n] Ih*er*o[me][306],
el bueno de Albar Fanez,   cauall*er*o lidiador,
e ot*r*os muchos   *que* crio el Campeador.
2515. Q*u*ando entraro*n*   los yfantes de Carrion,
rreçibiolos Minaya   por myo Çid et Campeador :   f°51 v°
"Aca venid, cunados,   *que* mas valemos por uos."

Ainsi font-ils tous, car ils étaient sages. Dans son cinquième échut au Cid six cents chevaux [2490] et d'autres bêtes de somme et de longs chameaux; ils sont si nombreux qu'on ne saurait les compter.

123.

[2492] Le Campéador s'empara de tout ce butin : "Grâces à Dieu, qui est maître du monde ! Auparavant j'étais pauvre, maintenant je suis riche, [2495] car j'ai de la fortune et des terres et de l'or et des biens, et les infants de Carrión sont mes gendres; je remporte les combats comme il plaît au Créateur, tous, Maures et Chrétiens, ont grande peur de moi. Là-bas au Maroc, où se trouvent les mosquées[a], ils craignent peut-être [2500] d'être assaillis quelque nuit par moi, mais moi, je n'y songe pas; je n'irai pas les chercher, je resterai à Valence, ils me paieront des tributs avec l'aide du Créateur, qu'ils me les paient à moi ou à qui je voudrai[b]." [2505] Grande est la joie qu'à Valence en compagnie de mon Cid le Campéador manifestent tous ses compagnons et tous les siens [2508] à la suite du combat victorieux où ils ont lutté de tout coeur; [2507] grande est la joie de ses deux gendres : [2509] tous deux ont gagné l'équivalent de cinq mille marcs; [2510] les infants de Carrión se considèrent comme très riches. Avec les autres ils vinrent à la cour, où se trouvent avec mon Cid l'évêque don Jérôme, ce brave d'Álvar Fáñez, le chevalier combattant et beaucoup d'autres qu'a élevés le Campéador. [2515] Quand entrèrent les infants de Carrión, Minaya les reçut au nom de mon Cid le Campéador : "Venez ici, beaux-fils, car grâce à vous nous sommes plus estimés."

Assi com*m*o legaron,   pagos el Campeador :
"Euades aq*u*i, yernos,   la mi mug*ier* de pro
2520. e amas la[s] mys fijas,   don Eluira *e* doña Sol.
bie*n* uos abraçen   *e* sirua*n* uos de coraçon.
2524. ¡ Grado a S*anct*a Ma*ria,*   madre del n*uestr*o señor Dios !
2525. Destos [u]*uestr*os[306a] casamientos   uos abredes honor.
Buenos mandados   yran a t*ie*rras de Carrion."

124.

2527. A estas palabras   fablo Feran[do][307]
"Grado al C*r*iador   *e* a uos, Çid ondrado,
tantos avemos de aueres   q*ue* no son contados,
2530. por uos auemos ondra   *e* avemos lidiado,
2522. vençiemos moros en campo   *e* matamos
2523. a aq*ue*l rrey Bucar,   traydor pr[o]uado[308] .
2531. Pe*n*sad delo ot*r*o,   q*ue* lo n*uestr*o tenemos lo en salvo."
Vassallos de myo Çid   seyen se sonrrisando :
q*u*ien lidiara meior   o q*u*ien fuera en alcanço ;
mas non fallaua*n* y   a Diego ni a Ferrando.
2535. Por aq*ue*stos guegos   q*ue* yuan levanta*n*do,
e las noches *e* los dias   tan mal los escarme*n*ta*n*do,
tan mal se consseiaron   estos yffantes amos.
Amos saliero[n] a part,   - vera mientre son h*er*manos -,
desto q*ue* ellos fablaron   nos parte non ayamos :
2540. "Vayamos pora Carrion,   aq*u*i mucho detardamos;
los aueres q*ue* tenemos   grandes son *e* sobeianos,
despender no lo[s] podremos,   mientra q*ue* vi[uamos][309]."

125.

2543. "Pidamos n*uestr*as mugieres   al Çid Campeador,
digamos q*ue* las leuaremos   a t*ie*rras de Carrion,   f°52 r°
2545. enseñar las hemos   do las heredades son,
sacar las hemos de Valençia   de poder del Campeador;
despues en la carrera   feremos n*uestr*o sabor,
ante q*ue* nos rretrayan   lo q*ue* cuntio del Leon.

Dès qu´ils arrivèrent, le Campéador se réjouit : "Voici, gendres, mon épouse pleine de qualités [2520] et mes deux filles, doña Elvire et doña Sol; qu´elles vous accueillent affectueusement et vous servent de tout coeur. Grâces à sainte Marie, mère de Notre Seigneur Dieu ! [2525] De vos mariages vous tirerez honneur. De bonnes nouvelles parviendront au pays de Carrión ."

124.

[2527] A ces mots Fernand répondit : "Grâce au Créateur et à vous, Cid plein d´honneur, nous avons tellement de richesses qu´elles ne peuvent être dénombrées, [2530] à cause de vous nous avons de l´honneur et nous avons combattu, [2522] nous avons vaincu des Maures sur le champ de bataille et nous avons tué [2523] le fameux roi Búcar, convaincu de traîtrise[a]. [2531] Pensez au reste, car ce qui nous appartient nous le tenons en sûreté[b]." Les vassaux de mon Cid se souriaient les uns aux autres : qui avait été le meilleur au combat, qui avait pris part à la poursuite[c]; mais ils n´y avaient trouvé ni Diègue ni Ferrand. [2535] A la suite des moqueries qu´ils ne cessaient de proférer, les raillant durement et les nuits et les jours, nos deux infants prirent une très mauvaise décision. Tous deux se retirèrent à l´écart - ils sont vraiment frères[d]- , à ce qu´ils dirent, ne prenons aucune part : [2540] "Allons à Carrión, ici nous tardons trop; les richesses que nous avons sont immenses et de grand prix, nous ne pourrons les dépenser tant que nous vivrons."

125.

[2543] Réclamons nos femmes au Cid Campéador, disons que nous les emmènerons au pays de Carrión, [2545] nous leur montrerons où se trouvent leurs domaines; nous les écarterons de Valence, du pouvoir du Cid; ensuite en chemin nous ferons ce que nous voudrons avant que de nous entendre reprocher encore ici ce qui arriva avec le lion[e].

¡ Nos de natura somos   de condes de Carrion !
Aueres leuaremos grandes   q*ue* valen gra*n*t valor.
Escarniremos   las fijas del Canpeador."
- "D'aq*ue*stos aueres   sienp*re* seremos rricos om*n*es,
podremos casar co*n* fijas   de rreyes o de enp*er*adores,
ca de natura somos   de condes de Carrion.
Assi las escarniremos   a las fijas del Campeador,
antes q*ue* nos rretrayan   lo q*ue* fue del Leo*n*."
Con aq*ue*ste consseio   amos tornados son.
Fablo Feran Go[nça]lez   *e* fizo callar la cort :
"Si uos vala el C*r*iador,   Çid Campeador,
q*ue* plega a doña Ximena   *e* p*r*imero a uos
e a Mynaya Albar Fanez   *e* a q*u*antos aq*u*i son :
dad nos n*uestr*as mugieres   q*ue* auemos a bendiçiones,
leuar las hemos   a n*uestr*as tierras de Carrion,
en las villas   meter las hemos [nos][310],
q*ue* les diemos   por arras *e* por onores;
veran u*uestr*as fijas   lo q*ue* auemos nos,
los fijos q*ue* ouieremos   en q*ue* auran partiçion."
2569. Nos curiaua de assi   ser afontado el Campeador;
2568. dixo el Çid :   "Daruos he mys fijas *e* algo de lo myo[311].
Vos les diestes villas (en tierras) por arras   en t*ie*rras de Carrion[312],
hyo q*u*iero les dar axuuar   .III. mill marcos de [valor][313],
daruos[313a] mulas *e* palafres   muy gruessos de sazon,
cauallos pora en diestro   fuertes *e* corredores,   f° 52 v°
e muchas vestiduras   de paños *e* de çiclatones;
dar uos he dos espadas,   a Colada *e* a Tizon,
bie*n* lo sabedes uos   q*ue* las gane a guisa de varo*n*;
mios fijos sodes amos   q*u*ando mis fijas vos do;
alla me leuades   las telas del coraçon.
¡ Q*ue* lo sepan en Gallizia   *e* en Castiella *e* en Leon,

Nous, nous sommes de la race des comtes de Carrión ! [2550] Nous emporterons des trésors qui ont une grande valeur. Nous bafouerons les filles du Campéador."[a] - "Avec ces trésors, nous serons toujours de riches hommes[b], nous pourrons nous marier avec des filles de rois ou d'empereurs, car nous sommes de la race des comtes de Carrión[c]. [2555] Ainsi nous les bafouerons, les filles du Campéador, plutôt que de nous entendre reprocher ici ce qui se passa avec le lion." Avec cette décision, tous deux sont revenus à la cour. Ferrand González prit la parole et fit taire la cour : "Que le Créateur vous protège, Cid Campéador, [2560] que cela plaise à doña Chimène et en premier lieu à vous-même et à Minaya Álvar Fáñez et à tous ceux qui sont ici : donnez-nous nos femmes que nous avons grâce à la bénédiction nuptiale, nous les emmènerons dans notre pays de Carrión, nous les installerons dans les domaines [2565] que nous leur avons accordés comme donation maritale et comme biens; vos filles verront ce que nous avons et ce que se partageront les fils que nous aurons." Le Campéador ne soupçonnait pas qu'il était ainsi déshonoré. Le Cid dit : "Je vous donnerai mes filles et une part de ce qui est à moi. [2570] Vous leur avez donné des domaines comme donation maritale au pays de Carrión; moi, je veux leur donner en dot la valeur de trois mille marcs, et vous donner à vous des mules et des palefrois très robustes en parfaite condition, des chevaux destriers forts et rapides, et beaucoup de vêtements de drap et de soie; [2575] je vous donnerai deux épées, Colada et Tizón, vous savez bien que je les ai gagnées en homme valeureux[d]; vous êtes tous deux mes fils puisque je vous donne mes filles; vous m'emportez là-bas les fibres de mon coeur. Qu'on le sache en Galice et en Castille et en León,

¡ con q*ue* rriq*ue*za enbio   mios yernos amos a dos !
A mis fijas siruades,   q*ue* *uuestr*as mugieres son;
si bie*n* las seruides,   yo uos rrendre bue*n* galardo*n*."
Atorgado lo han esto   los yffantes de Carrion.
Aq*ui* rreçiben   las fijas del Campeador;
conpieçan a rreçibir   lo q*ue* el Çid ma*n*do.
Q*u*ando son pagados   a todo so sabor,
hya mandaua[n] cargar   yffantes de Carrion.
Grandes [son] las nueuas   por Valençia la mayor,
todos p*re*nden armas   *e* caualgan a vigor,
por q*ue* escurre*n* sus fijas del Campeador   a t*ie*rras de Carrio*n*.
Hya q*u*iere*n* caualgar,   en espidimiento son.
Amas h*er*manas,   don Eluira *e* doña Sol,
fincaron los ynoios   ant'el Çid Campeador :
"Merçed uos pedimos, padre,   ¡ si uos vala el Criador !
Vos nos engendrastes,   n*uestr*a madre nos pario;
delant sodes amos,   señora *e* señor.
Agora nos enviades   a t*ie*rras de Carrion,
debdo nos es a cunplir   lo q*ue* mandaredes vos.   f° 53 r°
Assi uos pedimos merçed   nos amas a dos
q*ue* ayades[314] *uuestr*os menssaies   en t*ie*rras de Carrion."
Abraçolas myo Çid   *e* saludolas amas a dos.

126.

El fizo aq*ue*sto,   la madre la doblaua :
"Andad, fijas, d'aq*ui*,   ¡el C*r*iador vos vala !
de mi *e* de *uuestr*o padre   bie*n* avedes *nuestr*a graçia.
Hyd a Carrio*n*,   do sodes h*er*edadas,
assi com*m*o yo tengo,   bie*n* uos he casadas."
Al padre *e* a la madre   las manos les besauan[314a];
amos las bendixiero*n*   *e* diero*n* les su graçia.
Myo Çid *e* los otros   de caualgar penssaua*n*
a grandes guarnimientos,   a cauallos *e* armas.
Hya salien los yfantes   de Valençia la clara,
espi[di]endos de las dueñas   *e* de todas sus compañas.

[2580] avec quelles richesses, je laisse s´éloigner mes deux gendres ! Servez mes filles, qui sont vos femmes[a]; si vous les servez bien, moi je vous en donnerai en retour une bonne récompense." Les infants de Carrión le lui ont accordé. Voici qu´ils reçoivent les filles du Campéador; [2585] ils commencent à recevoir ce que le Cid leur a promis. Quand leurs désirs sont complètement satisfaits, les infants de Carrión ordonnent sur-le-champ le chargement. Ces importantes nouvelles courent par Valence la grande. Tous prennent les armes et sautent à cheval avec prestesse [2590] pour escorter les filles du Campéador vers le pays de Carrión. Ils sont déjà prêts à chevaucher, c´est le moment de prendre congé. Les deux soeurs, doña Elvire et doña Sol, s´agenouillèrent devant le Cid Campéador : "Nous vous demandons une grâce, père et que le Créateur vous protège ! [2595] Vous nous avez engendrées, notre mère nous a mises au monde; vous êtes tous deux devant nous, notre dame et notre seigneur. Maintenant vous nous envoyez au pays de Carrión, il est de notre devoir d´accomplir ce que vous ordonnerez. Ainsi toutes deux nous vous demandons une grâce, [2600] que vous ayez des messagers au pays de Carrión[f]." Mon Cid les prit dans ses bras et leur baisa la bouche à toutes les deux.

126.

[2602] Il fit cela, la mère répéta ses adieux : "Allez, mes filles, loin d´ici, que le Créateur vous protège ! Vous avez notre amour, celui de votre père et le mien. [2605] Allez à Carrión où vous avez des biens; ainsi que je le pense, je vous ai bien mariées." De leur père et de leur mère, elles baisèrent les mains; tous deux leur donnèrent leur bénédiction et les assurèrent de leur amour. Mon Cid et les siens songèrent à chevaucher [2610] avec de magnifiques parures, avec leurs chevaux et leurs armes. Déjà les infants sortaient de Valence la claire, prenant congé des dames et de tout l´ensemble de leurs compagnons.

Por la huerta de Valençia   teniendo salien armas;
Alegre va myo Çid   con todas sus compañas.
Violo en los auueros   el *que* en bue*n* ora çinxo espada
que estos casamientos   non serien sin alguna tacha;
nos puede rrepentir   *que* casadas las ha amas.

127.

"¿O heres, myo sobrino,   tu, Felez Munoz ?
Primo eres de mis fijas amas   d'alma *e* de coraçon.
Mandot *que* vayas co*n* ellas   fata dentro en Carrion,
veras las heredades   *que* a mis fijas dadas son;
con aq*ue*stas nueuas   vernas al Campeador."
Dixo Felez Munoz :   "Plazme d'alma *e* de coraçon."
Minaya Albar Fanez   ante myo Çid se paro :   f° 53 v°
"Tornemos nos, Çid,   a Valençia la mayor;
que si a Dios ploguiere   *e* al Padre C*r*iador,
hyr las hemos ver   a t*ie*rras de Carrion."
-"A Dios uos hacomendamos   don Eluira *e* doña Sol,
a tales cosas fed   *que* en plazer caya a nos."
Respondien los yernos :   "Assi lo mande Dios".
Grandes fueron los duelos   a la departiçion :
el padre co*n* las fijas   loran de coraçon,
assi fazian   los caualle*r*os del Campeador.
"Oyas, sobrino,   tu, Felez Munoz.
Por Molina ỳredes,   y iazredes vna noch[315],
saludad a myo amigo,   el moro Ave*n*galuon;
rreçiba a myos yernos   com*m*o el pudier meior;
dil *que* enbio mis fijas   a t*ie*rras de Carrion,
de lo *que* ouiere*n* huebos   sirua[316] las a so sabor,
desi escurra las fasta Medina   por la mi amor.
De q*u*anto el fiziere,   yol dar[e] por ello bue*n* galardon."
Cuemo la vna de la carne,   ellos partidos son.
Hyas torno pora Valençia   el [que] en bue*n* ora nasçio.
Pienssan se de yr   los yfantes de Carrion;

A travers les jardins de Valence ils sortaient en se divertissant avec leurs armes. Mon Cid va joyeux avec l'ensemble de tous ses compagnons. [2615] Celui qui à la bonne heure ceignit l'épée vit dans les augures que ces mariages n'iraient pas sans quelque mécompte[a]. Il ne peut s'en repentir, car il les a mariées toutes les deux.

127.

[2618] "Où es-tu, mon neveu, toi, Félez Muñoz ? Tu es le cousin de mes deux filles, de toute ton âme et de tout ton coeur. [2620] Je te commande d'aller avec elles jusque dans Carrión, tu verras les biens qui sont donnés à mes filles; avec ces informations, tu reviendras auprès du Campéador." Félez Muñoz dit : "Cela me plaît de toute mon âme et de tout mon coeur". Minaya Álvar Fáñez s'arrêta devant mon Cid : [2525] "Retournons-nous en, Cid, à Valence la grande, car s'il plaît à Dieu, notre Père Créateur, nous irons les voir au pays de Carrión." - "Nous vous recommandons à Dieu, doña Elvire et doña Sol, agissez de telle sorte que nous en ressentions du plaisir." [2630] Les gendres répondirent : "Qu'ainsi le commande Dieu ! " Grande fut l'affliction à la séparation; le père avec ses filles pleurent de tout leur coeur, les chevaliers du Campéador faisaient de même. "Ecoute, neveu, toi, Félez Muñoz. [2635] Vous irez par Molina et y coucherez une nuit. Embrassez mon ami le Maure Abengalbón sur la bouche; qu'il reçoive mes gendres du mieux qu'il pourra, dis-lui que j'envoie mes filles au pays de Carrión; qu'il les pourvoie selon leur désir de ce dont elles auront besoin; [2640] qu'ensuite il les escorte jusqu'à Medina par amour pour moi; pour tout ce qu'il fera, je lui donnerai une bonne récompense." Comme l'ongle de la chair, ils se sont séparés. Alors celui qui naquit à la bonne heure s'en retourna vers Valence. Les infants de Carrión songent à se mettre en route.

2645. por S*anct*a M*ari*a d'Aluarrazin   la posada [fecha fo](317);
aguijan q*u*anto pueden   yfantes de Carrion;
felos en Molina   co*n* el moro Avengaluon.
El moro, q*uan*do lo sopo,   plogol de coraçon,
saliolos rrecebir   co*n* grandes auorozes.
2650. Dios, ¡ q*ue* bie*n* los siriuo   a todo so sabor !
Otro dia mañana   co*n* ellos caualgo,   f° 54 r°
con dozientos caualle*r*os   escurrir los mando;
2653. hyuan troçir los montes,   los q*ue* dize*n* de Luzo*n*,
2656. troçiero*n* Arbuxuelo   *e* legaron a Salon,
2657. o dizen el Anssarera   ellos posados son.
2654. A las fijas del Çid   el moro sus do[n]as(318) dio,
2655. buenos seños cauallos   a los yfantes de Carrio*n*(319):
2658. tod esto les fizo el moro   por el amor del Çid Campea[dor].
Ellos veyen la rriq*ue*za   q*ue* el moro saco,
2660. entramos h*er*manos   co*n*sseiaro*n* traçion.
"Hya pues q*ue* a dexar auemos   fijas del Campeador,
si pudiessemos matar   el moro Avengaluon,
q*u*anta rriq*u*iza tiene   auer la yemos nos;
tan en saluo lo abremos   com*m*o lo de Carrion;
2665. nunq*u*a aurie derecho de nos   el Çid Campeador."
Q*u*ando esta falssedad   dizien los de Carrion,
vn moro latinado   bien gelo entendio;
non tiene poridad,   dixolo Âvengaluo*n* :
"Acayaz, curiate destos,   ca eres myo señor :
2670. tu muert oy co[n]sseiar(319a)   a los yfantes de Carrio*n*."

128.

2671. El moro Avengaluon   mucho era bue*n* barragan,
co[n] dozientos q*ue* tiene   yua caualgar;
armas yua teniendo,   paros ante los yfantes;
de lo q*ue* el moro dixo   a los yfantes non plaze :

[2645] [a] Vers Sainte-Marie-de-Albarracín une halte eut lieu; les infants de Carrión éperonnent leurs chevaux tant qu´ils peuvent. Les voici à Molina auprès du Maure Abengalbón. Le Maure, quand il le sut, s´en réjouit de tout coeur, il sortit les recevoir avec de grandes manifestations de joie. [2650] Dieu, comme il les servit bien, à leur entière satisfaction ! Le lendemain matin, il chevaucha avec eux, commanda à deux cents chevaliers de les escorter. [2653] Ils allèrent traverser les bois qu´on appelle de Luzón[b], [2656] ils traversèrent Arbujuelo[c] et arrivèrent au Jalón[d]; [2657] à l´endroit appelé l´Ansarera[e] ils ont fait halte. [2654] Aux filles du Cid le Maure remit ses présents, [2655] un bon cheval à chacun des infants de Carrión : [2658] tout cela le Maure le leur fit par amour du Cid Campéador. [2659] Eux virent les richesses que le Maure avait emportées avec lui, [2660] les deux frères complotèrent entre eux une trahison : "Eh bien, puisque nous devons abandonner les filles du Campéador[f], si nous pouvions tuer le Maure Abengalbón, toutes les richesses qu´il possède, nous les aurions à nous; nous les aurons en sécurité aussi bien que ce que nous avons à Carrión, [2665] jamais le Cid Campéador n´aurait réparation de nous[g]." Alors que ceux de Carrión parlaient de cette déloyauté, un Maure qui savait le roman les comprit bien[h]; il ne garde pas le secret, il en informa Abengalbón : "Gouverneur, prends garde de ceux-ci, car tu es mon seigneur; [2670] j´ai entendu les infants de Carrión comploter ta mort."

128.

[2671] Le Maure Abengalbón était un gaillard très vaillant, avec deux cents des siens, il se mit à chevaucher; il fit une démonstration avec ses armes et s´arrêta devant les infants; ce que le Maure a dit ne plaît pas aux infants :

"Dezid me q*ue* uos fiz,   yfantes (de Carrion)[320],
hyo siruiendo uos sin art   *e* uos, pora mi muert co*n*sseiastes[320a].
Si no lo dexas   por myo Çid el de Bivar,
tal cosa uos faria   q*ue* por el mundo sonas,   f°54 v°
e luego leuaria sus fijas   al Campeador leal.
Vos nu[n]q*u*a en Carrion   entrariedes iamas.

129.

Aq*u*im parto de uos   com*mo* de malos *e* de t*r*aydores.
Hyre co*n* u*uestr*a gracia,   don Eluira *e* doña Sol;
poco p*re*çio las nueuas   de los de Carrion.
¡ Dios lo q*u*iera *e* lo mande,   q*ue* de tod el mundo es señor,
d´aq*ue*ste casamiento   q*ue*[s] grade el Ca*m*peador ! "
Esto les ha dicho   *e* el moro se torno,
teniendo yua(n)[321] armas   al troçir de Salon;
cuem*m*o de bue*n* seso   a Molina se torno.
Ya mouieron del Anssarera   los yfantes de Carrion,
acoien se a andar   de dia *e* de noch,
a ssiniestro dexan Atienza[322],   una peña muy fu[o]rt[323],
la sierra de Miedes   passaron la estoz[323a],
por los Montes Claros   aguijan a espolon,
a ssiniestro dexan a Griza,   q*ue* Alamos poblo,
- alli son caños   do a Elpha ençerro,-
a diestro dexan a Sant Esteua*n*,   mas cae alu[o]n[324].
Entrados son los yfantes   al rrobredo de Corpes,
las rramas puian co*n* las nues,   altos son los montes[325],
e las bestias fieras   q*ue* andan aderredor.
Falaron vn vergel   con vna linpia fu[o]nt[326],

[2675] "Dites-moi ce que je vous ai fait, infants, moi, je vous ai servis loyalement et vous, pour ce qui est de moi, vous avez comploté ma mort. Si je n´y renonçais par égard pour mon Cid, celui de Bivar, je vous ferais telle chose qui aurait du retentissement de par le monde, et sans délai je reconduirais ses filles au Campéador loyal. [2680] Vous, jamais vous ne rentreriez dans Carrión, jamais.

129.

[2681] Ici, je me sépare de vous, comme de méchants et de traîtres. Je m´en irai avec votre approbation, doña Elvire et doña Sol; j´apprécie peu le renom de ceux de Carrión. Dieu le veuille et le commande, lui qui est seigneur du monde entier, [2685] que le Campéador se réjouisse de ce mariage ! " Voilà ce que leur a dit le Maure, qui s´en retourna, il s´en alla en faisant une démonstration avec ses armes au passage du Jalón; en homme de grande circonspection, il s´en retourna à Molina. Alors les infants de Carrión s´ébranlèrent et s´éloignèrent de l´Ansarera, [2690] ils se mettent à cheminer jour et nuit, à leur gauche ils laissent Atienza[a], une roche très fortifiée; la sierra de Miedes[b] ils la franchirent ensuite, à travers les Montes Claros[c] ils piquent des éperons, à gauche ils laissent Griza[d], qu´Alamos a peuplée [2695] - là il y a des souterrains où il enferma Elpha -, à droite ils laissent San Esteban, qui est situé plus loin. Les infants sont entrés dans la rouvraie de Corpes[e], les branches montent jusqu aux nuages[f] les bois sont hauts et il y a des bêtes sauvages qui rôdent alentour. [2700] Ils trouvèrent une clairière avec une source limpide[g],

mandan fincar la tienda   yfantes de Carrion,
con q*u*antos q*ue* ellos t*r*aen   y iazen essa noch;
con sus mugieres en braços   demuestran les amor.
¡ Mal gelo cunplieron   quando salie el sol !
Mandaron cargar las azemilas   co*n* gra*n*des aueres
[a nombre][327],
cogida han la tienda   do albergaron de noch,   fº55 rº
adelant eran ydos   los de criazon :
assi lo mandaron   los yfantes de Carrion,
q*ue* non y fincas ninguno,   mug*ier* nin varon,
si non amas sus mugieres,   doña Eluira *e* doña Sol :
deportar se q*u*ieren con ellas   a todo su sabor.
Todos eran ydos,   ellos .IIII. solos son.
Tanto mal comidieron   los yfantes de Carrion :
"Bien lo creades,   don Eluira *e* doña Sol,
aq*u*i seredes escarnidas   en estos fieros montes;
oy nos partiremos   *e* dexadas seredes de nos,
non abredes part   en t*ie*rras de Carrion.
Hyran aq*ue*stos mandados   al Çid Campeador;
nos vengaremos aq*ue*sta   por la del Leon[327a]."
Alli les tuellen   los mantos *e* los pelliçones,
paran las en cuerpos   *e* en camisas *e* en çiclatones.
Espuelas tienen calçadas   los malos t*r*aydores,
en mano p*re*nden las çinchas   fuertes e duradores.
Q*u*ando esto vieron las dueñas,   fablaua doña Sol :
"RRogamos uos,   don Diego *e* don Ferando, por Dios[328],
dos espadas tenedes,   fuertes *e* taiadores,
al vna dizen Colada   *e* al(l) otra Tizon,
cortandos las cabe[ç]as[328a],   martires seremos nos.
Moros *e* *christ*ianos   departiran desta rrazon,
q*ue* por lo q*ue* nos mereçemos,   no lo p*re*ndemos nos;
atan malos enssienplos   non fagades sobre nos;
Si nos fueremos maiadas,   abiltaredes a uos,
rretraer uos lo an   en vistas o en cortes."

les infants de Carrión ordonnent de planter la tente; avec tous ceux qu'ils emmènent, ils y couchent cette nuit-là; avec leurs femmes dans les bras, ils leur manifestent leur amour. Comme ils le leur prouvèrent mal quand se leva le soleil ! Ils ordonnèrent de charger sur les bêtes de somme leurs nombreuses et abondantes richesses, ils ont plié la tente où ils avaient logé la nuit, les serviteurs s'en sont allés de l'avant, ainsi l'ordonnèrent les infants de Carrión : il ne devait rester sur place personne, ni femme ni homme, sauf leurs deux femmes, doña Elvire et doña Sol : ils veulent prendre du plaisir avec elles tout leur soûl[a]. Tous s'en étaient allés, ils restent seuls à eux quatre. Les infants de Carrión méditèrent une très mauvaise action : "Tenez-le bien pour certain, doña Elvire et doña Sol, ici vous serez bafouées, dans ces bois sauvages; aujourd'hui nous nous séparerons et vous serez abandonnées par nous, vous n'aurez nul bien en partage au pays de Carrión. Ces messages parviendront au Cid Campéador; nous, nous vengerons ainsi notre déshonneur encouru lors de l'affaire du lion." Alors ils leur enlèvent leurs manteaux et leurs pelisses, ils les laissent seulement avec leurs chemises et leurs bliauts de soie. Ils ont chaussé leurs éperons, les méchants traîtres, ils prennent en main les sangles solides et dures. Quand les dames le virent, doña Sol dit : "Nous vous prions, don Diègue et don Ferrand, par Dieu, vous avez deux épées solides et tranchantes, on appelle l'une Colada et l'autre Tizón, si vous nous coupez les têtes, nous serons martyres[b]. Maures et Chrétiens parleront de cet événement, car nous ne subissons pas ce supplice en raison de nos mérites[c]; n'accomplissez pas de si méchantes prouesses contre nous; si nous sommes battues, vous en serez avilis, on vous le reprochera dans les entrevues judiciaires ou dans les cortès royales[d]."

Lo q*ue* rruegan las duenas   no*n* les ha ni*n*gun pro. f° 55 v°
2735. Essora les conpieçan a dar   los yfantes de Carrion :
con las çinchas corredizas   maian las ta*n* sin sabor,
con las espuelas agudas,   don ellas an mal sabor,
rronpien las camisas *e* las carnes   a ellas amas a dos :
linpia salie la sangre   sobre les çiclatones.
2740. Ya lo sienten ellas   en los sos coraçones.
¡ Q*u*al ventura serie esta   si ploguiesse al C*r*iador
q*ue* assomasse essora   el Çid Campeador !
Tanto las maiaron   q*ue* sin cosimente son,
sangrientas en las camisas   *e* todos los çiclatones.
2745. Ca*n*ssados son de ferir   ellos amos a dos,
ensayandos amos   q*u*al dara meiores colpes.
Hya no*n* pueden fablar   don Eluira *e* dona Sol,
por muertas las dexaron   en el rrobred(r)o de Corpes.

130.

2749. Leuaro*n* les los mantos   *e* las pieles arminas,
2750. mas dexan las maridas   en briales *e* en camisas,
e a las aues del monte   *e* a las bestias de la fiera guisa.
Por muertas la[s][328b] dexaro*n*,   sabed, q*ue* no*n* por biuas.
¡ Q*u*al ventura serie   si assomas essora el Çid [Ruy Diaz][329]!

131.

2754-55. En el rrobredo de Corpes   por muertas las dexaro*n*[329a],
q*ue* el vna al otra   nol torna rrecabdo.
Por los montes do yuan   ellos yuan se alabando :
"De n*uest*ros casamientos   agora somos vengados,
2759-60. non las deuiemos tomar por varraganas [f° 56 r°],   si non fuessemos rrogados[330].
Pues n*uest*ras pareias   non era*n* pora en braços.
La desondra del Leon   assis yra vengando.

Les supplications des dames ne leur servent à rien. [2735] Alors les infants de Carrión commencent à les frapper : avec les sangles à boucles[(a)], ils les battent avec une grande cruauté, avec les éperons aigus, qu´elles ressentent cruellement, ils leur déchirèrent leurs chemises et leurs chairs à toutes deux : le sang pur jaillissait sur les bliauts de soie. [2740] Déjà elles ressentent leur douleur dans leurs coeurs. Quel bonheur ce serait, s´il plaisait au Créateur, qu´apparût alors le Cid Campéador ! [(b)] Ils les battirent tellement qu´elles restent sans réaction[(c)], sanglantes dans leurs chemises et dans toutes les parties de leurs bliauts de soie. [2745] Ils sont tous deux fatigués de frapper, s´étant appliqués tous deux à qui donnera les meilleurs coups. Doña Elvire et doña Sol ne peuvent plus parler, ils les laissèrent pour mortes dans la rouvraie de Corpes.

130.

[2749] Ils emportèrent leurs manteaux et leurs fourrures d´hermine, [2750] par contre il les laissent cruellement affligées, en bliauts et en chemises, exposées aux oiseaux des bois et aux bêtes sauvages. Il les laissèrent pour mortes, sachez-le, et ne donnant plus signe de vie. Quel bonheur ce serait si apparaissait alors le Cid Ruy Diaz !

131.

[2754-5] Dans la rouvraie de Corpes ils les laissèrent pour mortes, de sorte que l´une ne peut prendre soin de l´autre. Par les bois où ils cheminaient, ils allaient en se complimentant : “De nos mariages nous sommes maintenant vengés; [2759-60] nous n´aurions même pas dû les prendre pour concubines, si nous n´en avions été priés. Car elles n´étaient pas nos égales pour que nous les tenions dans nos bras. Le déshonneur du lion sera ainsi vengé à jamais[(d)].

132.

Alabandos yuan   los yfantes de Carrion.
Mas yo uos dire   d´aq*ue*l Felez Munoz;
sobrino era   del Çid Campeador.
Mandaron le yr adelante   mas de su grado no*n* f[o][331];
en la carrera do yua   doliol el coraçon,
de todos los otros   aparte se salio,
en vn monte espesso   Felez Munoz se metio,
fasta q*ue* viesse venir   sus p*r*imas amas a dos
o q*ue* an fecho   los yfantes de Carrion.
Violos venir   *e* oyo vna rrazon,
ellos nol vien[331a]   ni dend sabien rraçion;
sabet bie*n* q*ue* si ellos le viessen,   non escapara de mu[o]rt[332].
Van sse los yfantes,   aguija*n* a espolon.
Por el rrastro   tornos Felez Munoz,
fallo sus p*r*imas   amorteçidas amas a dos.
Lamando : “ ¡ P*r*imas, p*r*imas ! ”;   luego descaualgo,
arrendo el cauallo,   a ellas adelino :
“ ¡ Ya p*r*imas, las mis p*r*imas,   don Eluira *e* doña Sol !
Mal se ensayaro*n*   los yfantes de Carrion.
¡ A Dios plega *e* a *Sancta* Ma*ria*   q*ue* dent p*re*ndan (ellos)mal galardon[333] ! ”
Valas tornando   a ellas amas a dos;
tanto son de traspuestas   q*ue* dezir nada non pu[o]den[334].
Partiero*n* se le las tellas   de dentro del coraçon[335]
lamando : “ ¡ P*r*imas, p*r*imas,   don Eluira *e* doñ[a] Sol !
Despertedes, p*r*imas,   por amor del C*r*iador,
mie[n]t*r*a[335a] es el dia,   ante q*ue* entre la noch,   fº56 vº
los ganados fieros   non nos coman en aq*ue*ste mont.”

[2763] Les infants de Carrión allaient en se complimentant. Mais je vais vous parler de l'admirable Félez Muñoz[(a)], [2765] il était le neveau du Cid Campéador. Les infants l'avaient envoyé en avant, mais il n'y alla pas de son plein gré; sur la route où il cheminait, un pressentiment déchira son coeur, il s'écarta de tous les autres, Félez Muñoz s'enfonça dans un bois épais, [2770] jusqu'à ce qu'il vît venir ses deux cousines ou sût ce qu'avaient fait les infants de Carrión. Il vit venir ceux-ci et entendit leurs propos. Eux ne le voyaient pas et ne soupçonnaient pas sa présence; sachez-le bien que s'ils l'avaient vu, il n'aurait pas échappé à la mort. [2775] Les infants s'éloignent, ils piquent des éperons. Félez Muñoz revient sur leurs traces, il trouva ses cousines toutes deux évanouies. Appelant "Cousines, cousines ! ", vite il sauta de son cheval, attacha celui-ci par la rêne, se dirigea vers elles : [2780] "Eh bien, cousines, mes cousines[(b)], doña Elvire et doña Sol ! Ils se sont mal conduits les infants de Carrión. Plaise à Dieu et à sainte Marie qu'ils en reçoivent une mauvaise récompense ! " Avec une lente précaution il retourna leurs deux corps[(c)], elles ont tellement perdu connaissance qu'elles ne peuvent dire un mot. [2785] Les fibres se déchirèrent au plus profond de son coeur. Appelant : "Cousines, cousines, doña Elvire et doña Sol ! Veuillez vous réveiller, cousines, pour l'amour du Créateur, tant qu'il fait jour, avant que ne vienne la nuit, que les hordes de bêtes[(d)] sauvages ne nous dévorent pas dans ce bois."

100b

Van rrecordando   don Eluira *e* doña Sol,
abrieron los oios   *e* viero*n* a Felez Muñoz :
"Esforçad uos, p*r*imas,   por amor del C*r*iador;
de q*ue* non me fallaren   los yfantes de Carrion,
a grant p*r*iessa   sere buscado yo;
si Dios no*n* nos vale,   aq*u*i morremos nos."
Tant a grant duelo   fablaua doña Sol :
"Si uos lo meresca, myo p*r*imo,   n*uest*ro padre, el Ca*m*peador,
dandos del agua,   ¡si uos vala el C*r*iador ! "
Con vn sonbrero[336]   q*ue* tiene Felez Munoz,
- nueuo era *e* fresco,   q*ue* de Valençial saco -,
cogio del agua en el   *e* a sus primas dio;
mucho son lazradas   *e* amas las farto.
Tanto las rrogo   fata q*ue* las assento.
Valas conortando   *e* metiendo coraçon
fata q*ue* esfuerçan,   *e* amas las tomo
e p*r*iuado   en el cauallo las caualgo;
con el so manto   a amas las cubrio,
el cauallo p*r*iso por la rienda   *e* luego de*n*t las part[io].
Todos tres señeros   por los rrobredos de Corpes,
entre noch *e* dia   saliero*n* de los montes;
a las aguas de Duero   ellos arribados son,
a la Torre de don Urraca   elle las dexo,
a Sant Esteuan   vino Felez Muñoz,
fallo a Diego Tellez,   el q*ue* de Albar Fanez f[o][337];
Q*u*ando el lo oyo,   pesol de coraçon,   fº 57 rº
priso bestias   *e* vestidos de pro,
hyua rreçebir   a don Eluira *e* a doña Sol;
en Sant Esteuan   de*n*tro las metio,
q*u*anto el meior puede   alli las ondro.
Los de Sant Esteuan   siemp*re* mesurados son;
q*u*ando sabien esto,   pesoles de coraçon;
a llas fijas del Çid   dan les e[f]furç[i]o[n][338].

[2790] Peu à peu doña Elvire et doña Sol reviennent à elles, elles ouvrirent les yeux et virent Félez Muñoz : "Faites un effort, cousines, pour l'amour du Créateur; dès que les infants de Carrión ne me trouveront pas, très vite je serai recherché. Si Dieu ne nous protège, nous mourrons ici." Avec une très grande peine doña Sol parla[a] : "Mon cousin, que notre père, le Campéador, vous en récompense. Donnez-nous de l'eau, que le Créateur vous protège ! " Avec un chapeau que possède Félez Muñoz [2800] - tout neuf, il ne l'avait pas encore étrenné et l'avait emporté de Valence[b] - il s'en servit pour apporter de l'eau et en donna à ses cousines; elles font grande pitié et il les désaltéra toutes deux. Il les pria tant qu'il les fit s'asseoir. Il les réconforte de plus en plus, en y mettant tout son coeur, si bien qu'elles recouvrent leurs forces; il les prit toutes deux [2805] et en hâte les fit monter sur son cheval; de son manteau il les couvrit toutes deux, il prit le cheval par la rêne et les éloigna aussitôt du lieu où elles étaient. Tous trois vont seuls à travers les rouvraies de Corpes, [2810] entre le jour et la nuit ils sortirent des bois. Ils sont arrivés sur les bords du Douro[c], il les laissa à la Tour de doña Urraca[d], Félez Muñoz vint à San Esteban, il y trouva Diègue Téllez, celui qui dépendait d'Álbar Fáñez[e]; [2815] quand celui-ci l'entendit, son coeur en fut peiné, il prit des montures et d'excellents vêtements, il alla recevoir doña Elvire et doña Sol. Il les conduisit dans San Esteban et là du mieux qu'il put, il leur rendit honneur. [2820] Les habitants de San Esteban se comportent toujours comme il convient[f]; quand ils surent les événements, leur coeur en fut peiné; ils remettent aux filles du Cid leur tribut de vivres.

Alli souieron ellas   fata q*ue* sa[n]as[339] son.
Allaba[n] dos se [v]an[338a]   los yfantes de Carrion.
De cuer peso esto   al bue*n* rrey don Alfons(so).
Van aq*ue*stos mandados   a Valençia la mayor;
q*u*ando gelo dizen   a myo Çid el Campeador,
vna grand ora   pensso *e* comidio;
alço la su mano,   a la barba se tomo :
" ¡ Grado a *Christus,*   q*ue* del mundo es señor,
q*u*ando tal ondra me an dada   los yfantes de Carrion !
Par aq*ue*sta barba[339b],   q*ue* nadi non messo,
non la lograran   los yfantes de Carrion;
q*ue* a mis fijas   bien las casare yo."
Peso a myo Çid   *e* a toda su cort,
e Albar Fanez   d'alma *e* de coraço*n*[340],
Caualgo Minaya   co*n* P*er*o Vermu[do]z
e Martin Antolinez,   el burgales de pro,
con .CC. caualle*r*os,   q*u*ales mio Çid mando;
dixoles fuerte mientre   q*ue* andidiessen de dia *e* de noch,
aduxiessen a ssus fijas   a Valençia la mayor.
Non lo detardan   el mandado de su señor,   f° 57 v°
a p*r*iessa caualgan,   andan los dias *e* las noches;
vinieron a (Sant Esteuan de) Gormaz,   vn castiello ta*n* fu[o]rt,[341]
hy albergaron   por verdad vna noch.
A Sant Esteuan   el ma*n*dado lego
q*ue* vinie Mynaya   por sus primas amas a dos.
Varones de Sant Esteuan   a guisa de muy pros
rreçiben a Minaya   *e* a todos sus varones,
presentan a Minaya   essa noch grant enffurçion;
non gelo q*u*iso tomar,   mas mucho gelo gradio :
"Graçias, varones de Sant Esteuan,   q*ue* sodes conosçedores,
por aq*ue*sta ondra q*ue* vos diestes   a esto q*ue* nos cuntio.

Là, elles séjournèrent jusqu'à ce qu'elles fussent en bonne santé. Les infants de Carrión vont se complimentant. [2825] Le bon roi don Alphonse eut le coeur peiné de cet événement. Les nouvelles parviennent à Valence la grande; quand on en informe mon Cid le Campéador, il y pensa et y réfléchit pendant longtemps; il leva la main et se prit la barbe[a] : [2830] "Grâces au Christ, qui est seigneur du monde, quand les infants de Carrión m'ont fait tant d'honneur[b] ! Par ma barbe, que personne n'a arrachée, les infants de Carrión n'y gagneront rien; car mes filles, je les marierai encore bien[c] ! " [2835] Le Cid fut peiné, ainsi que toute sa cour et qu'Álvar Fáñez, jusqu'au fond de l'âme et du coeur. Minaya sauta à cheval avec Pero Vermudoz et Martín Antolínez, l'excellent Burgalais, avec deux cents chevaliers, auxquels le Cid donna des ordres; il leur dit instamment de cheminer jour et nuit, [2840] de ramener ses filles à Valence la grande. Ils ne diffèrent pas l'ordre de leur seigneur, ils chevauchent rapidement, cheminent jours et nuits; ils atteignirent Gormaz, un château très puissant, là ils logèrent en vérité une nuit. [2845] A San Esteban arriva le message que Minaya venait chercher ses deux cousines[d]. Les gens de San Esteban, d'excellente manière[e], reçoivent Minaya et tous ses hommes[b], ils présentent ce soir-là à Minaya un considérable tribut de vivres, [2850] Minaya ne voulut pas le prendre, mais les en remercia beaucoup : "Merci, gens de San Esteban, vous qui êtes avisés[g], pour ces honneurs dont vous nous avez comblés dans ces circonstances.

Mucho uos lo gradeçe,   alla do esta, myo Çid el Ca*m*peador;
assi lo ffago yo   q*ue* aq*u*i esto.
Affe Dios de los çielos,   ¡ q*ue* uos de dent bue*n* galardon ! "
Todos gelo gradeçen   *e* sos pagados son,
adelinan a posar   pora folgar essa noch.
Minaya (ver) va uer   sus primas do son;
en el fincan los oios   don Eluira *e* doña Sol :
"Atanto uos lo gradimos   com*m*o si viessemos al C*r*iador;
e uos a El lo gradid   q*u*ando biuas somos nos.
En los dias de vagar   toda *nuestr*a rrencura sabremos co*n*tar [nos][342]."

133.

Lorauan de los oios   las dueñas *e* Albar Fanez,
e Pero Vermu[do]z   [c]o[n]o[r]ta[d]o[342a] las ha :
"Don Eluira *e* doña Sol   cuydado non ayades,
q*u*ando uos sodes sa[n]as[343]   *e* biuas *e* sin otro mal.
Buen casamiento perdiestes,   meior podredes ganar.
¡ Avn veamos el dia   q*ue* vos podamos vengar ! "   f°58 r°
Hy iazen essa noche   *e* tan grand gozo q*ue* fazen.
Otro dia mañana   pienssan de caualgar;
los de Sant Esteuan   escurriendo los van
fata RRio d'Amor   dando les solaz;
d'allent se espidieron dellos,   piennssan se de tornar,
e Minaya con las dueñas   yua cabadelant.
Troçieron Alcoçeua,   a diestro de [x]an(testeuan de) Gormaz[344],
o dizen Bado de RRey   alla yuan p[a]sar[345],
a la casa de Berlanga   posada p*re*sa han.

Là où il est, mon Cid le Campéador vous en remercie beaucoup. Je fais de même, moi qui suis ici. [2855] Voici : que le Dieu des cieux vous en donne une bonne récompense ! " Tous l'en remercient et sont contents de lui, ils se dirigent vers un gîte pour se reposer cette nuit. Minaya va voir ses cousines, là où elles se trouvent; doña Elvire et doña Sol fixent les yeux sur lui : [2860] "Nous vous remercions autant que si nous voyions le Créateur; et vous, remerciez-le de ce que nous soyons encore vivantes. Quand nous en aurons mieux le loisir, nous saurons raconter tout notre malheur."

133.

[2863] Les dames[(a)] et Álvar Fáñez avaient les yeux en larmes, et Pero Vermudoz les a encouragées : [2865] "Doña Elvire et doña Sol, n'ayez pas de souci, puisque vous êtes en bonne santé et en vie et sans autre mal. Vous avez perdu un bon mariage, vous pourrez en obtenir un meilleur[(b)]. Qu'il nous soit donné d'encore voir le jour où nous puissions vous venger ! " Là ils couchent cette nuit en manifestant hautement leur joie. [2870] Le lendemain matin, ils songent à se mettre en route : les habitants de San Esteban les escortent jusqu'au Río d'Amor[(c)] en les divertissant[(d)]; à partir de là ils prirent congé d'eux, ils songent à prendre le chemin du retour tandis que Minaya avec les dames prenait les devants. [2875] Ils traversèrent Alcoceba[(e)], laissent Gormaz à droite[(f)], à l'endroit appelé Vado de Rey[(g)] ils passèrent l'eau, ils firent étape dans la ville de Berlanga[(h)].

Otro dia mañana   meten se a andar,
a q*u*al dizen Medina   yuan albergar
e de Medina a Molina   en otro dia van.
Al moro Auengaluon   de coraçon le plaz,
saliolos a rreçebir   de buena voluntad,
por amor de myo Çid   rrica cena les da.
Dent pora Valençia   adelinechos van.
Al q*ue* en buen ora nasco   legaua el menssaie;
priuado caualga,   a rreçebir los sale,
armas yua teniendo   *e* grant gozo q*ue* faze.
Myo Çid a sus fijas   yua las abraçar,
besando las a amas, tornos de sonrrisar :
"Venides, mis fijas;   ¡ Dios uos curie de mal !
Hyo tome el casamiento,   mas non ose dezir al.
¡ Plega al C*r*iador,   q*ue* en çielo esta,
q*ue* uos vea meior casadas   d´aq*u*i en adelant !
¡ De myos yernos de Carrion   Dios me faga vengar !
Besaron las manos   las fijas al padre.
Teniendo yuan armas,   entraron se a la çibdad[346]; fº58 vº
grand gozo fizo co*n* ellas   doña Ximena su madre.
El q*ue* en bue*n* ora nasco   no*n* q*u*iso tardar;
fablos co*n* los sos   en su poridad,
al rrey Alfonsso de Castiella   pensso de enbiar.

134.

"¿ O eres, Muño Gustioz,   myo vassallo de pro ?
¡ En bue*n* ora te c*r*ie a ti   en la mi cort !
Lieues el ma*n*dado   a Castiella al rrey Alfons(so);
Por mi besa le la mano   d´alma *e* de coraçon,
- cuemo yo so su vassallo   *e* el es myo señor -;
desta desondra q*ue* me an fecha   los yfantes de Carrion
q*ue*l pese al bue*n* rrey   d´alma *e* de coraçon.
El caso mis fijas,   ca no*n* gelas di yo;
q*u*ando las han dexadas   a grant desonor,
si desondra y cabe   alguna co*n*tra nos,
la poca *e* la grant   toda es de myo señor.

Le lendemain matin, ils se mettent en route, ils allèrent loger dans la ville appelée Medina[a] et [2880] vont de Medina à Molina[b] le jour suivant. Le Maure Abengalbón s´en réjouit de tout coeur, il sortit les recevoir bien volontiers, par attachement pour mon Cid il leur offre un somptueux souper. De là, ils vont droit vers Valence. [2885] Le message parvint à celui qui naquit à la bonne heure; en toute hâte il saute sur son cheval et sort pour les recevoir, il se divertit avec ses armes en manifestant une grande joie. Mon Cid alla prendre ses filles dans ses bras, leur donnant à toutes deux des baisers, il se remit à sourire : [2890] "Vous voilà, mes filles, que Dieu vous protège du malheur ! J´ai consenti au mariage, mais je n´ai rien osé dire d´autre. Plaise au Créateur qui est au Ciel, que je vous voie désormais mieux mariées ! Que Dieu me permette de me venger de mes gendres de Carrión!" [2895] Les filles baisèrent les mains de leur père. Ils allaient en se divertissant avec leurs armes et entrèrent dans la ville; doña Chimène, leur mère, mêla sa grande joie à celle de ses filles. Celui qui naquit à la bonne heure ne voulut pas perdre de temps, il délibéra avec les siens en secret et [2900] décida de prévenir le roi Alphonse de Castille[c].

134.

[2901] "Où es-tu, Muño Gustioz, mon vassal plein de qualités ? A la bonne heure je t´ai élevé à ma cour[d] ! Veuille bien porter ce message en Castille, au roi Alphonse. Pour moi baise-lui la main de toute ton âme et de tout ton coeur [2905] - car je suis son vassal et lui est mon seigneur -; de ce déshonneur que m´ont fait souffrir les infants de Carrión, que le bon roi en ait de la peine au fond de l´âme et du coeur. Il maria mes filles, car je ne les leur ai pas données; quand ils les ont abandonnées avec une grande ignominie, [2910] s´il y a quelque déshonneur pour nous, il retombe entièrement, qu´il soit grand ou petit, sur mon seigneur.

Myos aueres se me an leuado,   *que* sobeianos son,
esso me puede pesar   co*n* la otra desonor.
Aduga melos a vistas   o a iuntas o a cortes,
com*mo* aya derecho   de yfantes de Carrion,
ca tan grant es la rrencura   dentro en mi coraço*n*."
Muño Gustioz   p*r*iuado caualgo,
con el dos caualle*r*os   q*ue*l siruan a so sabor
e con el escuderos   q*ue* son de c*r*iazon.
Salien de Valençia   *e* andan q*u*anto pu[o]den(347),
nos dan vagar   los dias *e* las noches.
Al rrey [don Alfonsso](348)   en San Fagunt lo fallo. f°59 r°
RRey es de Castiella   *e* rrey es de Leo*n*
e de las Asturias   bie*n* a San Çaluador,
fasta dentro en *Sancti* Yaguo   de todo es señor,
e llos condes galliz[i]anos(348a)   a el tiene*n* por señor.
Assi com*mo* descaualga   aq*ue*l Muño Gustioz,
omillos a los santos *e*   rrogo a[l] Criador;
adelino poral palaçio   do estaua la cort,
Con el don caualle*r*os   q*ue*l aguardan cu*m* a(l) señor.
Assi com*mo* ent*r*aron   por medio de la cort,
violos el rrey   *e* connosçio a Muño Gustioz;
levantos el rrey,   ta*n* bie*n* los rreçibio,
delant el rrey   los ynoios finco(349) (aq*ue*l Muño Gustioz),
besaba le los pies   aq*ue*l Muño Gustioz :
" ¡ Merçed, rrey Alfonsso;   De largos rreynos a uos dize*n* señor.
Los pies *e* las manos   vos besa el Campeador;
Ele es *vuestr*o vassallo   *e* uos sodes so señor.
Casastes sus fijas   co*n* yfantes de Carrion,
alto fue el casamien[t]o,   ca lo q*u*isiestes uos.
Hya uos sabedes   la ondra q*ue* es cuntida a nos,
cuemo nos han abiltados   yfantes de Carrion;

Ils m'ont emporté mes richesses, qui sont considérables, ceci peut me peiner, ainsi que l'autre ignominie. Amenez-les moi pour une entrevue[a] ou à une assemblée judiciaire[b] ou devant les cortès royales[c], [2915] de façon que j'obtienne réparation de la part des infants de Carrión, car bien grand est le ressentiment au fond de mon coeur." Muño Gustioz en hâte sauta à cheval, accompagné de deux chevaliers, qui le serviront à son gré, et d'écuyers, qui sont de la maison du Cid[d] [2920] Ils sortirent de Valence et cheminent tant qu'ils peuvent, ils ne s'accordent aucun répit ni le jour ni la nuit. A Sahagún[e] il trouva le roi, don Alphonse. Il est roi de Castille et il est roi de León et des Asturies; bien établi à Saint-Sauveur[f]; [2925] jusque dans Saint-Jacques[g], de tout il est le seigneur, et les comtes galiciens le considèrent comme leur seigneur[h]. A peine descendu de cheval, l'illustre Muño Gustioz s'inclina devant les saints et pria le Créateur; il se dirigea vers le palais royal où se tenait la cour, [2930] accompagné des deux chevaliers qui l'escortent comme un seigneur. Dès qu'ils entrèrent au milieu de la cour, le roi les vit et reconnut Muño Gustioz; le roi se leva, les reçut très bien; devant le roi, l'illustre Muño Gustioz s'agenouilla, [2935] lui baisa les pieds : "Grâce, roi Alphonse. On vous dit seigneur de vastes royaumes. Le Campéador vous baise les pieds et les mains; il est votre vassal et vous êtes son seigneur. Vous avez marié ses filles avec les infants de Carrión, [2940] ce fut un noble mariage, car c'est vous qui l'avez voulu. Vous savez déjà l'honneur qui en est résulté pour nous[i], comment les infants de Carrión nous ont avilis;

mal maiaron sus fijas del Çid Campeador;
maiadas *e* desnudas a grande desonor,
desenparadas las dexaron en el rrobredo de Corpes,
a las bestias fieras *e* a las aues del mont.
Afelas sus fijas en Valençia do son.
Por esto uos besa las manos, com*m*o vassallo a señor.

fº59 vº

q*ue* gelos leuedes a vistas o a iuntas o a cortes;
tienes por desondrado, mas la u*uestr*a es mayor,
e q*ue* uos pese, rrey, com*m*o sodes sabidor;
q*ue* aya myo Çid derecho de yfantes de Carrion.
El rrey vna grand ora callo *e* comidio :
"Verdad te digo yo q*ue* me pesa de coraçon,
e verdad dizes en esto, tu, Muño Gustioz,
ca yo case sus fijas co*n* yfantes de Carrion;
fiz lo por bien, q*ue* ffuesse[350] a su pro.
¡ Si q*u*ier el casamiento fecho non fuesse oy !
Entre yo *e* myo Çid pesa nos de coraçon.
Aiudar lê a derecho. ¡ Sin salue el C*r*iador !
Lo q*ue* non cuydaua fer de toda esta sazon;
andaran myos porteros por todo [el] rreyno myo[351],
pora dentro en Tolledo pregonaran mi cort[352],
q*ue* alla me vayan cuendes *e* yfançones;
mandare com*m*o y vayan yfantes de Carrion
e com*m*o den derecho a myo Çid el Campeador,
e q*ue* non aya rrencura, podiendo vedallo yo[353].

135.

Dezid le[354] al Campeador q*ue* en bue*n* ora nasco,
q*ue* destas. .VII. semanas adobes co*n* sus vassallos,
vengam a Tolledo, estol do de plazo.
Por amor de myo Çid esta cort yo fago.
Saludad melos a todos, entr´ellos aya espaçio;
desto q*ue* les abino avn bie*n* sera*n* ondrados." fº60 rº

méchamment ils ont battu les filles du Cid Campéador; battues et dévêtues de façon ignomineuse, [2945] sans défense, ils les ont abandonnées, dans la rouvraie de Corpes, aux bêtes sauvages et aux oiseaux des bois[a]. Voici ses filles à Valence, où elles se trouvent. Pour cela le Cid vous baise les mains, comme un vassal à son seigneur, pour que vous lui conduisiez les infants à une entrevue ou à une assemblée judiciaire ou devant les cortès royales; [2950] il se tient pour déshonoré, mais votre déshonneur est plus grand, et cela doit vous peiner, roi, puisque vous êtes sage et prudent[b]; que mon Cid ait réparation des infants de Carrión." Le roi pendant longtemps se tut et réfléchit : "Je te dis la vérité : j´en ai le coeur peiné, [2955] et toi, tu dis la vérité, Muño Gustioz, car j´ai marié ses filles aux infants de Carrión; je l´ai fait dans une bonne intention, pour que ce fût à son avantage. Ah ! si aujourd´hui le mariage ne s´était pas fait ! Moi et mon Cid, nous en avons le coeur en peine. [2960] Je l´aiderai à obtenir réparation. Qu´ainsi me protège le Créateur ! Ce que je ne pensais pas faire durant toute cette époque, je le ferai : mes officiers parcourront tout mon royaume, proclameront la tenue de ma cour à Tolède[c], afin qu´y aillent pour moi les comtes[d] et les infançons[e]; [2965] je commanderai que les infants de Carrión y aillent et fassent réparation à mon Cid le Campéador, et qu´il ne ressente pas de rancoeur, puisque je puis l´empêcher.

135.

[2968] Dites au Campéador, qui naquit à la bonne heure, qu´endéans sept semaines[f] il s´équipe avec ses vassaux, [2970] qu´il vienne auprès de moi à Tolède, c´est le délai que je lui donne. Par amour pour mon Cid, je tiens cette cour. Embrassez-les moi tous sur la bouche, qu´ils soient patients[g]; malgré ce qui leur est advenu, ils auront encore beaucoup d´honneur."

Espidios Muño Gustioz,   a myo Çid es tornado.
Assi com*m*o lo dixo,   suyo era el cuydado;
non lo detiene por nada   Alfonsso el castellano,
enbia sus cartas   pora Leo*n* *e* a *Sancti* Yaguo,
a los portogaleses   *e* a galizianos,
e a los de Carrion   *e* a varones castellanos,
q*ue* cort fazie e*n* Tolledo   aq*ue*l rrey ondrado,
a cabo de .VII. semanas   q*ue* y fuessen iuntados;
q*ui* non viniesse a la cort   non se touiesse por su vassallo.
Por todas sus t*ie*rras   assi lo yuan penssando,
q*ue* non faliessen   de lo q*ue* el rrey auye ma*n*dado.

136.

Hya les va pesando   a los yfantes de Carrion,
por q*ue* en Tolledo   el rrey fazie cort[355];
miedo han q*ue* y verna   myo Çid el Campeador.
Prenden so consseio,   assi parientes com*m*o son,
rruegan al rrey   q*ue* los q*ui*te desta cort.
Dixo el rrey;   "No lo fere, ¡ sin salue Dios ! ,
ca y verna   myo Çid el Campeador;
darlêdes derecho,   ca rrencura ha de uos.
Q*ui* lo fer non q*ui*siesse   o no yrâ mi cort,
q*ui*te myo rreyno,   ca del non he sabor."
Hya lo viero*n* q*ue* es a fer   los yfantes de Carrion,
p*re*nden consseio,   parientes com*m*o son;
el conde don Garçia   en estas nuevas f[o][356],
- enemigo de mio Çid   q*ue* mal siemp*re*l busco -[357]
aq*ue*ste consseio   los yfantes de Carrion.   f° 60 v°
Legaua el plazo,   q*ue*rien yr a la cort;
en los p*ri*meros   va el buen rrey don Alfons(so),
el conde don Anrrich   *e* el conde don RRemo*n*d,
- aq*ue*ste fue padre   del buen enperador -,
el conde don Fruella   *e* el conde don Be[rmo]n[358].

Muño Gustioz prit congé, il est retourné auprès de mon Cid. [2975] Ainsi qu'il le dit, le roi faisait sienne l'affliction générale, Alphonse le Castillan n'en retarde nullement les effets, il envoie ses mandements vers León et à Saint-Jacques, aux Portugais et aux Galiciens et à ceux de Carrión et aux hommes de Castille, [2980] selon lesquels ce roi plein d'honneur tenait sa cour à Tolède et comptait qu'ils y fussent tous assemblés dans un délai de sept semaines; que celui qui ne viendrait pas à la cour ne se considérât plus comme son vassal. Par toutes ses terres, on pensa et repensa à ne pas manquer à ce que le roi avait ordonné [a].

136.

[2985] Déjà le souci des infants de Carrión augmente parce que le roi tenait sa cour à Tolède [b]; ils ont peur que mon Cid le Campéador n'y vienne. Ils prennent l'avis de leurs parents, autant qu'ils sont, ils prient le roi de les dispenser de cette cour. [2990] Le roi dit : "Je n'en ferai rien, qu'ainsi Dieu me protège ! car mon Cid le Campéador y viendra; vous lui ferez réparation, car il nourrit du ressentiment envers vous. Quiconque ne voudrait agir ainsi ou n'ira pas à ma cour, qu'il quitte mon royaume, car je ne suis plus content de lui[c]." Alors les infants de Carrión virent ce qu'il leur convenait de faire, ils prennent l'avis de leurs parents autant qu'ils sont; le comte García prit part à cette affaire, - ennemi de mon Cid, il lui chercha toujours noise[d] -, il conseilla les infants de Carrión. [3000] Le délai approchait, on se pressait d'aller à la cour; parmi les premiers y va le bon roi don Alphonse, ainsi que le comte don Henri [e] et le comte don Raymond[f]- ce dernier fut le père du bon empereur[g] -, le comte don Fruela[h] et le comte don Bermón[i].

Fueron y de su rreyno   otros muchos sabidores,
de toda Castiella   todos los meiores :
el conde don Garçia   con yfantes de Carrion,
3009. - (e) Diego *e* Ferrando   y son amos a dos - [359] [360]
3008. e Asur Gonçalez   *e* Gonzalo Assu[o]rez [361]
e con ellos grand bando   q*ue* aduxieron a la cort :
e[n]bayr le cuydan   a myo Çid el Campeador.
De todas partes   alli iuntados son.
Avn non era legado   el q*ue* en buen ora naçio;
por q*ue* se tarda   el rrey non ha sabor.
Al q*u*into dia   venido es myo Çid el Campeador;
Aluar Fanez   adelante enbio,
q*ue* besasse las manos   al rrey so señor :
bien lo sopiesse   q*ue* y serie essa noch.
Q*u*ando lo oyo el rrey,   plogol de coraçon;
con grandes yentes   el rrey caualgo
e yua rreçebir   al q*ue* en buen ora naçio.
Bien aguisado viene el Çid [361a]   co*n* todos los sos.
¡ Buenas conpañas   q*ue* assi an tal señor !
Q*u*ando lo [o]vo a oio   el bue*n* rrey don Alfons(so),
firios a t*ie*rra   myo Çid el Campeador,   f°61 r°
biltar se q*u*iere   *e* ondrar a so señor.
Q*u*ando lo [vio] [362a] el rrey,   por nada non tardo
" ¡ Par Sant Esidr[e] [362a],   verdad non sera oy !
Caualgad, Çid,   si non no*n* auria de[n]d sabor;
saludar nos hemos   d´alma e de coraçon.
De lo q*ue* a uos pesa   a mi duele el coraçon :
! Dios lo mande q*ue* por uos   se ondre oy la cort ! "

[3005] Beaucoup d´autres experts en droit de son royaume y allèrent, tous les meilleurs de toute la Castille : le comte don García avec les infants de Carrión, [3009] - Diègue et Fernand y sont tous les deux - [3008] et Asur González et Gonzalve Ansúrez [3010] et avec eux un important parti qu´ils amenèrent à la cour : ils envisagent de maltraiter mon Cid le Campéador. De toutes parts, ils se sont rassemblés là. Celui qui naquit à la bonne heure n´était pas encore arrivé. Son retard mécontente le roi[a]. [3015] Le cinquième jour, mon Cid le Campéador est arrivé; il envoya en avant Álvar Fáñez baiser les mains du roi, son seigneur, afin qu´il sût bien qu´il y serait le soir même. Quand le roi le sut, son coeur s´en réjouit[b]; [3020] avec des troupes nombreuses, le roi chevaucha et alla recevoir celui qui naquit à la bonne heure. En bel équipage, le Cid s´avance avec tous les siens. Quelles bonnes compagnies que celles qui ont ainsi un tel seigneur ! Quand il aperçut le bon roi don Alphonse, [3025] mon Cid Campéador mit pied à terre, il veut s´humilier et honorer son seigneur. Quand le roi le vit, il n´attendit pas un moment : "Par saint Isidore, il n´en sera pas ainsi aujourd´hui ! Remontez à cheval, Cid, sinon je ne serais pas content de votre attitude[c]; [3030] nous nous embrasserons sur la bouche de toute notre âme et de tout notre coeur. Cequi vous afflige peine mon coeur. Dieu veuille que par vous la cour soit honorée aujourd´hui ! "

- " Amen", dixo myo Çid   el Campeador[363],
beso le la mano   *e* despues le saludo :
"Grado a Dios,   q*u*ando uos veo, señor.
Omillom a uos   *e* al conde do[n] RRemond[364]
e al conde don A[n]rrich[365]   *e* a q*u*antos q*ue* y son;
¡ Dios salue a n*uestr*os amigos   *e* a uos mas, señor !
Mi mug*ier* do[ñ]a[366] Ximena,   - dueña es de pro -
besa uos las manos   *e* mis fijas amas a dos;
desto q*ue* nos abino   q*ue* uos pese, señor."
RRespondio el rrey :   "Si fago, ¡ sin salue Dios ! "

137.

Pora Tolledo   el rrey tornada da.
Essa noch myo Çid   Taio no*n* q*u*iso passar :
"Merçed, ya rrey,   ¡si el C*r*iador uos salue !
Penssad, señor,   de entrar a la çibdad,
e yo co*n* los myos   posare a San Seruan :
las mis compañas   esta noche legaran;
terne vigilia   en aq*ue*ste *sanct*o logar;
cras mañana   entrare a la çibdad
e yre a la cort   enantes de iantar."
Dixo el rrey :   "Plazme de veluntad."
El rrey don Alfonsso   a Toledo entrado [ha][367],   f°61 v°
Myo Çid RRuy Diaz   en San Seruan posado [ha][367].
Mando fazer candelas   *e* poner en el altar;

- "Amen", dit mon Cid le Campéador, il lui baisa la main et ensuite la bouche : [3035] "Je rends grâce à Dieu de vous voir, seigneur, je m´incline devant vous et devant le comte don Raymond et devant le comte don Henri et devant tous ceux qui sont ici; que Dieu protège nos amis et vous encore plus, seigneur ! Ma femme doña Chimène - c´est une dame pleine de qualités[a] - [3040] vous baise les mains et mes deux filles aussi; de ce qui nous est advenu, ayez-en de la peine, seigneur." Le roi répondit : "Il en est ainsi, que Dieu me protège ! "

137.

[3043] Le roi fait retour à Tolède. Ce soir-là mon Cid ne voulut point franchir le Tage[b] : [3045] "Merci, ô roi, que le Créateur vous protège ! Songez, seigneur, à entrer dans la ville, et moi, avec les miens, je logerai à San Servando[c] : mes compagnies arriveront cette nuit; je ferai une veillée en ce saint lieu; [3050] demain matin, j´entrerai dans la ville et j´irai à la cour avant de manger." Le roi dit : "Cela me convient tout à fait." Le roi don Alphonse est entré à Tolède, mon Cid Ruy Díaz a logé à San Servando. [3055] Il ordonna d´allumer des cierges et de les mettre sur l´autel.

sabor a de velar en essa santidad,
al C*ri*ador rrogando *e* fablando en poridad.
Entre Minaya *e* los buenos q*ue* y ha
acordados fueron q*u*ando vino la man.
Matines *e* p*ri*ma dixieron fazâl alba [de la man](368).

138.

Suelta fue la missa antes q*ue* saliesse el sol
e ssu ofrenda han fecha muy buena *e* co*m*plida
[e a sazon](368a):
"Vos, Mynaya Albar Fanez, el myo b*r*aço meior,
vos yredes comigo *e* el ob*is*po don Iherom[e](369)
e P*er*o Vermu[do]z e aqueste Muño Gustioz
e M*artin* Antolinez, el burgales de pro,
e Albar Albarez *e* Albar Saluadorez
e Martin Munoz, [el]q*ue* [mando a Mont Mayor](369a),
e myo sobrino Felez Munoz;
comigo yra Mal Anda, q*ue* es bie*n* sabidor,
e Galind Garçiez, el bueno d´Aragon;
con estos cunplansse çiento de los buenos q*ue* y son.
Velmezes vestidos por sufrir las guarnizones,
de suso las lorigas ta*n* blancas com*m*o el sol,
sobre las lorigas arminos *e* peliçones,
e q*ue* non parescan las armas, bie*n* p*re*sos los cordones;
so los mantos las espadas dulçes *e* taiadores;
d´aq*ue*sta guisa q*u*iero yr a la cort,
por demandar myos derechos *e* dezir mi rrazo*n*. fº62 rº
Si de sobra(369b) buscaren yfantes de Carrion,
do tales çiento touier bien sere sin pauor."
RRespondieron todos : "Nos, esso q*ue*remos, señor."
Assi com*m*o lo a dicho, todos adobados son.
Nos detiene por nada el q*ue* en buen ora naçio :
calças de buen paño en sus camas metio,
sobr´ellas vnos çapatos q*ue* a grant huebra son;

il désire veiller dans ce lieu saint, en implorant le Créateur et en s´entretenant en secret. Minaya et les braves qui se trouvent là se tinrent prêts quand vint le matin. [3060] Ils dirent l´office des matines de prime jusqu´à l´aube du matin[a].

138.

[3061] La messe fut achevée avant que n´apparût le soleil, et ils ont apporté leur offrande, très généreuse, abondante et parfaite : "Vous, Minaya Álvar Fáñez, mon bras le meilleur, vous viendrez avec moi, ainsi que l´évêque don Jérôme, [3065] et Pero Vermudoz, et notre Muño Gustioz, et Martín Antolínez, le Burgalais plein de qualités, et Álvar Álvarez, et Álvar Salvadórez, et Martín Muñoz, qui commanda Montemayor, et mon neveu Félez Muñoz : [3070] avec moi viendra aussi Mal Anda, qui est expert en droit[b], et Galind Garcíez, le brave Aragonais; qu´avec eux on complète la centaine au moyen des braves qui sont ici. Que soient revêtues les tuniques rembourrées[c] pour protéger le corps contre les armes, par dessus les cottes de mailles aussi blanches que le soleil, [3075] sur les cottes de mailles, des hermines et des pelisses et, afin que les armes ne se voient pas, que les cordons soient bien attachés; sous les manteaux les épées qui tranchent sans douleur tant elles sont fines et nettes[d]; de cette façon, je veux me présenter à la cour, pour réclamer mes droits et plaider ma cause[e]. [3080] Si les infants de Carrión cherchent à prendre le dessus, là où j´en aurai cent comme ceux-ci, je n´aurai aucune crainte." Tous répondirent : "C´est ce que nous voulons aussi, seigneur." Ainsi que le Cid l´a dit, tous se sont équipés. Il ne s´arrête pour rien, celui qui naquit à la bonne heure : [3085] il enfila des chausses en bonne étoffe à ses jambes, sur celles-ci des chaussures qui sont richement ornées;

vistio camisa de rançal   tan blanca com*m*o el sol,
con oro *e* con plata   todas las p*re*sas son,
al puno bien estan,   ca el selo mando;
sobr´ella vn brial   p*ri*mo de çiclaton,
obrado es con oro,   pareçen por o son;
sobr´esto vna piel vermeia,   las bandas d´oro son,
siemp*re* la viste   myo Çid el Campeador;
vna cofia sobre los pelos   d´un escarin de pro,
con oro es obrada,   fecha por rrazon
q*ue* non le cont[r]alassen[369c] los pelos   al bue*n* Çid Canpeador;
la barba avie luenga   *e* p*ri*sola con el cordon,
por tal lo faze esto   q*ue* rrecabdar q*u*iere todo lo s(uy)o[370],
de suso cubrio vn manto   q*ue* es de grant valor :
en el abrien q*ue* ver   q*u*antos q*ue* y son.
Con aq*ue*stos çiento   q*ue* adobar mando,
a p*ri*essa caualga,   de San Seruan salio :
assi yua myo Çid   adobado a lla cort.
A la puerta de fuera   descaualga a sabor,
cuerda mientr[e][371] entra   myo Çid con todos los sos :
el va en medio   e los çiento aderredor.   f°62 v°
Q*u*ando lo vieron entrar   al q*ue* en buen ora naçio,
leuantos en pie   el bue*n* rrey don Alfons(so)
e el conde don Anrrich   *e* el conde don Remont
e desi adelant, sabet,   todos los otros [de la cort][372];
A grant ondra lo rreçiben   al q*ue* en bue*n* ora naçio.
Nos q*u*iso leuantar   el Crespo de Grañon,
nin todos los del bando   de yfantes de Carrio*n*.
El rrey dixo al Çid :   "Venid aca ser, Campeador,
en aq*ue*ste escaño   q*u*em diestes uos en don;
mager q*ue* âlgunos[373] pesa,   meior sodes q*ue* nos."
Essora dixo muchas merçedes   el q*ue* Valençia gaño :

il revêtit une chemise de toile fine aussi blanche que le soleil, toutes les agrafes sont en or et en argent, elles sont bien fixées au poignet, ainsi qu´il l´a ordonné; par-dessus un bliaut en soie de première qualité, il est orné de broderies d´or, qui font de l´effet partout où elles se trouvent[a]; par-dessus, une fourrure rouge à bandes d´or, mon Cid Campéador la porte toujours; une coiffe sur les cheveux d´une excellente toile fine, elle est ornée de broderies d´or, confectionnée afin que le bon Cid Campéador ne soit pas importuné par ses cheveux[b]; il avait la barbe longue et il l´attacha avec un cordon[c], il fait cela parce qu´il veut recouvrer tout ce qui est à lui; par-dessus il couvrit le tout d´un manteau qui est de grande valeur : tous ceux qui sont là seraient ainsi bien forcés de le voir. Avec ses cent hommes qu´il a fait équiper, se hâtant de chevaucher, il quitta San Servando : ainsi équipé, mon Cid se rendait à la cour. A la porte extérieure, il met pied à terre comme il convient, prudemment mon Cid fait son entrée avec tous les siens : il s´avance au milieu et les cent hommes autour de lui. Quand on vit entrer celui qui naquit à la bonne heure, le bon roi Alphonse se leva tout droit ainsi que le comte don Henri et le comte don Raymond et ensuite, sachez-le, tous les autres qui participent à la cour; avec de grands honneurs ils recoivent celui qui naquit à la bonne heure. Le Crépu de Grañón[d] ne voulut pas se lever, ni tous ceux du parti des infants de Carrión. Le roi dit au Cid : "Venez vous asseoir ici, Campéador, sur ce siège dont vous m´avez fait don; bien que cela déplaise à quelques-uns, vous êtes meilleur que nous[e]." Alors celui qui s´empara de Valence remercia vivement :

"Sed en u*uestr*o escaño   com*m*o rrey *e* señor;
Aca posare   con todos aq*ue*stos mios."
Lo q*ue* dixo el Çid   al rrey plogo de coraçon.
En vn escaño torniño   essora myo Çid poso,
los çiento q*ue*l aguardan   posan aderredor.
Catando estan a myo Çid   q*u*antos ha en la cort,
a la barba q*ue* auie luenga   *e* p*re*sa con el cordon;
en sos aguisamientos   bien semeia varo*n*.
Nol pueden catar de verguença   yfantes de Carrion.
Essora se leuo en pie   el buen rrey don Alfons(so) :
"Oyd, mesnadas,   ¡si uos vala el C*r*iador !
Hyo, de q*ue* fu rrey,   non fiz mas [de] dos cortes :
la vna fue en Burgos   *e* la ot*r*a en Carrio*n*,
esta te*r*çera   a Tolledo la vin fer oy,
por el amor de myo Çid,   el q*ue* en bue*n* ora naçio,
q*ue* rreçiba derecho   de yfantes de Carrion.   f°63 r°
Grande tuerto le han tenido,   sabemos los todos nos.
Alcaldes sean desto   el conde don Anrrich *e* el co*n*de do*n* RRemo*n*d[373a]
e estos otros condes   q*ue* del vando non sodes,
todos meted y mientes,   ca sodes coñosçedores,
por escoger el derecho,   ca tuerto non mando yo.
Della *e* della part   en paz seamos oy.
Juro par Sant Esidr[e][373b]   el q*ue* boluiere my cort
q*u*itar me a el rreyno,   perdera mi amor.
Con el que touiere derecho   yo dessa parte me so.
Agora demande   myo Çid el Campeador,
sabremos q*ue* rresponden   yfantes de Carrion."
Myo Çid la mano beso al rrey   *e* en pie se leuanto :
"Mucho uos lo gradesco   com*m*o a rrey *e* a señor
por q*u*anto esta cort   fiziestes por mi amor.
Esto les demando   a yfantes de Carrion :
por mis fijas q*ue*m dexaron   yo no*n* he desonor,
ca uos las casastes, rrey,   sabredes q*ue* fer oy;
mas q*u*ando sacaron mis fijas   de Valençia la mayor,
hyo bien l[o]s[374]   q*ue*ria   d´alma *e* de coraçon,

"Restez assis sur votre siège en tant que roi et seigneur, je m´installerai ici avec tous ceux-ci qui sont à moi." [3120] Ce que dit le Cid plut au coeur du roi. Alors mon Cid s´installa sur un siège en bois tourné, les cent hommes de sa garde s´installent autour de lui. Tous ceux qui sont présents à la cour observent longuement mon Cid, sa barbe qu´il avait longue et qui était attachée avec le cordon; [3125] dans toute sa tenue il ressemble bien à un homme énergique. De honte, les infants de Carrión ne peuvent l´observer. Alors le bon roi Alphonse se leva tout droit : "Ecoutez, les vassaux que j´ai convoqués, que le Créateur vous protège ! Moi, depuis que je fus roi, je ne tins pas plus de deux cortès : [3130] l´une eut lieu à Burgos et l´autre à Carrión[a], cette troisième je suis venu la tenir à Tolède aujourd´hui par amour pour mon Cid, celui qui naquit à la bonne heure, pour qu´il reçoive réparation de la part des infants de Carrión. Ils lui ont fait une grande injustice, nous le savons tous. [3135] Que le comte don Henri et le comte don Raymond soient juges[b] de cette affaire, ainsi que vous, les autres comtes, qui n´appartenez pas au parti[c]. Tous, prêtez-y toute votre attention, car vous êtes avisés, pour déterminer le droit, car, pour ma part, je n´ordonne pas d´injustice. De part et d´autre, soyons en paix aujourd´hui. [3140] Je le jure par saint Isidore, celui qui troublera ma cour, devra abandonner mon royaume, perdra mon amour. Quant à moi, je suis du côté de celui qui aura le droit pour lui. Maintenant, que mon Cid le Campéador expose sa plainte, nous saurons ce que répondent les infants de Carrión." [3145] Mon Cid baisa la main du roi et tout droit se leva : "Je vous suis très reconnaissant, comme à mon roi et à mon seigneur, d´avoir tenu cette cour par amour pour moi. Voici ma plainte contre les infants de Carrión : de ce qu´ils ont abandonné mes filles, pour ma part je ne suis pas déshonoré, [3150] car c´est vous qui les avez mariées, roi, et vous saurez ce qu´il y a à faire aujourd´hui[d]; mais quand ils emmenèrent mes filles de Valence la grande, je les[e] aimais bien, moi, de toute mon âme et de tout mon coeur,

diles dos espadas,   a Colada *e* a Tizon,
- estas yo las gane   a guisa de varon, -
q*ue*s ondrasse[n] con ellas   *e* siruiessen a uos.
Q*u*ando dexaron mis fijas   en el rrobredo de Corpes,
comigo no*n* q*u*isieron auer nada   *e* perdieron mi amor :
den me mis espadas,   q*u*ando myos yernos no*n* son."
Atorgan los alcaldes :   "Tod esto es rrazon."   f°63 v°
Dixo el conde don Garçia :   "A esto fablemos nos[375]."
Essora salien aparte   yffantes de Carrion
con todos sus parientes   *e* el vando q*ue* y son;
a p*r*iessa[376] lo yuan trayendo   *e* acuerdan la rrazon :
"Avn grand amor   nos faze el Çid Campeador,
q*u*ando desondra de sus fijas   no nos demanda oy;
bien nos abendremos   con el rrey don Alfons(so).
Demos le sus espadas,   q*u*ando assi finca la boz,
e q*u*ando las touiere,   partir sea la cort;
hya mas[376a] non aura derecho   de nos el Çid Canpeador."
Con aq*ue*sta fabla   tornaron a la cort :
" ¡ Merçed, ya rrey don Alfonsso,!   sodes n*uest*ro señor.
No lo podemos negar,   ca dos espadas nos dio;
q*u*ando las demanda   *e* dellas ha sabor,
dar gelas q*ue*remos   dellant estando uos."
Sacaro*n* las espadas,   Colada *e* Tizon,
pusieron las en mano   del rrey, so señor;
saca[n] las espadas   *e* rrelumbra[377] toda la cort,
las maçanas *e* los arriazes   todos d´oro son;
marauillan se dellas   todos los om*n*es buenos de la cort.
[A myo Çid   el rey gelas dio][378];

je leur ai donné deux épées, Colada et Tizón - je les avais gagnées en homme valeureux[a] - [3155] pour leur permettre d´en tirer honneur et de vous servir. Quand ils abandonnèrent mes filles dans la rouvraie de Corpes, ils ne voulurent plus rien avoir de commun avec moi et perdirent mon amour; qu´ils me restituent mes épées puisqu´ils ne sont plus mes gendres." Les juges y consentent : "Tout ceci est juste." [3160] Le comte don García[b] dit : "Délibérons entre nous sur ce point." Alors les infants de Carrión se retirèrent à l´écart avec leur parti et tous leurs parents qui sont présents; rapidement ils en discutèrent et conviennent de la réponse à donner : "Le Cid Campéador nous manifeste encore un grand amour [3165] puisqu´il ne nous adresse aujourd´hui aucune plainte pour le déshonneur de ses filles; nous nous accorderons facilement avec le roi don Alphonse. Restituons-lui ses épées puisque sa réclamation en reste là, et quand il les aura, la cour se séparera; alors le Cid Campéador n´aura plus de réparation à nous demander." [3170] Sur ces mots, ils revinrent à la cour. "Grâces, ô roi Alphonse ! Vous êtes notre seigneur. Nous ne pouvons le nier, le Cid nous a bien donné deux épées; puisqu´il les demande et en a envie, nous voulons les lui restituer devant vous." [3175] Ils dégainèrent les épées, Colada et Tizón, les remirent dans les mains du roi, leur seigneur : ils dégainent les épées et toute la cour en resplendit, les pommeaux et les quillons, tous sont en or; tous les hommes de mérite de la cour s´en émerveillent. [3179b] Le roi les remit à mon Cid;

rreçibio[378a] las espadas, las manos le beso,
tornos al escaño don[378b] se leuanto.
En las manos las tiene *e* amas las cato,
Nos le[379] pueden camear, ca el Çid bien las connosçe.
Alegros le tod el cuerpo, sonrrisos de coraçon,
alçaua la mano, a la barba se tomo :
"Par aq*ue*sta barba, q*ue* nadi non messo,
assis yran vengando don Eluira *e* doña Sol." f°64 r°
A so sobrino [Per Vermudoz][380] por nonbrel lamo,
tendio el braço, la espada Tizon le dio :
"Prendet la, sobrino, ca meiora en señor."
A Martin Antolinez, el burgales de pro,
tendio el braço, el espada Coladal dio :
"Martin Antolinez, myo vassalo de pro,
prended a Colada. ganela de bue*n* señor,
del conde d[on][380a] RRemont Verengel de Barçilona la mayor;
por esso uos la do, q*ue* la bien curiedes uos.
Se q*ue* si uos acaeçiere, co*n* ella ganaredes (gra*n*d p*rez e*) *gra*nd valor[380b]."
Beso le la mano, el espada tomo *e* reçibio.
Luego se leuanto myo Çid el Campeador :
"¡ Grado al Criador *e* a uos, rrey señor !
Hya pagado so de mis espadas, de Colada *e* de Tizon.
Otra rrencura he de yfantes de Carrion :
q*u*ando sacaron de Valençia mis fijas amas a dos,
en oro *e* en plata tres mill marcos (de plata) les dîo[380c]
Hyo faziendo esto, ellos acabaro*n* lo so;
den me mis aueres, q*u*ando myos yernos non son."
¡ Aq*u*i veriedes q*u*exar se yfantes de Carrion !
Dize el conde don RRemo*n*d : "Dezid de ssi o de no."
Essora rresponden yfantes de Carrion :

[3180] il reçut les épées et lui baisa les mains, il retourna à son siège d'où il s'était levé[a]. Il les tient dans les mains et les observait toutes deux, on ne peut lui en faire passer d'autres pour elles, car le Cid les connaît bien. Tout son être s'en réjouit, il sourit de tout son coeur : [3185] levant la main, il se prit la barbe : "Par ma barbe que personne n'a arrachée, ainsi seront vengées doña Elvire et doña Sol." Il appela son neveu Per Vermudoz par son nom, il tendit le bras, lui donna l'épée Tizón : [3190] "Prenez-la, mon neveu, elle aura un meilleur seigneur." A Martín Antolínez, le Burgalais plein de qualités, il tendit le bras, lui donna l'épée Colada : "Martín Antolínez, mon vassal plein de qualités, prenez Colada, je l'ai gagnée sur un brave seigneur, [3195] le comte don Raymond Bérenger de Barcelone la grande; je vous la donne pour que, quant à vous, vous veilliez bien sur elle. Je sais que si cela vous arrive, avec elle vous gagnerez grande estime." Martín Antolínez lui baisa la main, reçut l'épée et la prit. Sans tarder mon Cid le Campéador se leva : [3200] "Grâces au Créateur et à vous, seigneur roi ! Maintenant je suis content à propos de mes épées, de Colada et de Tizón. Je nourris un autre ressentiment contre les infants de Carrión : quand ils emmenèrent de Valence mes deux filles, je leur donnai en or et en argent trois mille marcs. [3205] Alors que j'agissais ainsi, eux ils exécutèrent leur projet; qu'ils me restituent mes richesses, puisqu'ils ne sont plus mes gendres[b]." A cet instant vous auriez vu se plaindre les infants de Carrión ! Le comte don Raymond dit : "Dites oui ou non." Alors les infants de Carrión répondent :

"Por essol diemos sus espadas   al Çid Campeador,
q*ue* al no nos demandasse,   q*ue* aq*ui* finco la boz."
3211b. [Alli les respondio   el conde don RRemond][381] :
3212. "Si ploguiere al rrey,   assi dezimos nos : (dixo el rey)[381a]
a lo q*ue* demanda el Çid   q*ue*l rrecudades vos."
Dixo el buen rrey :   "Assi lo otorgo yo."   f°64 v°
Dixo (Albar Fanez) leuanta[n]dos en pie   el Çid Campeador[381b]:
"Destos aueres   q*ue* uos di yo
si melos dades,   o dedes [dello rraçon][382]."
Essora salien aparte   yfantes de Carrion;
non acuerdan en co*n*sseio,   ca los haueres gra*n*des son,
espesos los han   yfantes de Carrion.
Tornan con el co*n*sseio   e fablaua*n* a sso sabor[382a] :
"Mucho nos afinca   el q*ue* Valençia gaño,
q*u*ando de n*uest*ros aueres   assil p*re*nde sabor;
pagar le hemos de heredades   en t*ie*rras de Carrion."
Dixieron los alcaldes :   "Q*u*ando manfestados[382b] son,
si esso plogiere al Çid,   no*n* gelo vedamos nos;
mas en n*uest*ro iuuizio   assi lo mandamos nos
q*ue* aq*ui* lo entergedes   dentro en la cort."
A estas palabras   fablo el rrey don Alfons(so) :
"Nos bien la sabemos   aq*ue*sta rrazon,
q*ue* derecho demanda   el Çid Campeador.
Destos .III. mill marcos   los .CC. tengo yo;
entramos melos dieron   los yfantes de Carrion.
Tornar gelos q*u*iero,   ca t[an] d[e]sfechos son[382c],
enterguen a myo Çid,   el q*ue* en bue*n* ora naçio;
q*u*ando ellos los an a pechar,   non gelos q*u*iero yo."
Fablo Ferran Go[n]çalez: "Aueres monedados no*n* tenemos nos[382d]."
Luego rrespondio   el conde don RRemo*n*d :
"El oro *e* la plata   espendiestes lo vos;
por juuizio lo damos   antel rrey don Alfons(so) :
pagen le en ap*re*çiadura   *e* p*re*ndalo el Campeador."

[3210]"Nous avons restitué ses épées au Cid Campéador afin qu'il ne nous réclamât pas autre chose, de sorte que sa plainte en reste là[a]." [3211b] A ce moment, le comte don Raymond leur répondit : "S'il plaît au roi, voici ce que nous disons : à ce que réclame le Cid, donnez une réponse." Le bon roi dit : "J'y consens." [3215] Le Cid Campéador dit en se levant tout droit : "Ces richesses que je vous ai données, restituez-les moi ou donnez m'en raison." Alors les infants de Carrión se retirèrent à l'écart; ils ne s'accordent pas sur l'expédient à trouver, car les richesses sont considérables, [3220] et les infants de Carrión les ont dépensées[b]. Revenant avec l'expédient qu'ils ont trouvé, ils parlèrent comme ils le voulurent : "Il nous presse beaucoup, celui qui a conquis Valence, quand ainsi il se met à vouloir nos richesses; nous le payerons sur les propriétés que nous avons au pays de Carrión." Les juges dirent: "Puisque les infants ont reconnu leurs dettes, [3225] si cela plaît au Cid, nous ne nous y opposons pas, mais dans notre jugement, nous l'ordonnons ainsi : que vous le remboursiez ici dans cette cour même." A ces mots, le roi Alphonse prit la parole : "Nous la connaissons bien cette affaire, [3230] où le Cid Campéador réclame son droit. De ces trois mille marcs, j'en possède deux cents; les deux infants de Carrión me les ont donnés. Je veux les leur remettre puisqu'ils sont si appauvris, et qu'ils remboursent ainsi mon Cid, celui qui naquit à la bonne heure. [3235] Puisqu'ils ont à payer une dette, je ne veux pas de leur argent." Ferrand Gonçález prit la parole : "Nous n'avons pas de richesses en espèces." Immédiatement le comte don Raymond répondit : "L'or et l'argent, vous l'avez dépensé; comme jugement nous déclarons devant le roi Alphonse : [3240] que les infants paient le Cid en objets de façon compensatoire[c] et que le Campéador l'accepte."

Hya viero*n* q*ue* es a fer los yfantes de Carrion.
Veriedes aduzir tanto cauallo corredor, f°65 r°
tanta gruessa mula, tanto palafre de sazon,
tanta buena espada con toda guarnizon;
rrecibio myo Çid com*mo* ap*re*çiaron en la cort.
Sobre los dozientos marcos q*ue* tenie el rrey Alfons(so),
pagaro*n* los yfantes al q*ue* en buen ora na[çi]o[383];
enp*re*stan les de lo ageno, q*ue* no*n* les cumple lo s(uy)o[383a].
Mal escapan iogados, sabed, desta rrazo*n*.

139.

Estas ap*re*çiaduras myo Çid p*re*sas las ha,
sos om*n*es las tienen *e* dellas penssar[a]n[384].
Mas q*u*ando esto ouo acabado, penssaron luego d´al:
"¡ Merçed, ya[385] rrey señor, por amor de caridad !
La rrencura maior non se me puede olbidar.
Oyd me, toda la cort, *e* peseuos de myo mal;
(de) los[386] yfantes de Carrion, q*ue*m desondraro*n* tan mal,
a menos de riebtos no los puedo dexar.

140.

3258. Dezid, ¡ q*ue* uos mereçi, yfantes [de Carrion]
3259. en juego o en vero o en alguna rrazon ?[387]
3259b Aq*u*i lo meiorare a juuizio de la cort.
¿ A q*ue*m descubriestes la telas del coraço*n* ?
A la salida de Valençia mis fijas vos di yo,
con muy grand ondra *e* averes a nombre;
q*u*ando las non q*ue*riedes, ya canes t*r*aydores,
¿ por q*ue* las sacavades de Valençia, sus honores ?
¿ A q*ue* las firiestes a cinchas *e* a espolones ?
Solas las dexastes en el rrobredo de Corpes,
a las bestias fieras *e* a las aues del mont.
Por q*u*anto[387a] les fiziestes menos valedes vos.
Si non rrecudedes, vea lo esta cort." f°65 v°

A ce moment les infants de Carrión virent qu'ils devaient s'exécuter. Alors vous auriez vu amener maint cheval rapide, mainte mule puissante, maint palefroi en parfaite condition, mainte bonne épée avec tout l'armement défensif; [3245] mon Cid reçut le tout selon l'évaluation de la cour. Outre les deux cents marcs que possédait le roi Alphonse, les infants firent un paiement à celui qui naquit à la bonne heure; ils font des emprunts à autrui, car leur fortune ne leur suffit pas. Ils en sortent rudement joués, sachez-le, de ce procès.

139.

[3250] Ces compensations, mon Cid les a acceptées, ses hommes les gardent, ils s'en occuperont. Mais quand il eut achevé cette affaire, on pensa immédiatement à autre chose : "Grâce, ô seigneur roi, au nom de la charité ! Mon ressentiment principal, je ne puis l'oublier. [3255] Ecoutez-moi, toute la cour, et affligez-vous de mon malheur; les infants de Carrión, qui m'ont si gravement déshonoré, à moins de les défier, je ne puis les tenir quittes.

140.

[3258] Dites, en quoi ai-je mérité d'être maltraité par vous, infants de Carrión, pour des propos railleurs ou sérieux ou pour quelque autre discours ? Ici même, j'en ferai réparation selon le jugement de la cour. [3260] Pourquoi m'avez-vous mis à nu les fibres de mon coeur ? A votre départ de Valence, je vous ai donné mes filles avec de très grands honneurs et des richesses en grand nombre; puisque vous n'en vouliez pas, ah ! chiens de traîtres[(a)], pourquoi les avez-vous emmenées de Valence, leur patrimoine ? [3265] Pourquoi les avez-vous blessées à coup de sangles et d'éperons ? Vous les avez abandonnées seules dans la rouvraie de Corpes aux bêtes sauvages et aux oiseaux des bois. Pour tout ce que vous leur avez fait, je vous déclare infâmes[(b)]. Si vous ne répondez pas à ma demande, que cette cour en soit témoin[(c)]."

141.

El conde don Garçia   en pie se leuantaua :
“ ¡ Merçed, ya rrey,   el meior de toda España !
Vezos myo Çid   a llas cortes p*re*gonadas :
dexola creçer   *e* luenga t*r*ae la barba;
los vnos le han miedo   *e* los ot*r*os espanta.
Los de Carrion   son de natura ta[n] [alta][388],
non gelas deuien q*ue*rer   sus fijas por varraganas,
¿ o q*u*ien gelas diera   por pareias o por veladas[388a] ?
Derecho fizieron   por q*ue* las han dexadas.
Q*u*anto el dize   non gelo p*re*çiamos nada.”
Essora el Campeador   p*r*isos a la barba :
“Grado a Dios,   q*ue* çielo *e* t*ie*ra manda,
por esso es lue[n]ga,   q*ue* a deliçio fue c*r*iada.
¿ Q*ue* avedes uos, conde,   por rretraer la mi barba ?
Ca de q*u*ando nasco   a deliçio fue criada,
ca non me p*r*iso a ella   fijo de mug*ier* nada,
nimbla messo   fijo de moro nin de *christ*iana,
com*m*o yo a uos, conde,   en el castiello de Cabra.
Q*u*ando pris a Cabra   *e* a uos por la barba,
non y ouo rrapaz   q*ue* non messo su pulgada;
la q*ue* yo messe   avn non es eguada.”

142.

Ferran Go[n]çalez   en pie se leuanto,
a altas vozes   o(n)dredes q*ue* fablo:
“Dexassedes uos, Çid,   de aq*ue*sta rrazon:
de u*uestr*os aueres   de todos pagados sodes.
Non creçies varaia   entre nos *e* vos.
De natura somos   de co*n*des de Carrion :   f°66 r°
deuiemos casar   con fijas de rreyes o de enperadores,
ca non perteneçien   fijas de yfançones.
Por q*ue* las dexamos,   derecho fiziemos nos;
mas nos p*re*çiamos,   sabet, q*ue* menos no.”

[3270] Le comte García se leva tout droit : "Grâce, ô roi, le meilleur de toute l'Espagne ! Mon Cid s'est préparé pour la convocation des Cortès; il a laissé pousser sa barbe et la porte longue; les uns ont peur de lui et il effraie les autres. [3275] Ceux de Carrión sont de si haute race qu'ils ne devaient même pas vouloir de ses filles pour conbubines. Qui donc les leur aurait données pour leurs égales ou pour leurs épouses[a] ? Ils agirent en toute justice en les abandonnant. Tout ce que le Cid dit, nous le considérons comme rien du tout[b]." [3280] Alors le Campéador se prit la barbe : "Grâces à Dieu, qui commande ciel et terre, ma barbe est longue parce qu'elle fut traitée avec un soin délicat. Qu'avez-vous, comte, à reprocher à ma barbe ? Depuis sa naissance, elle a été traitée avec un soin délicat[c], [3285] car jamais aucun fils de femme vivante ne me l'a prise en main, ni aucun fils de maure ni de chrétien ne me l'a arrachée, comme moi je vous l'ai fait, comte, au château de Cabra. Quand je pris Cabra, et vous-même par la barbe[d], il n'y eut pas de garçon qui n'en arrachât sa pincée; [3290] celle que j'ai arrachée n'a pas encore atteint une longueur égale aux autres poils[e]."

142.

[3291] Ferrand Gonçález se leva tout droit[f], vous entendrez les paroles qu'il dit à haute voix : "Abandonnez[g], Cid, votre plainte : Vous êtes remboursé de toutes les richesses que vous nous avez données. [3295] Le litige qu'il y a entre nous et vous ne devrait pas s'amplifier. Nous sommes de la race des comtes de Carrión : nous aurions dû épouser des filles de rois ou d'empereurs, car des filles d'infançons ne nous convenaient pas. En les abandonnant, nous avons agi en toute justice; [3300] nous nous sommes acquis plus d'estime, sachez-le, que nous n'en avons perdu[h]."

143.

3301. Myo Çid RRuy Diaz   a P*er*o Vermu[do]z cata :
"Fabla, Pero mudo[388b],   varon q*ue* tanto callas.
Hyo las he fijas   *e* tu p*ri*mas cormanas;
a mi lo dizen,   a ti dan las oreiadas.
3305. Si yo rrespondier,   tu non entraras en armas.

144.

3306. Pero Vermu[do]z   conpeço de fablar;
detienes le la lengua,   non puede delibrar,
mas q*u*ando enpieça,   sabed, nol da vagar :
"Direuos, Çid,   costu[m]bres auedes tales
3310. siemp*re* en las cortes   P*er*o mudo me lamades.
Bien lo sabedes   q*ue* yo no*n* puedo mas;
por lo q*ue* yo ouier a fer   por mi no*n* mancara.
Mientes, Ferrando,   de q*u*anto dicho has.
Por el Campeador   mucho valiestes mas.
3315. Las tus mañas   yo telas sabre contar :
¿ Miembrat q*u*ando lidiamos   çerca Valençia la grand[388c]?
Pedist las feridas p*ri*meras   al Ca*m*peador leal,
vist vn moro,   fustel ensayar,
3318b. antes fuxiste   q*ue* a[e]l[388d] te alegasses.
Si yo no*n* vuias,   el moro te jugara mal;
3320. passe por ti,   con el moro me off de aiuntar,
de los p*ri*meros colpes   of le de arrancar;
did el cauallo,   toueldo en poridad,
fasta este dia   no lo descubri a nadi.
Delant myo Çid *e* delante todos   oviste te de alabar

fº66 vº

3325. q*ue* mataras el moro   *e* q*ue* fizieras barnax;
crouiero*n* telo todos,   mas non saben la verdad.
¡ E eres fermoso   mas mal varragan !
Lengua sin manos,   ¿ cuemo osas fablar ?

143.

[3301] Mon Cid Ruy Díaz regarde avec attention Pero Vermudoz : "Parle, Pero le muet, homme qui te tais si souvent[a]. Pour moi ce sont mes filles et pour toi tes cousines germaines; c´est à moi qu´ils parlent, c´est à tes oreilles qu´ils s´adressent[b]. [3305] Si c´est moi qui réponds, toi, tu n´entreras pas en lice."

144.

[3306] Pero Vermudoz commença à parler; sa langue s´embarrasse, il lui est difficile de se mettre à discourir[c], mais quand il commence, sachez-le, il ne lui donne pas de repos : "Je vais vous dire, Cid, vous avez coutume [3310] de m´appeler toujours dans les Cortès Pero le muet. Vous savez bien que je n´en puis mais; pour ce que j´aurai à faire, je n´y manquerai pas. Tu mens, Ferrand, dans tout ce que tu as dit. Grâce au Campéador, vous avez gagné beaucoup en valeur. [3315] Tes habitudes, je saurai te les rapporter : te souviens-tu quand nous avons combattu près de Valence la grande[d]? Tu demandas au Campéador loyal de frapper les premiers coups, tu vis un Maure, tu allas l´assaillir, tu pris la fuite avant d´arriver près de lui. Si je n´étais arrivé pour t´aider, le Maure t´aurait joué un tour pendable; [3320] je te dépassai, je rejoignis le Maure - il le fallut bien -, il me fallut aussi dès les premiers coups le désarçonner; je te donnai le cheval, je tins cela secret, jusqu´à ce jour je ne l´ai dévoilé à personne. Devant mon Cid et devant tous, il a fallu que tu te vantes [3325] d´avoir tué le Maure et d´avoir réalisé un acte de bravoure; tous te crurent, mais ils ne savent pas la vérité. Ah ! tu es beau, mais quel couard ! Langue sans mains[f], comment oses-tu prendre la parole ?

145.

Di, Ferrando,   otorga esta rrazon:
¿ Non te viene en miente   en Valençia lo del Leon,
q*u*ando durmie myo Çid   *e* el Leon se desato ?
E tu, Ferrando,   ¿q*ue* fizist con el pauor ?
Metistet tras el escaño   de myo Çid el Campeador,
metistet, Ferrando,   por o menos vales oy.
Nos çercamos el escaño   por curiar n*uestr*o señor,
fasta do desperto myo Çid,   el q*ue* Valençia gaño;
leuantos del escaño   *e* fues poral Leo*n*;
el leon p*re*mio la cabeça,   a myo Çid espero,
dexos le p*re*nder al cuelo   *e* a la red lo metio
Q*u*ando se torno   el buen Campeador
a sos vassalos   violos aderredor;
demando por sus yernos,   ninguno no*n* fallo.
Riebtot el cuerpo   por malo *e* por t*r*aydor;
estot lidiare aq*u*i   antel rrey don Alfons(so)
por fijas del Çid,   don Eluira *e* doña Sol.
Por q*u*anto las dexastes   menos valedes vos:
ellas son mugieres   *e* vos sodes varones;
en todas guisas   mas valen q*ue* vos.
Q*u*ando fuere la lid,   si ploguiere al Criador,
tu lo otorgaras   a guisa de traydor;   f°67 r°
de q*u*anto he dicho   verdadero sere yo."
D´aq*ue*stos amos   aq*u*i q*u*edo la rrazo*n*.

146.

Diego Gonçalez   odredes lo q*ue* dixo :
"De natura somos   de los condes mas li[n]pios[388e].
¡ Estos casamientos   non fuessen apareçidos,
por consagrar   con myo Çid don RRodrigo !
Porq*ue* dexamos sus fijas,   avn no nos rrepentimos;
mientra que biuan,   pueden auer sospiros;
lo q*ue* les fiziemos   ser les ha rretraydo.
Esto lidiare   a tod el mas ardido :
que porq*ue* las dexamos,   ondrados somos nos [mismos][389]."

145.

[3329] Dis, Ferrand, reconnais ce que je dis : [3330] ne te souviens-tu pas de l'affaire du lion à Valence, quand mon Cid dormait et que le lion se détacha ? [a] Et toi Ferrand, qu'est-ce que la peur t'a fait faire ? Tu t'es glissé derrière le siège de mon Cid le Campéador, tu t'y es glissé, Ferrand, pour cela tu es aujourd'hui un infâme. [3335] Nous, nous entourâmes le siège pour veiller sur notre seigneur, jusqu'à ce que mon Cid se réveillât, celui qui s'empara de Valence; il se leva de son siège et se dirigea vers le lion; le lion courba la tête, attendit mon Cid, il se laissa prendre par le cou et mon Cid le remit dans sa cage. [3340] Quand le bon Campéador revint vers ses vassaux, il les vit autour de lui; il demanda ses gendres, il n'en trouva aucun. Je te défie en personne pour ta couardise et ta traîtrise [b]; c'est ce que je soutiendrai par les armes contre toi ici devant le roi don Alphonse [3345] pour les filles du Cid, doña Elvire et doña Sol. Parce que vous les avez abandonnées, vous êtes des infâmes : elles, elles sont des femmes et vous vous êtes des hommes; de toute manière elles valent mieux que vous. Quand ce sera le combat, s'il plaît au Créateur, [3350] tu le reconnaîtras en traître que tu es; dans tout ce que j'ai dit, je serai considéré comme sincère [c]." La discussion entre eux deux en resta là.

146.

[3353] Vous entendrez ce qu'a dit Diègue González : "Nous sommes de la race des comtes au sang le plus pur. [3355] Si au moins ces mariages ne s'étaient pas réalisés, qui font de nous les gendres de mon Cid don Rodrigue ! D'avoir abandonné ses filles, nous ne nous en repentons même pas; tant qu'elles vivent, elles peuvent pousser des soupirs; ce que nous leur avons fait leur sera reproché. C'est ce que je défendrai au combat contre celui qui est vraiment le plus vaillant : [3360] car de les avoir abandonnées, nous-mêmes nous sommes honorés [d]."

119b

147.

Martin Antolinez   en pie se [fo] leuanta[r][390]
"Cala, aleuoso,   boca sin verdad !
Lo del Leon   non se te deue olbidar :
saliste por la puerta,   metistet al coral,
fusted meter   tras la viga lagar,
mas non vesti[s]d[391]   el manto nin el brial.
Hyo llo lidiare,   non passara por al:
fijas del Çid,   por *que* las vos dexastes,
en todas guisas, sabed,   *que* mas *que* vos valen[392].
Al partir de la lid,   por tu boca lo diras,
que eres traydor   *e* mintist de q*u*anto dicho has."
Destos amos   la rrazon finc[ado ha][393].

148.

Asur Gonçalez   entraua por el palaçio :
manto armino[394]   *e* vn brial rrastrando;
vermeio viene,   ca era almorzado.
En lo *que* fablo   avie poco rrecabdo.   f° 67 v°

149.

"Hya varones,   ¿q*u*ien vio nunca tal mal ?[394a]
¿ Q*u*ien nos darie nueuas   de myo Çid el de Biuar ?
¡Fuesse[394b] a rrio d'Ouierna   los molinos picar
e p*r*ender maq*u*ilas,   com*m*o lo suele far !
¿ Q*u*il darie   con los de Carrion a casar ? "

150.

Essora Muno Gustioz[395]   en pie se leuanto :
" ¡ Cala, aleuoso,   malo *e* traydor !
Antes almuerzas   q*u*e vayas a oraçion,
a los *que* das paz   fartas los aderredor,
Non dizes verdad   âmigo ni ha señor,
falsso a todos   *e* mas al Criador.
En tu amistad   non q*u*iero aver rraçion;
fazer telo [he] dezir   *que* tal eres q*u*al digo yo."

147.

[3361] Martin Antolínez alla se lever tout droit : "Tais-toi, criminel[a], bouche sans vérité ! Tu ne dois pas avoir oublié l'affaire du lion[b]: tu es sorti par la porte, tu as gagné la cour intérieure, [3365] tu es allé te glisser derrière la poutre du pressoir, mais tu n'as pas mis ton manteau ni ton bliaut[c]. C'est ce que je défendrai au combat, il n'en sera pas autrement : les filles du Cid, parce que vous les avez abandonnées, de toute façon, sachez-le, valent mieux que vous. [3370] Au terme du combat, de ta propre bouche tu l'avoueras, que tu es un traître[d] et que tu as menti dans tout ce que tu as dit." Entre eux deux la discussion en est restée là.

148.

[3373] Asur González entra dans la salle principale : manteau d'hermine et bliaut traînant à terre[e]; [3375] il est rubicond, car il avait déjeûné. Dans ce qu'il dit, il y avait peu de bon sens.

149.

[3377] "Ah ! seigneurs, qui a jamais vu un tel tracas ? Qui nous accorderait la renommée à cause du Cid, celui de Vivar ? Qu'il s'en aille au ruisseau d'Ubierna piquer les meules de ses moulins[f] [3380] et toucher les taxes sur ses moutures, comme il le fait d'habitude ! Qui a pu lui donner l'idée de s'apparenter avec ceux de Carrión ?

150.

[3382] Alors Muño Gustioz se leva tout droit : "Tais-toi, criminel, méchant et traître[g] ! Tu déjeunes plutôt que d'aller à la prière, [3385] à ceux à qui tu donnes le signe de paix, tu les rassasies de rots tout autour de toi. Tu ne dis pas la vérité ni à l'ami ni au seigneur, trompeur avec tous et plus encore avec le Créateur. Ton amitié, je ne veux pas la partager; je te le ferai avouer que tu es tel que je le dis."

Dixo el rrey Alfonsso : "Calle ya esta rrazon.
Los q*ue* an rrebtado lidiaran, ¡ sin salue Dios ! "
Assi com*m*o acaban esta rrazon,
affe dos caua*ll*er*o*s entraron por la cort :
al vno dize*n* Oiarra *e* al otro Yenego [X]ime[no]nez[396],
el uno es [del] yfante de Nauarra [rrogador],
e el otro [del] yfante de Aragon[396a];
besan las manos al rrey don Alfons(so),
piden sus fijas a myo Çid el Campeador
por ser rreynas de Nauarra *e* de Aragon
e q*ue* gelas diessen a ondra *e* a bendicion.
A esto callaron *e* ascucho toda la cort. fº68 rº
Leuantos en pie myo Çid el Campeador :
" ¡ Merçed, rrey Alfo*n*sso, vos sodes myo señor !
Esto gradesco yo[396b] al Criador,
q*u*ando melas demandan de Nauarra *e* de Aragon.
Vos las casastes antes, ca yo non;
afe mis fijas, en u*uest*ras manos son :
si*n* u*uest*ro mandado nada non fere yo."
Leuantos el rrey, fizo callar la cort :
"RRuego uos, Çid, caboso Campeador,
q*ue* plega a uos, *e* atorgar le he yo,
este casamiento oy se otorge en esta cort,
ca creçe uos y ondra *e* t*ie*rra *e* onor."
Leuantos myo Çid, al rrey las manos le beso :
"Q*u*ando a uos plaze, otorgo lo yo, señor."
Essora dixo el rrey : " ¡ Dios uos de den bue*n* galardon !
A uos Oiarra, *e* a uos Yenego Xime[no]nez,
este casamiento otorgo uos le yo
de fijas de myo Çid, don Elvira *e* doña Sol,
pora los yfantes de Nauarra *e* de Aragon,
q*ue* uos las de(*n*)[396c] a ondra *e* a bendiçion."

[3390] Le roi Alphonse dit : " Silence, cessez donc ces discussions. Ceux qui ont lancé un défi combattront, que Dieu me protège ! " Comme ils achèvent ces discussions, voici que deux chevaliers entrent à la cour : l'un, on l'appelle Ojarra et l'autre Íñigo Ximenones, [3395], l'un est l'intercesseur de l'infant de Navarre et l'autre de l'infant d'Aragon; ils baisent les mains du roi don Alphonse, demandent ses filles à mon Cid le Campéador pour qu'elles deviennent reines de Navarre et d'Aragon[a] [3400] et qu'on les leur donne pour un mariage honorable et sanctifié par la bénédiction nuptiale[b]. Sur ce ils se turent, et toute la cour écouta. Mon Cid le Campéador se leva tout droit : "Grâces, roi Alphonse, vous êtes mon seigneur ! De ceci je remercie le Créateur : [3405] qu'on me demande mes filles de Navarre et d'Aragon. Auparavant vous les avez mariées, moi pas; voici mes filles, elles sont entre vos mains : sans votre ordre, pour ma part, je ne ferai rien." Le roi se leva, il fit taire la cour : [3410] "Je vous prie, Cid, parfait Campéador, qu'il vous plaise, et j'en serai garant pour ma part, que ce mariage soit autorisé aujourd'hui en cette cour, car vous y accroîtrez votre honneur et vos terres et leurs cens." Mon Cid se leva, il baisa les mains du roi : [3415] "Puisque tel est votre bon plaisir, je donne mon autorisation pour ma part, seigneur." Alors le roi dit : "Que Dieu vous en donne bonne récompense ! Quant à vous, Ojarra et à vous, Íñigo Ximenones, je vous accorde de marier les filles de mon Cid, doña Elvire et doña Sol, [3420] pour le compte des infants de Navarre et d'Aragon, je vous les donne pour un mariage honorable et sanctifié par la bénédiction nuptiale[c]."

Leuantos en pie   Oiarra *e* Y[e]nego Xime[no]nez,
besaron las manos   del rrey don Alfons(so)
e despues   de myo Çid[396e] el Campeador;
metieron las fes   *e* los omenaies dados son,
¡ q*ue* cuemo es dicho,   assi sea o meior !
A muchos plaze   de tod esta cort,   f°68 v°
mas non plaze   a los yfantes de Carrio*n*.
Mynaya Alba[r] Fanez   en pie se leuanto :
" Merçed uos pido,   com*mo* a rrey *e* a señor
e q*ue* non pese esto   al Çid Campeador.
Bie*n* uos di vagar   en toda esta cort;
dezir q*ue*rria   yaq*u*anto de lo myo."
Dixo el rrey :   "Plazme de coraçon.
Dezid, Mynaya,   lo q*ue* ouieredes sabor."
- "Hyo uos rruego   q*ue* me oyades, toda la cort,
ca grand rrencura he   de yfantes de Carrio*n*.
Hyo les di mis p*r*imas   por mandado del rrey Alfons(so),
ellos las p*r*isieron   a ondra *e* a bendiçio*n*;
grandes aueres les dio   myo Çid el Campeador;
ellos las han dexadas   a pesar de nos.
RRiebto(s)[369b] les los cuerpos   por malos *e* por
t[ra]ydores.
De natura sodes   de los de Vanigomez,
onde salien   condes de p*r*ez *e* de valor;
mas bie*n* sabemos   los mañas q*ue* ellos han [oy][396g].
Esto gradesco yo   al Criador,
q*u*ando piden mis p*r*imas,   don Eluira *e* doña Sol,
los yfantes   de Nauarra *e* de Aragon;
antes las aviedes pareias   pora en braços las tener
[las dos][397],
agora besaredes sus manos   *e* lamar las hedes "señor[e]s[398]",
aver las hedes a seruir,   mal q*ue* uos pese a uos.
¡Grado a Dios del çielo   *e* âquel rrey don Alfons(so),
assi creçe la ondra   a myo Çid el Campeador !   f°69 r°
En todas guisas   tales sodes q*u*ales digo yo;

Ojarra et Íñigo Ximenones se levèrent tout droit, ils baisèrent les mains du roi don Alphonse et ensuite celles de mon Cid le Campéador; ils jurèrent leur foi et prêtèrent le serment d´hommage; que ce qu´on vient de dire, s´accomplisse, ou mieux encore ! Beaucoup de membres de toute cette cour en ont du plaisir, mais cela ne plaît pas aux infants de Carrión. Minaya Álvar Fáñez se leva tout droit : "Je vous demande une grâce, comme à mon roi et à mon seigneur, et que cela ne mécontente pas le Cid Campéador. Je vous ai laissé tranquille pendant toute cette cour; je voudrais dire quelque chose de mon cru." Le roi dit : "J´y souscris de tout coeur. Dites, Minaya, ce que vous voudrez." - "Je vous prie, toute la cour, de m´entendre, car j´ai un grand ressentiment contre les infants de Carrión. Moi-même, je leur ai donné mes cousines sur l´ordre du roi Alphonse, les infants de Carrión les ont prises pour un mariage honorable et sanctifié par la bénédiction nuptiale; mon Cid le Campéador leur a donné de grandes richesses; eux ont abandonné mes cousines pour notre grande douleur. Je les défie en personne[a] pour leur couardise et leur traîtrise. Vous êtes de la race des Vanigómez[b], d´où étaient issus des comtes renommés et valeureux, mais nous savons bien les habitudes qu´ils ont aujourd´hui. Je rends grâces au Créateur, puisque les infants de Navarre et d´Aragon demandent en mariage mes cousines doña Elvire et doña Sol; auparavant vous les aviez toutes deux et les teniez dans vos bras comme vos épouses légitimes, maintenant vous baiserez leurs mains et vous aurez à les appeler vos "dames", à les servir quoi qu´il vous en coûte. Grâce au Dieu du Ciel et au grand roi don Alphonse, ainsi croît l´honneur de mon Cid le Campéador ! De toute façon, vous êtes tels que je le dis;

si ay[398a] q*ui* rresponda   o dize de no,
hyo so Albar Fanez   pora tod el meior."
Gomez Pelayet   en pie se leuanto :
"¿ Q*ue* ual, Minaya,   toda essa rrazon ?
Ca en esta cort   afarto[s][398b] ha pora vos,
e q*ui* al q*ui*siesse   serie su ocasion[398c].
Si Dios q*ui*siere   que desta bie*n* salgamos nos,
despues veredes   q*ue* dixiestes o q*ue* no."
Dixo el rrey :   "Fine esta rrazon;
non diga ninguno   della mas vna entençion[398d].
Cras sea la lid,   q*u*ando saliere el sol,
destos .III. por tres   q*ue* rrebtaron en la cort."
Luego fablaron   yfantes de Carrion :
"Dandos, rrey, plazo,   ca cras ser non pu[o]de[399].
Armas *e* cauallos   tienen los del Campeador,
nos antes abremos a yr   a t*ie*rras de Carrion."
Fablo el rrey   contral Campeador :
"Sea esta lid   o manderedes vos."
En essora dixo mio Çid :   "No lo fare, señor;
mas q*u*iero a Valençia   q*ue* tierras de Carrion."
En essora dixo el rrey :   "A osadas, Campeador.
Dad me u*uest*ros caualle*r*os   con todas u*uest*ras guarnizones[399a],
vayan comigo,   yo sere el curiador;
hyo vos lo sobrelieuo   commo [a] buen vassallo faze (a) señor[399b],
que non p*re*ndan fuerça   de conde nin de yfançon.
Aq*ui* les pongo plazo   de dentro en mi cort :   f°69 v°
a cabo de tres semanas,   en begas de Carrion,
q*ue* fagan esta lid   delant estando yo.
Q*u*ien non viniere al plazo   pierda la rrazon,
desi sea ve*n*çido   *e* escape por traydor."
Prisieron el juizio   yfantes de Carrion.
Myo Çid al rrey las manos le beso   *e* dixo "Plazme [rrey e señor][400].

[3455] s´il y a quelqu´un qui conteste ou qui dise que non, je suis Alvar Fáñez en tout le meilleur." Gómez Peláyet[a] se leva tout droit : "A quoi bon, Minaya, tout ce discours ? car dans cette cour, il y en a assez en votre faveur, [3460] et qui voudrait autre chose, ce lui serait dommageable. Si Dieu veut que nous nous tirions bien de cette affaire, vous verrez ensuite si vous avez dit vrai ou faux." Le roi dit : "Que cette discussion prenne fin; qu´aucun n´y ajoute un mot. [3465] Demain aura lieu le combat, quand se lèvera le soleil, des trois contre les trois qui ont lancé le défi dans cette cour[b]." A l´instant les infants de Carrión prirent la parole : "Donnez-nous, roi, un délai, car demain cela ne se peut. Ceux du Campéador ont des armes et des chevaux, [3470] nous autres nous devons d´abord aller au pays de Carrión[c]." Le roi s´adressa au Campéador : "Que le combat ait lieu là où vous l´ordonnerez." Alors mon Cid dit : "Je n´en ferai rien, seigneur; j´aime mieux Valence que le pays de Carrión." [3475] Alors le roi dit : "Sans aucun doute, Campéador[d]. Confiez-moi vos chevaliers avec toutes vos armes défensives, qu´ils viennent avec moi, je veillerai sur eux; je vous le garantis, comme le seigneur le fait à son bon vassal : ils ne subiront aucun coup de force de la part de comte ni d´infançon. [3480] Je leur fixe maintenant un délai pendant la durée de ma cour : qu´au bout de trois semaines, dans les plaines de Carrión[e], ils livrent le combat en ma présence. Quiconque ne viendra pas au jour fixé perdra son procès, sera ainsi déclaré vaincu et en sortira traître." [3485] Les infants de Carrión se conformèrent à la sentence. Mon Cid baisa les mains du roi et dit : "Cela me plaît, roi et seigneur.

Estos mis tres caualle*r*os   en u*uestr*a mano son,
d'aq*u*i uos los acomiendo,   como a rrey *e* a señor.
Ellos son adobados   pora cumpllir todo lo so.
Ondrados melos enbiad a Valençia   por amor del C*r*ia[dor]."
Essora rrespuso el rrey :   "¡ Assi lo ma*n*de Dios ! "
Alli se tollio el capielo   el Çid Campeador,
la cofia de rançal,   q*ue* blanca era com*m*o el sol,
e soltaua la barba   *e* sacola del cordon.
Nos fartan de catarle   q*u*antos ha en la cort.
Adelino (a el) [a]l[401] conde don Anrich   *e* [a]l[401] co*n*de do*n* Remo*n*d,
abraçolos ta*n* bie*n*   *e* rruega los de coraçon
q*ue* p*re*ndan de sus aueres   q*u*anto ouiere*n* sabor.
A essos *e* a los otros   q*ue* de buena parte son,
a todos los rrogaua   assi com*m*o han sabor;
tales y a q*ue* p*re*nden,   tales y a q*ue* non.
Los .CC. marcos   al rrey los solto;
de lo al tanto   p*r*iso q*u*ant[o] ouo sabor :
"¡ Merçed uos pido, rrey,   por amor del C*r*iador !
Q*u*ando todas estas nueuas   assi puestas son,
beso u*uestr*as manos   con u*uestr*a graçia, señor,
e yr me quiero pora Valençia,   con afan la gane yo."

* * * [402]

El rrey alço la mano,   la cara se s*a*n*cti*go :   f° 70 v°
"Hyo lo juro   par Sant Esidr[e][402a] el de Leon
q*ue* en todas n*uestr*as t*i*erras   non ha tan bue*n* varon.
Myo Çid en el cauallo   adelant se lego,
fue besar la mano   a so señor Alfons(so) :

Mes trois chevaliers sont entre vos mains, dès cet instant je vous les recommande comme à mon roi et à mon seigneur. Ils sont équipés pour accomplir leur mission. [3490] Renvoyez-les moi couverts d'honneurs à Valence pour l'amour du Créateur ! " Alors le roi répondit : "Que Dieu l'ordonne ainsi ! " A ce moment le Cid Campéador enleva sa coiffure, la coiffe de fine toile, qui était blanche comme le soleil, il dénoua sa barbe et la libéra du cordon[a] : [3495] tous ceux qui sont présents à la cour ne se lassent pas de l'observer. Il se dirigea vers le comte don Henri et le comte don Raymond; les embrassant amicalement, il les prie du fond du coeur de prendre sur ses richesses tout ce qu'ils désireront. [3500] Ceux-ci et les autres qui sont du bon côté, ils les pria tous de prendre ce qu'ils désirent; il y en a qui prennent, il y en a qui ne prennent pas[b]. Les deux cents marcs, il les laissa au roi; sur tout le reste celui-ci prit ce qu'il désira : "Je vous demande grâces, roi, pour l'amour du Créateur ! [3505] Puisque toutes nos affaires sont ainsi en ordre, je vous baise les mains avec votre permission, seigneur, et je veux m'en aller vers Valence; je l'ai conquise au prix d'un effort pénible[c] :

[Alors le Cid fit donner aux envoyés des infants de Navarre et d'Aragon des bêtes et tout ce dont ils avaient besoin, et les renvoya. Le roi don Alphonse alors monta à cheval avec tous les grands seigneurs de sa cour, pour sortir avec le Cid qui s'en allait hors de la ville. Et quand ils arrivèrent au Zocodover[a], le Cid étant monté sur son cheval nommé Bavieca, le roi lui dit : "Don Rodrigue, par la foi que vous me devez, lancez maintenant ce cheval dont j'ai entendu dire tant de bien." Le Cid se mit à sourire et dit : "Sire, ici en votre cour il y a beaucoup de grands seigneurs prêts à le faire, ordonnez-leur de s'exhiber avec leurs chevaux." Le roi lui dit : "Cid, je suis satisfait de ce que vous dites; mais je veux cependant que vous fassiez courir ce cheval par affection pour moi." Alors le Cid fit manoeuvrer son cheval et le fit courir si impétueusement que tous s'émerveillèrent de la course qu'il fit].

Le roi leva la main, se signa le visage : "Je le jure par saint Isidore de León, [3510] que dans toutes nos terres, il n'y a pas d'homme si vaillant." Mon Cid sur son cheval se porta en avant, alla baiser la main de son seigneur Alphonse :

"Mandastes me mouer a Bauieca el corredor,
en moros ni en *christ*ianos otro tal non ha oy,
hy[o][402b] uos le do en don, mandede le tomar, señor.
Essora dixo el rrey : "Desto non he sabor;
si a uos le tollies el cauallo, no haurie ta*n* bue[n] señor,
Mas a tal cauallo cum est pora tal com*m*o vos,
pora arrancar moros del canpo *e* ser segudador.
¡ Q*u*ien vos lo toller q*u*isiere nol vala el C*r*iador !
Ca por uos *e* por el cauallo ondrados somo´ nos[403] ."
Essora se espidieron *e* luegos partio la cort.
El Campeador a los q*ue* ha*n* lidiar tan bie*n* los castigo[403a]:
"Hya Martin Antolinez *e* vos Pero Vermu[do]z
e Muno Gustioz, firmes sed en campo a guisa de varones.
¡ Buenos mandados me vayan a Valençia de vos ! "
Dixo Martin Antolinez : "¿ Por q*ue* lo dezides, señor ?
Preso auemos el debdo *e* a passar es por nos;
podedes oyr[404] de muertos, ca de vencidos no."
Alegre fue d´aq*ue*sto el q*ue* en buen ora naçio;
espidios de todos[404a] los q*ue* sos amigos son.
Myo Çid pora Valençia *e* el rrey pora Carrion.
Mas[404b] tres semanas de plazo todas complidas son.

f°70 v°

Felos al plazo, los del Campeador,
cunplir q*u*ieren el debdo q*ue* les mando so senor;
ellos son en p[o]der[404c] del rrey don Alfonsso el de Leo*n*;
dos dias atendieron a yfantes de Carrion;
mucho viene*n* bie*n* adobados de cauallos *e* de guarnizones,
e todos sus parientes con ellos [acordados] son[404d]
q*ue* si los pudiessen apartar a los del Campeador,
q*ue* los matassen en campo por desondra de so señor.
El cometer fue malo, que lo al nos enpeço,
ca grand miedo ouieron a Alfonsso el de Leo*n*.
De noche belaron las armas *e* rrogaron al C*r*iador.

“Vous m´avez ordonné de faire galoper Bavieca, le rapide coursier, chez les Maures ni chez les Chrétiens, il n´a pas aujourd´hui son semblable, [3515] je vous l´offre en présent, faites-le prendre, seigneur.” Alors le roi dit : “Ceci ne me plaît pas; si je vous enlevais le cheval, il n´aurait plus un maître si brave, mais un cheval tel que lui est destiné à quelqu´un tel que vous, pour mettre en déroute les Maures sur le champ de bataille et se lancer à leur poursuite. [3520] Qui voudrait vous l´enlever, que le Créateur ne le protège pas ! Car grâce à vous et au cheval, nous, nous avons grand honneur.” Alors ils prirent congé et aussitôt la cour se sépara. Le Campéador instruisit excellemment ceux qui doivent combattre : “Maintenant, Martin Antolínez, et vous, Pero Vermudoz, [3525] et Muño Gustioz, soyez fermes dans le champ clos[a] comme de vrais hommes; que de bonnes nouvelles me viennent de vous à Valence !” Martin Antolínez dit : “Pourquoi dites-vous cela, seigneur ? Nous en avons pris l´engagement et c´est à nous de le tenir; vous pouvez entendre parler de morts, de vaincus non[b].” [3530] Celui qui naquit à la bonne heure fut très joyeux de ces propos; il prit congé de tous ceux qui sont ses amis. Mon Cid se dirigea vers Valence et le roi vers Carrión. Mais les trois semaines du délai sont tout à fait écoulées. Les voici au jour fixé, les hommes du Campéador [3535] veulent tenir l´engagement que leur avait imposé leur seigneur; ils sont sous la sauvegarde du roi Alphonse de León; deux jours ils attendirent les infants de Carrión; ceux-ci viennent très bien équipés de chevaux et d´armes[c], et tous leurs parents se sont mis d´accord avec eux : [3540] s´ils pouvaient séparer ceux du Cid, ils tueraient ces derniers dans le champ clos au déshonneur de leur seigneur. L´intention était sournoise[d], mais la suite ne fut pas entreprise, car ils avaient une grande crainte d´Alphonse, celui de León. La nuit, ils firent la veillée d´armes et prièrent le Créateur.

Troçida es la noche,   ya q*u*iebran los albores :
muchos se juntaron   de buenos rricos om*n*es
por ver esta lid,   ca avien ende sabor;
demas sobre todos   y es el rrey don Alfons(so),
por q*ue*rer el derecho   *e* non consentir el tuerto, [no] [405]
Hyas metien en armas   los del bue*n* Campeador,
todos tres se acuerdan,   ca son de vn señor.
En otro logar   se arman los yfantes de Carrio*n*,
sedielos castigando   el conde Garçi Ordonez.
Andidieron en pleyto,   dixiero*n* lo al rrey Alfons(so),
q*ue* non fuessen en la batalla   las espadas taiadores,
Colada *e* Tizon [406],   q*ue* non lidiassen con ellas los del Ca*m*peador;
mucho era*n* rrepentidos los yfantes   por q*u*anto dadas son.
Dixiero*n* gelo al rrey,   mas non gelo conloyo :
"Non sacastes ninguna   q*u*ando ouiemos la cort.
Si buenas las tenedes,   pro abran a uos;   fº71 rº
otrosi faran   a los del Canpeador.
Leuad *e* salid al campo,   yfantes de Carrion,
huebos vos es   q*ue* lidiedes a guisa de varones,
q*ue* nada non mancara   por los del Campeador.
Si del campo bie*n* salides,   grand ondra auredes vos,
e ssi fuere[de]s vençidos,   non rebtedes a nos,
ca todos lo saben   q*ue* lo buscastes vos."
Hya se uan rrepintiendo   yfantes de Carrion,
de lo q*ue* auien fecho   mucho rrepisos son,
no lo q*ue*rrien auer fecho   por q*u*anto ha en Carrio*n*.
Todos tres son armados   los del Campeador.
Hyua los ver   el rrey don Alfons(so).
[Essora] [407] dixieron   los del Campeador :
"Besamos vos las manos   com*m*o a rrey *e* a señor,
q*ue* fiel seades oy   dellos *e* de nos :
a derecho nos [407a] valed,   a ningun tuerto, no.

La nuit est passée, déjà l´aube point; beaucoup de dignes seigneurs de la haute noblesse[(a)] s´assemblèrent pour voir les combats singuliers, car cela leur plaisait; en outre, plus haut que tous, le roi don Alphonse est là pour vouloir le droit et ne pas consentir à l´injustice, certes non. Déjà les hommes du bon Campéador se chargeaient de leurs armes, tous les trois sont d´accord, car ils appartiennent à un même seigneur. En un autre endroit s´arment les infants de Carrión, le comte Garçí Ordóñez était en train de leur donner ses instructions. Ils entreprirent de négocier, dirent au roi Alphonse que les épées tranchantes, Colada et Tizón[(b)], ne devraient pas être de la bataille, que les hommes du Campéador ne devraient pas combattre avec elles; les infants regrettaient beaucoup de les avoir données. Ils le dirent au roi, mais celui-ci n´y consentit pas : "Vous n´en avez exclu aucune, quand nous tînmes la cour. Si vous en avez de bonnes, ce sera tout profit pour vous; ce sera la même chose pour les hommes du Campéador. Levez-vous et rendez-vous dans le champ clos, infants de Carrión, il faut que vous combattiez comme des hommes, car sur ce point rien ne fera défaut chez les hommes du Campéador. Si vous sortez en vainqueurs du champ clos, vous en aurez grand honneur, et si vous étiez vaincus, ne nous en accusez pas, car tous savent que c´est vous qui l´avez cherché." Maintenant les infants de Carrión se repentent, se repentent, ils sont très contrits de ce qu´ils avaient fait, ils voudraient ne pas l´avoir fait pour tout ce qu´il y a à Carrión. Les hommes du Campéador sont armés tous les trois. Le roi don Alphonse alla les voir. Alors les hommes du Campéador dirent : "Nous vous baisons les mains comme à notre roi et à notre seigneur en vous priant d´être juge[(c)] aujourd´hui entre eux et nous : protégez-nous d´après le droit, non grâce à quelque injustice.

Aq*ui* tienen su vando   los yfantes de Carrion,
non sabemos   q*ue*s comidran ellos o q*ue* non.
En u*uestr*a mano   nos metio n*uestr*o señor :
¡ Tenendos a derecho   por amor del C*r*iador !
Essora dixo el rrey :   “D´alma e de coraçon.”
Aduzen les los cauallos   buenos *e* corredores,
santiguaron las sielas   *e* caualgan a vigor,
los escudos a los cuellos,   q*ue* bien blocados son;
e´ [407b] mano p*re*nden las astas   de los fierros taiadores,

f°71 v°

estas tres lanças   traen senos[408] pendones;
e derredor dellos   muchos buenos varones.
Hya salieron al campo   do eran los moiones.
Todos tres son acordados   los del Campeador,
q*ue* cada vno dellos   bie*n* fos ferir el so[408a].
Feuos de la otra part   los yfantes de Carrion,
muy bien aconpañados,   ca muchos parientes son.
El rey dioles fieles   por dezir el derecho *e* al no*n*,
q*ue* non varagen con ellos   de si o de non.
Do sedien en el campo   fablo el rrey don Alfons(so) :
“Oyd q*ue* uos digo,   yfantes de Carrion,
esta lid en Toledo la fizierades,   mas no*n* q*ui*siestes vos.
Estos tres caualle*r*os   de myo Çid el Campeador
hyo los adux a saluo   a t*ie*rras de Carrion;
aued u*uestr*o derecho,   tuerto non q*ue*rades vos,
ca q*ui* tuerto q*ui*siere fazer   mal gelo vedare yo,
en todo myo rreyno   non aura buena sabor.”
Hya les va pesando   a los yfantes de Carrion.
Los fieles *e* el rrey   enseñaron los moiones,
librauan se del campo   todos aderredor.
Bien gelo demostraron   a todos .VI. com*m*o son,
q*ue* por y serie ve[n]çido   q*ui* saliesse del moion.
Todas las yentes   esconbraron aderredor
de .VI. astas de lanças,   q*ue* non legassen al moion.

Ici les infants de Carrión ont avec eux leur parti, nous ne savons pas ce qu´ils vont - ou non - machiner. Notre seigneur nous a placés entre vos mains : [3580] soutenez-nous d´après le droit par amour du Créateur ! " Alors le roi dit : " De toute mon âme et de tout mon coeur." On amène aux combattants leurs chevaux, excellents et rapides, ils font le signe de la croix sur les selles et sautent avec prestesse à cheval, les écus aux cous, qui ont de solides umbos[a]; [3585] ils prennent en mains les hampes aux pointes de fer tranchantes, chacune de ces trois lances porte un pennon; et autour d´eux il y a beaucoup de braves combattants. Alors ils gagnèrent le champ où se trouvaient les bornes[b]. Tous les trois, les hommes du Campéador, sont convenus [3590] que chacun d´eux irait frapper son adversaire avec force. Voici de l´autre côté les infants de Carrión, très bien accompagnés, car beaucoup de leurs parents sont là. Le roi leur donna des juges[c] pour fixer le droit et rien d´autre, afin qu´ils ne discutent pas avec eux sur le oui ou le non du résultat. [3595] Quand ils furent sur le champ, le roi don Alphonse leur parla : "Entendez ce que je vous dis, infants de Carrión, ce combat, vous auriez dû le livrer à Tolède, mais vous-mêmes vous ne l´avez pas voulu. Ces trois chevaliers de mon Cid le Campéador, je les ai amenés moi-même, qui suis leur garant, dans les terres de Carrión; [3600] défendez votre droit, ne cherchez pas l´injustice, car celui qui voudra agir injustement, moi-même je le lui interdirai sans ménagement : dans tout mon royaume il n´en mènera pas large." Cela afflige bien les infants de Carrión. Les juges et le roi montrèrent les bornes, [3605] tous ceux qui étaient autour se retirèrent du champ. Ils indiquèrent bien à tous les six autant qu´ils sont, que celui qui dépasserait la borne serait à cause de cela vaincu. Toute la foule dégagea les alentours de façon à ne pas s´approcher de la borne sur une distance de six hampes de lances.

Sortauan les el campo,   ya les partien el sol,
salien los fieles de medio,   ellos cara por cara son;
desi vinien los de myo Çid   a los yfantes de Carrion,
fº72 rº
e llos yfantes de Carrión   a los del Campeador;
cada vno dellos   mientes tiene al so :
abraçan los escudos   delant los coraçones,
abaxan las lanças   abueltas con los pendones,
enclinauan las caras   sobre los arçones,
batien los cauallos   con los espolones :
tembrar q*ue*rie la t*ie*rra   do[n]d eran mouedores.
Cada vno dellos   mientes tiene[408b] al so;
todos tres por tres   ya juntados son :
cuedan se q*ue* essora cadran muertos   los q*ue* estan aderredor.
Pero Vermu[do]z,   el q*ue* antes rebto,
con Ferra[n] Gonçalez   de cara se junto :
firiensse en los escudos   sin todo pauor,
Ferran Go[n]çalez   a P*er*o Vermu[do]z[408c] el escudol passo,
p*r*isol en vazio,   en carne nol tomo,
bien en dos logares   el astil le q*ue*bro.
Firme estido P*er*o Vermu[do]z,   por esso nos encamo;
vn colpe rreçibiera,   mas otro firio :
q*ue*branto la b[l]oca del escudo,   apart gela echo,
passo gelo todo,   q*ue* nada nol valio,
metiol la lança   por los pechos [çerca del coraçon][409];
tres dobles de loriga   tenie Fernando, aq*ue*stol p*re*sto,
las dos le desmanchan[409a]   *e* la terçera finco;
el belmez con la camisa   *e*· con la guarnizon
de dentro en la carne   vna mano gel[o][410] metio,
por la boca afuera   la sangrel salio;
quebraron le las çinchas, ninguna nol ouo pro,   fº72 vº

[3610] On tira au sort leur position sur le champ, on répartit entre eux la place ensoleillée, les juges sortirent du centre de la lice, eux sont face à face; ensuite les hommes de mon Cid s´avancèrent vers les infants de Carrión et les infants de Carrión vers les hommes du Campéador; chacun d´eux surveille son adversaire : [3615] ils portent du bras les écus devant les poitrines, abaissent les lances avec leurs pennons, inclinent les visages sur les arçons, piquent les chevaux de leurs éperons : la terre faisait l´effet de trembler là où ils s´étaient mis en branle. [3620] Chacun d´eux surveille son adversaire; tous, trois contre trois, se sont déjà rejoints : ceux qui se trouvent autour croient alors qu´ils tomberont morts[a]. Pero Vermudoz, celui qui lança le défi le premier, se heurta de face à Ferrand Gonçález : [3625] ils se frappèrent sur les écus sans la moindre peur[b], Ferrand Gonçález transperça l´écu de Pero Vermudoz, il l´attrapa dans le vide, ne lui entama pas la chair, au moins en deux endroits sa hampe se cassa. Pero Vermudoz tint ferme, il n´en fut pas déséquilibré; [3630] il avait reçu un coup, mais il en donna un autre : il brisa l´umbo de l´écu, le fit tomber sur le côté, transperça l´écu complètement de sorte que celui-ci ne protégea plus du tout l´infant, Pero lui enfonça sa lance dans la poitrine près du coeur; Fernand avait une cotte à trois couches de mailles, ceci lui fut salutaire, [3635] deux couches se démaillèrent, mais la troisième tint bon; Pero lui enfonça dans la chair sa tunique de la profondeur d´un empan avec sa chemise et sa cotte de mailles; hors de la bouche de l´infant le sang jaillit; ses sangles se brisèrent, aucune ne lui fut utile[c],

3640. por la copla del cauallo en t*ie*rra lo echo.
Assi lo tenien las yentes q*ue* mal ferido es de mu[o]rt[411].
El dexo la lança *e* al espada mano metio[412];
quando lo vio, Ferran Go[n]çalez connuuo a Tizon :
antes que el colpe esperasse, dixo ; "Vençudo so."
3645. Atorgaron gelo los fieles, Pero Vermu[do]z le dexo.

151.

3646. Martin Antolinez *e* Diego Gonçalez firiero*n* se de las la*n*ças,
tales fueron los colpes q*ue* les q*ue*braron (l)amas.
Martin Antolinez mano metio al espada,
rrelumbra tod el campo, tanto es linpia *e* clara;
3650. diol vn colpe, de trauiesol tomaua,
el casco de somo apart gelo echaua,
las moncluras del yelmo todas gelas cortaua,
alla leuo el almofar, fata la cofia legaua,
la cofia *e* el almofar todo gelo leuaua,
3655. rraxol los pelos de la cabeça, bie*n* a la carne legaua;
lo vno cayo en el campo *e* lo al suso fincaua.
Q*u*ando este colpe a ferido Colada la p*re*çiada,
vio Diego Gonçalez q*ue* no escaparie co*n* el alma;
boluio la rrienda al cauallo por tornasse de cara,
3662-3. Dia´ Gonçalez[412a] espada tiene en mano, mas no la ensayaua[413].
3660. Essora Martin Antolinez rreçibiol co*n* el espada,
3661. vn colpel dio de lano, co*n* lo agudo nol tomaua.
3664. Esora el yfante tan grandes vozes daua : fº73 rº
3665. "¡ Valme Dios glo*ri*oso, señor[414], e curiam dest[a][415] espada !
El cauallo asorrienda *e* mesurandol del espada,
sacol del moio*n* : M*artin* Antolinez en el campo fincaua.

[3640] le long de la croupe du cheval, il fut jeté par terre. Les gens
estimèrent qu´il était gravement blessé, blessé à mort. Pero abandonna la lance et mit la main à l´épée; quand Ferrand Gonçález vit cela,
il reconnut Tizón : sans attendre le coup, il dit : “Je suis vaincu[a].”
[3645] Les juges le lui accordèrent, Pero Vermudoz le laissa.

151.

[3646] Martín Antolínez et Diègue Gonçález se frappèrent de leurs
lances, les coups furent tels qu´ils les brisèrent toutes deux. Martín
Antolínez mit la main à l´épée, tout le champ en est illuminé, tant
elle est brillante et claire[b], [3650] il donna un coup à l´infant,
le prit de biais, lui fit tomber sur le côté le cimier, lui cou-
pa toutes les lanières du heaume, emporta le capuchon-gorgerin,
atteignit la coiffe, [3655] lui rasa les cheveux de la tête, atteignit
même la chair; une partie du heaume tomba par terre et l´autre resta
sur la tête. Quand Colada l´estimée eut asséné ce coup, Diègue Gonçález
vit qu´il ne s´en tirerait pas vivant, par la bride il fit tourner son cheval pour se remettre de face. [3662] Diègue Gonçález tient l´épée
en main, mais n´en use pas[c]. [3660] Alors Martin Antolínez le
reçut avec son épée, lui donna un coup du plat de la lame, il ne le
toucha pas avec le fil. Alors l´infant poussa de très hauts cris :
[3665] “Protège-moi, Dieu glorieux, seigneur, et préserve-moi de cette
épée[d]! ” Il refrène son cheval et, l´écartant de l´épée, il lui fit dé-
passer la borne : Martin Antolínez restait sur le champ.

Essora dixo el rrey :   "Venid uos a mi compaña;
por q*u*anto auedes fecho,   vençida auedes esta batalla."
Otorgan gelo los fieles   q*ue* dize verdadera palabra.

152.

Los dos han arrancado.   Djreuos de Muno Gustioz,
con Assur Gonçalez   com*m*o se adobo.
Firiensse[n][415a] en los escudos   vnos tan grandes colpes;
Assur Go*nça*lez,   furçudo *e* de valor,
firio en el escudo   a don Muno Gustioz,
tras el escudo   falsso [l]e[416] la guarnizon,
en vazio fue la lança,   ca en carne nol tomo.
Este colpe fecho,   otro dio Muno Gustioz,
(tras el escudo   falsso [le][416] la guarnizon)[417];
por medio de la bloca   (d)el escudol q*ue*branto[417a];
nol pudo guarir,   falsso [l]e[416] la guarnizon,
apart le p*r*iso,   q*ue* non cab el coraçon;
metiol por la carne adentro   la lança con el pendon,
de la otra part   vna braça gela echo,
con el dio vna tuerta, de la siella lo encamo,
al tirar de la lança   en tierra lo echo :
vermeio salio el astil   *e* la lança *e* el pendon.
Todos se cuedan   q*ue* ferido es de mu[o]rt[418].
La lança rrecombro   *e* sobrel se paro.
Dixo Gonçalo Assurez :   "¡ Nol firgades por Dios !   f° 73 v°
Vençudo es el campo,   q*u*ando esto se acabo."
Dixieron los fieles :   "Esto oymos nos."
Mando librar el canpo   el bue*n* rrey don Alfons(so),
las armas q*ue* y rrastaron   el selas tomo.
Por ondrados se parten   los del bue*n* Campeador,
vençieron esta lid,   ¡ grado al Criador !
Grandes son los pesares   por tierras de Carri*on*.
El rrey a los de myo Çid   de noche los enbio,
q*ue* no les diesen salto   nin ouiessen pauor.

Alors le roi dit : "Venez en ma compagnie; par tout ce que vous avez fait, vous avez remporté cette bataille." [3670] Les juges lui accordent qu'il a dit vrai.

152.

[3671] Tous deux ont vaincu. Je vous parlerai de Muño Gustioz, comment il s'y prit avec Assur Gonçález. Ils s'assénèrent quelques coups très violents sur leurs écus; Assur Gonçález, vigoureux et vaillant, [3675] frappa don Muño Gustioz sur l'écu, derrière l'écu il lui faussa sa cotte de mailles, la lance alla dans le vide, car elle n'atteignit pas Muño Gustioz dans sa chair. Ce coup fait, Muño Gustioz en donna un autre, [3680] au milieu de l'umbo, il lui brisa l'écu; celui-ci ne put préserver Assur, il lui faussa sa cotte de mailles, l'atteignit dans le côté, mais non pas près du coeur; Muño lui plongea dans la chair sa lance avec le pennon, de l'autre côté il la fit sortir de la longueur d'une brasse; [3685] par ce coup il le fit pivoter un peu, le déséquilibra de sa selle et en retirant la lance il le jeta par terre : la hampe, le fer de lance et le pennon ressortirent tout rouges. Tous pensent qu'il est frappé à mort. Muño reprit sa lance et se tint au-dessus de lui[a]. [3690] Gonçalve Assúrez dit : "Ne le frappez pas, par Dieu ! Le combat est perdu, puisque ceci s'est terminé ainsi[b]." Les juges dirent : "Nous-mêmes nous l'entendons de la sorte." Le bon roi don Alphonse ordonna de dégager le champ clos; les armes qui y restaient, il les prit pour lui. [3695] Les hommes du Campéador s'en vont couverts d'honneurs, ils ont vaincu dans cette lutte : Grâces au Créateur ! Grande est l'affliction au pays de Carrión. Le roi renvoya de nuit les hommes de mon Cid afin qu'on ne les assaillît point et qu'ils n'eussent point peur[c].

A guisa de menbrados   andan dias *e* noches,
felos en Valençia   con myo Çid el Campeador;
por malos los dexaron   a los yfantes de Carrion,
conplido han el debdo   q*ue* les mando so señor :
alegre ffue d´aquesto   myo Çid el Campeador.
Grant es la biltança   de yfantes de Carrion.
Q*u*i buena duena [419] escarnece   e la dexa despu[o]s[420],
¡ atal le contesca   o si q*u*ier peor !
Dexemos nos de pleytos   de yfantes de Carrio*n* :
de lo q*ue* an preso   mucho an mal sabor.
Fablemos nos d´aq*ue*ste   q*ue* en bue*n* ora naçio.
Grandes son los gozos   en Valençia la mayor,
por q*ue* tan ondrados fuero*n*[420a]   los del Ca*m*peador.
Prisos a la barba   RRuy Diaz so señor :
" ¡ Grado al rrey del çielo !   mis fijas vengadas son.
f°74 r°
¡ Agora las ayan quitas   heredades de Carrion !
Sin verguença las casare   o a q*u*i pese o a q*u*i no*n*."
Andidieron en pleytos   los de Nauarra *e* de Arago*n*,
ouiero*n* su aiunta   co*n* Alfonsso el de Leon.
Fizieron sus casamientos   (con) don Eluira e (con)
doña Sol[421].
Los primeros fuero*n* grandes,   mas aq*ue*stos son miiores;
a mayor ondra las casa   q*ue* lo q*ue* p*r*imero f[o][422].
¡ Ved q*u*al ondra crece   al q*ue* en bue*n* ora naçio,
q*u*ando señoras son sus fijas   de Nauarra *e* de Arago*n* !
Oy los rreyes d´España   sos parientes son,
a todos alcança ondra   por el q*ue* en bue*n* ora naçio.
Passado es deste sieglo   [myo Çid de Valençia señor][423]
el dia de Cinq*u*aesma[423a].   ¡De *Christus* aya[423b]
perdon !
¡ Assi ffagamos nos todos   iustos *e* peccadores !
Estas son las nueuas   de myo Çid el Ca*m*peador;

En hommes prudents, ils cheminent jour et nuit, les voici à Valence auprès de mon Cid le Campéador; ils ont laissé les infants de Carrión pour les scélérats qu´ils sont, ils ont accompli le devoir que leur imposa leur seigneur : mon Cid le Campéador en fut joyeux. Grande est la honte des infants de Carrión. Quiconque insulte une dame de bien et la délaisse après connaisse le même sort ou pire encore ! Laissons les affaires des infants de Carrión : de ce qu´ils ont subi, ils en ont une très grande affliction. [a] Parlons de celui qui naquit à la bonne heure. L´allégresse est considérable à Valence la grande, parce que les hommes du Campéador se sont couverts de tant d´honneurs. Ruy Díaz, leur seigneur, se prit la barbe : "Grâces au roi du Ciel ! Mes filles sont vengées ! Dorénavant qu´elles soient quittes des biens de Carrión[b]. Sans honte, je les marierai, qu´on s´en morfonde ou non." Ceux de Navarre et d´Aragon entrèrent en négociations, ils eurent leur entretien avec Alphonse celui de León. Doña Elvire et doña Sol célébrèrent leurs mariages[c]. Les premiers furent importants, mais ceux-ci leur sont encore supérieurs, le Cid les marie avec un plus grand honneur qu´il n´y en eut la première fois. Voyez combien s´accroît l´honneur de celui qui naquit à la bonne heure, quand ses filles sont dames de Navarre et d´Aragon ! Aujourd´hui les rois d´Espagne sont ses parents[d], à tous il revient de l´honneur grâce à celui qui naquit à la bonne heure. Il est sorti de ce monde, mon Cid, le seigneur de Valence, le jour de la Pentecôte. Qu´il ait le pardon du Christ ! Nous tous, faisons de même, justes et pécheurs ! Tels sont les exploits de mon Cid Campéador, en este logar   se acaba esta rrazon.

¡ Q*u*jen escriuio este libro,
de(l) Dios parayso !
! Amen ! [424]
Per Abat le escriuio en el mes de mayo
en era de mill *e* .CC. [.C.] XLV años[425] .
[426]

ici prend fin ce poème. Celui qui transcrivit ce livre, que de Dieu il obtienne le Paradis ! Amen ! Per Abbat le transcrivit[a] au mois de mai dans l'ère (espagnole) de 1345[b] [c]